AN INTRODUCTION TO ANDALUSI HEBREW METRICS

An Introduction to Andalusi Hebrew Metrics

José Martínez Delgado

UNIVERSITY OF CAMBRIDGE
Faculty of Asian and Middle Eastern Studies

OpenBook Publishers

https://www.openbookpublishers.com

This study was financed by the ERDF/Ministry of Science, Innovation and Universities—State Research Agency/PGC2018-094407-B-I00, *Legado judeo-árabe de al-Andalus: patrimonio lingüístico.*

Semitic Languages and Cultures 18.

ISSN (print): 2632-6906
ISSN (digital): 2632-6914

ISBN Paperback: 978-1-80511-067-5
ISBN Hardback: 978-1-80511-068-2
ISBN Digital (PDF): 978-1-80511-069-9
DOI: 10.11647/OBP.0351

Cover images: Fragment from the Cairo Genizah on Hebrew metrics, held in the Taylor Schechter collection (T-S AR. 31.232), Cambridge University Library.

Cover design: Jeevanjot Kaur Nagpal

For my friend and colleague,
Professor María José Cano Pérez, 'Quita',
on the occasion of her 70th birthday

Contents

Abbreviations x

Preface xi

1. Introduction 1

   1.0. The Origins of the *ʿarūḍ* and its Study in Alandalus 1

   2.0. Metrical Orthography 13

   3.0. Metrical Syllables 15

   4.0. Metrical Feet 17

   5.0. The Verse 19

   6.0. Modifications 24

2. The Catalogue of Classical Metres 32

   1.0. *Ṭawīl* 32

   2.0. *Madīd* 38

   3.0. *Basīṭ* 42

   4.0. *Wāfir* 46

   5.0. *Kāmil* 49

   6.0. *Hazaǧ* 56

   7.0. *Raǧaz* 57

   8.0. *Ramal* 63

9.0. *Sarīʿ* 66
10.0. *Munsariḥ* 70
11.0. *Ḫafīf* 71
12.0. *Muḍāriʿ* 75
13.0. *Muqtaḍab* 76
14.0. *Muǧtaṯ* 76
15.0. *Mutaqārib* 78
3. The Five Circles and the Derivative Metres 81
1.0. The First Circle 81
2.0. The Second Circle 82
3.0. The Third Circle 83
4.0. The Fourth Circle 84
5.0. The Fifth Circle 85
6.0. The Derivative Metres 85
7.0. *Mutadārak* 86
8.0. *Mustaṭīl* 89
9.0. *Mutaʾʾid* 89
10.0. Other Derivative Metres 90
4. Rhyme 92
1.0. The Components of Rhyme 92
2.0. Types of Rhyme 99

3.0. Defects in the Rhymes 100
5. Strophic Poetry 102
1.0. *Musammaṭ* 102
2.0. *Muwaššaḥ* 105
3.0. *Muʿāraḍa* 120
4.0. Ambiguous Metres (*Muštabih*) 127
5.0. Hybrid Compositions 135
References 145
Transcription Guide 152
Arabic 152
Hebrew 153
Glossary 155
Scanned Verses (Alphabetical Order) 167
Names of the Metres in the Hebrew Traditions 180
Index 181

ABBREVIATIONS

The following abbreviations are used in this book:

a. after
c. circa
pl. plural
r. reigned

In in-text citations of edited collections of poetry, the number given after the comma is the poem number, rather than the page number; a verse number may follow after a full stop, e.g., Brody 1935, 31.1 = Brody 1935, poem 31, verse 1. The works to which this applies are as follows: Brody 1894; 1935; 1936; Brody and Albrecht 1906; Brody and Schirmann 1974; David 1982; Jarden 1975; 1982; 1984; 1992; Mirsky 1961; Pagis 1967; Sáenz-Badillos and Targarona 1988; 1998.

PREFACE

It is not the aim of this book to make any great changes to the scholarly landscape, but rather to present my personal view of Andalusi Hebrew metrics, as I have found the technique described in medieval manuals of Arabic and Hebrew metrics and in scattered notes in the works of Andalusi Hebrew philologists. Throughout the twentieth century, scholars spoke about the adaptation of Arabic metrics to Hebrew; however, I now prefer to approach these compositions written by Andalusi Jews (10th–13th century) as Arabic metrics written in Hebrew. In doing so, I am not diminishing Andalusi Hebrew poetry or negating it as a distinct genre—quite the contrary. The greatness of the Hebrew poetry of the Andalusi Jews lies, on the one hand, in the help it provides in understanding the evolution of Arabic strophic poetry in general and, on the other, in how the poetry, especially the religious works, was able to evolve experimentally, quite unlike what is found in classical and strophic Arabic poetry.

The model that I propose is based on the primary contributions made to this topic over the course of the twentieth century by the most important scholars in the field, whose accurate and exquisite editions have allowed me to apply this form of scansion almost without having to make any alterations to their readings at all. This model has the advantage of fully respecting the Hebrew vowel system, since it is not necessary to alter the morphology of any words or leave the guttural letters quiescent, except when required by metrical licence, which will be indicated; neither is it necessary to make guesses about metres that are not in

 https://doi.org/10.11647/OBP.0351.06

the classical catalogue. This form of scansion has helped me to begin to understand and describe both classical-style compositions and strophic works from Alandalus, as well as the other hybrid or intermediate patterns that appear to be typical of Hebrew poetry.

It goes without saying that I have not found, and hence have not included in this manual, examples from Andalusi Hebrew poetry of each and every classical metre. Nevertheless, I catalogue them all (using a smaller font size when I have not found examples of the sequences), either because someone else may find them in my wake or because they help us to comprehend the metrical structures that are characteristic of strophic poetry. It is quite possible that I have erred in the scansion of a certain poem, in which case I hope to be forgiven, but the genius of the authors and the state of some the editions have not made it easy for me. The same applies to the translations of the examples, which slowed me down significantly—even though they were not necessary, because it is not the content that is important here—and there are many specialists who have known and will know how to translate these verses and poems much better than I.

When I first began to study the science of medieval Arabic metrics (*ʿilm alʿarūḍ*) from the perspective of my Western education, the feeling that came over me was that everything that I had been told bore no resemblance whatsoever to the picture reflected in the medieval treatises. Slowly I came to understand that, at least in the case of Andalusi Hebrew poetry, as many as four different models were involved (Martínez Delgado 2017, 17–

32; 2020): the original or indigenous model, characteristic of the Arab world, which I describe in these pages; the Romance or reduced model (*yated-tĕnuʿa*), typical of Christian regions;[2] the European model, an adaptation of that used in classical Greek, crafted during the Enlightenment (see Cano Pérez 1987, 31–38); and the Israeli model, a mixture of the other three, devised by David Yellin (1939; 1940, 44–53) based on the first codifications of Judah Halevi's metrics by Heinrich Brody (1895). My bewilderment when I had to apply the modern theoretical descriptions of Arabic metrics by Carl Caspari and William Wright (1995, Part fourth: Prosody) to the scansion of medieval poems was, without a doubt, a consequence of the supremacy of the European model devised by William Jones (1777), which reduced the *ʿarūḍ* to a mere adaptation of Greek metrics, over the original, indigenous model.

This led me to reconsider the original Arabic model, beginning first with some basic descriptions written in Morocco. Particularly notable among these is the manual by ʿAtīq (1987), used in many Moroccan universities for the study of this discipline. Another extremely interesting text, written by Álvarez Sanz y Tubau (1919), dates back to the time of the Spanish Protectorate in Morocco. These works gave me direct access to the most renowned medieval treatises, penned by Ibn ʿAbdrabbihi (Amīn 1948), Ibn Ğinnī (Farhūd 1972), Attabrizī (ʿAbdallāh 1966), Arrabaʿī (Badrān 2000), and the like. The fortuitous finding of frag-

[2] The first allusions to this model are found in the writings of the Andalusi Jews who settled in Provence after the Almohad conquest of 1146.

ments of a book of Hebrew metrics in the Cairo Genizah (Martínez Delgado 2017) and the contributions made to the study of Arabic metrics by Professors Muḥammad ben Othman (2004) and Federico Corriente (1997) did the rest.

Even so, my feeling of unease and helplessness did not abate. Either a history of this discipline and its medieval literature does not exist, or I have never found it.[12] Neither has the first known manual of the *ʿarūḍ*, attributed to its inventor, the noted linguist Alḫalīl ibn Aḥmad Alfarāhīdī (718–786), been preserved. In fact, the oldest known systematic description of this Eastern science was written in Cordoba by Ibn ʿAbdrabbihi (860–940), being included in his famous *Kitāb alʿiqd alfarīd* under the heading Second Gem: On the Art of Metrics and Rhyme (Amīn et al. 1948, V:424–518), which puts a century and almost 7,000 kilometres between this work and the original by Alḫalīl. The fact is that the science of the *ʿarūḍ* found it difficult to carve out its own space as a discipline within the complex network of language sciences that already existed in the Middle Ages. The aforementioned second gem by Ibn ʿAbdrabbihi, a fascicle included in a repertoire of *adab*, was the first step. Only later did the study of the subject reach maturity in the form of independent treatises that were substantial enough even to be broken down into separate discussions of metrics and rhyme. To some extent, the *ʿarūḍ*

---

[12] The most complete description of the Arabic metrical system to date is that by Frolov 2000, but it does not include even a brief description of the medieval history of this art, or the main authors on the subject and their works.

was an indispensable science in this context, since the composition of poetry as conceived of in the circles of power at the time depended on it.

The science of the *ʿarūḍ* is complex; much work on this topic remains to be done, and there is still no synthesis that summarises both its origins and the main theories developed during the medieval period. The broad and extensive literature in which these theories are found is still largely unpublished and uncatalogued. The case of Alandalus serves as an illustration. A superficial search through the monumental reference work, *Biblioteca de al-Andalus*, in the encyclopaedia of Andalusi culture (Lirola Delgado and Puerta Vílchez 2004–2013) finds approximately 50 medieval authors who wrote monographs dedicated to the *ʿarūḍ*, more than enough to provide some idea of the situation. Of this entire roster, however, only four treatises have been published (two by the same author) and another three manuscripts are known (two held in the El Escorial library); all the others are believed to be lost. Moreover, except in the case of ʿAbbās ibn Firnās, whose treatise is also thought to be lost, most of these works were written during the protracted period that began with the *alfitna albarbariya* (1009–1031) and ended with the surrender of Granada in 1492. These works are known thanks to the secondary sources that cite them, which, in most cases, indicate that they served as the author's teaching materials. Therefore, it seems that from the early eleventh century, at least in Alandalus, metrics became sufficiently important and well developed to be an independent discipline, associated with a plethora of authors and teachers in both Arabic and Hebrew—a science whose mysteries captured the attention of not only Muslims, but also Jews and Christians, as this book will show.

In addition to the general lack of academic literature on the history of the *ʿarūḍ*, I must note another difficulty. When I began to read the medieval treatises, I discovered that, as with all the sciences, not every author shared the same criteria when it came to addressing basic questions, such as the minimum number of units required to form a foot, the number of feet, and even the number of metres that had to be included in a catalogue of metres.

As is well known, metrical feet are made up of basic units, or elementary prosodic units (EPU), to use the terminology of Dimitri Frolov (see Frolov 2000, 314–18; Sánchez Sancha 1984–1985). All the manuals agree about the existence of two of these—*sabab* and *watid*—but not all include the units known as *fāṣila*. Regarding the number of feet, some manuals speak of eight and others of ten; some even argue that Alḫalīl originally only established six. Something similar occurs with the number of metres, with some manuals including only the original 15 codified by Alḫalīl and others also the one introduced by his disciple Alaḫfaš. Not included, as a rule, are the metres derived a posteriori (*muhmal*) by theoreticians of the *ʿarūḍ* that complete the sequences of the classical metrical circles.

Based on this experience—and with all these remaining doubts—I now present a new catalogue for the study of Andalusi Hebrew metrics. This method attempts to recover and understand this important art, which has disappeared, even from some of the most recent editions of Andalusi Hebrew poetry. I would like to emphasise that it is not my intention to change how we approach the study of Andalusi Hebrew poetry, but only to help us better understand the metrical structure of this poetry, in order to facilitate for future editors the work of editing and cataloguing the samples that are still in manuscript form; I gave up the fight to bring this topic back to the classroom even before I began.

This study was financed by the ERDF/Ministry of Science, Innovation and Universities—State Research Agency/PGC2018-094407-B-I00, *Legado judeo-árabe de al-Andalus: patrimonio lingüístico*.

1. INTRODUCTION

1.0. The Origins of the *ʿarūḍ* and its Study in Alandalus

For the Arabs, the *ʿarūḍ* is the science that distinguishes good verses from bad, and identifies what modifications and irregularities affect them. It is a metrical system, codified, according to tradition, by the renowned grammarian from Basra, Alḫalīl ibn Aḥmad Alfarāhīdī (718–791). While some authors see this codification as the result of a divine concession or intervention that followed Alḫalīl's pilgrimage to Mecca (ʿAbbās 1968–1972, II:244), others argue that it was the blows on the cauldrons at the souk that helped him to mark the rhythms (Farrağ 1968, 95–96); others, that he let himself be carried away by his affection and respect for contemporary poets who used metres that were strange to the Arabs (Alhāšimī 2006, 11); and yet others, that it was a coincidental discovery resulting from living alongside singers in Mecca (Yaʿqūb 1991, 337).

Of these four versions, the prevailing legend in the Islamic literary tradition of the ninth, tenth, twelfth, and thirteenth centuries was the one that related that, during his pilgrimage to Mecca, Alḫalīl prayed to God to grant him the discovery of a new science never before developed by anyone and, upon returning home, he codified the *ʿarūḍ* (see, e.g., ʿAbbās 1968–1972, II:244). The oldest account of the discovery of the *ʿarūḍ* that I have found, meanwhile, is transmitted by the Abbasid Prince Ibn Almuʿtazz

 https://doi.org/10.11647/OBP.0351.01

(861–905; Farrağ 1968, 95–96; on Ibn Almuᶜtazz, see Sobh 2002, 537–541):

> It fell to (Alḫalīl) to invent and codify the *ᶜarūḍ* and establish its metres for poetry. The reason was that, one day, when he was passing by a workshop of fullers in Basra, he heard a different sound between the blows and he reflected on this science, saying "no one has developed a theory about this or is going to beat me to it", and thus he designed the *ᶜarūḍ* with those sounds that were coming out of the hands of people.[7]

Old as this account may be, however, it is a legend, and one with a foundational conceit as pretentious as the one that attributes the agreement that governed coexistence with non-Muslim believers (*ahl aḏḏimma*) to ᶜUmar ibn Alḫaṭāb, the second Orthodox caliph (r. 634–644; see Cohen 1999). Furthermore, I think that the case of Alḫalīl involves an adaptation of a legend that originally referred to the eminent Greek mathematician Pythagoras of Samos (569–475 BCE), to whom the theory of the music of the spheres was attributed; Alḫalīl, of course, also distributed the metres in five circles. Iamblichus (245–325), the disciple of Porphyry (233–305), said this about Pythagoras (Taylor 2020, chapter 26):

---

[7] This text is also transmitted by Yāqūt in his *Muᶜğam alʾudabāʾ* (ᶜAbbās 1993, I:1269). Of the versions of this legend that I know of, the oldest are by two Iraqis: the one translated here and another by Almarzubānī (909–993), included indirectly by Ḥāfiẓ Alyaġmūrī in his *Kitāb nūr alqabas almuḫtār min almuqtabas* (Sellheim 1964, 58).

> Intently considering once, and reasoning with himself, whether it would be possible to devise a certain instrumental assistance to the hearing, which should be firm and unerring, such as the sight obtains through the compass and the rule, or, by Jupiter, through a dioptric instrument; or such as the touch obtains through the balance, or the contrivance of measures; thus considering, as he was walking near a brazier's shop, he heard from a certain divine casualty the hammers beating out a piece of iron on an anvil, and producing sounds that accorded with each other, one combination only excepted. But he recognized in those sounds, the diapason, the diapente, and the diatessaron, harmony. He saw, however, that the sound which was between the diatessaron and the diapente was itself by itself dissonant, yet, nevertheless, gave completion to that which was the greater sound amongst them.

In any event, all the traditions agree in attributing to Alḫalīl the codification of the art of Arabic metrics as a science, dividing it into five circles from which 15 metres are obtained. Alḫalīl himself wrote his conclusions in a work given up as lost today, generically entitled *Kitāb alʿarūḍ*. Later, Alaḫfaš Alawsaṭ, one of his followers, added one other metre, known as *mutadārak*, in his work *Kitāb alʿarūḍ lilʾAḫfaš* (Baḥrāwī 2007?).

These metres are the specific measures to which a poet conforms his creation, and are called *baḥr* (pl. *buḥūr*), or 'sea'. To each of them, one can apply modifications (*ʿilāl*) and produce variants known as *wazn* (pl. *awzān*), or measures. The metres are formed by a succession of feet, some with eight (four feet in each hemistich) and others with six (three feet in each hemistich). The relationships between the different sequences formed in this way govern the arrangement of the five circles established by Alḫalīl, as explained below. The classical system attributes 15 metres to Alḫalīl, which are considered canonical and must always appear in the manuals—*ṭawīl, madīd, basīṭ, wāfir, kāmil, hazağ, rağaz, ramal, sarīʿ, munsariḥ, ḫafīf, muḍāriʿ, muqtaḍab, muğtaṯ*, and *mutaqārib*—although new sequences were immediately derived that were compatible with the spheres attributed to Alḫalīl.

Alḫalīl's work was introduced to Alandalus by the Ronda native Abbās ibn Firnās (810–887), who is famous today for creating a contraption that allowed him to fly over the city of Cordoba. Ibn Firnās had access to a copy of Alḫalīl's treatise in the library at the Alcázar of Cordoba during the reign of ʿAbdarraḥmān II (r. 822–852). According to the chroniclers of the Umayyad house, Ibn Firnās himself adapted the metrics to Andalusi ears (Makkī and Corriente 2001, 138):

> A certain trader brought the book *Almiṯāl min alʿarūḍ* (*The Model of Metrics*) by Alḫalīl ibn Aḥmad, which ended up in the hands of ʿAbdarraḥmān ibn Alḥakam, although it was not clear to him and he did not understand it, just like his companions. The eunuch Abulfarağ, one of his foremost servants, told me that the book was thrown out of the Alcázar, as entertainment for the slave girls, to the point that they said to one another: "Would that God had given you the wisdom of the man who filled his book with *mafāʿīl* and *mafāʿīl*!"; when Ibn Firnās found out about this, he wrote to the emir, asking him to leave it with him, which he did. Skilfully studying it, he deciphered the key, using it to grasp the essence of the metrics and said, with his excellent vision, "This book indicates that there is an earlier one that explains it", and the emir ʿAbdarraḥmān sent for its complement to be found in the East. They brought him *Kitāb alfuruš* (*The Book of Tapestries*), with which

> ʿAbbās completed his study, and he opened it up to the people, being the first to learn metrics in Alandalus, something that had not happened before, and so the emir awarded him 300 dinars and some garments.

Instruction in metrics based on the new codification produced by Ibn Firnās was an immediate, convincing success. It even triumphed in Christian intellectual circles, where it was identified as a clear sign of Mozarabism, as reported by Paul Albar of Cordoba (c. 860–861; Delgado León 1996, 184 for the original and 185 for the translation):

> Is it not true that all the young Christians, brilliant in presence, eloquent, distinguished in their gestures and attire, outstanding in the wisdom of the gentiles, notable for their knowledge of the Arabic language, so eagerly care for the books of the Chaldeans, they read them with such attentiveness, discuss them with such ardour, collecting them with such zeal, they disseminate them with a language that is steady and profuse, ignoring by contrast the exquisiteness of the language of the Church and rejecting as vile the sources that flow from Paradise. What grief! The Christians are ignorant of their own law and the Latins do not understand their own language, such that in the entire Christian community one can scarcely find one out of every 1,000 men who can write a letter to his brother in correct Latin, but find innumerable multitudes who are capable of explaining the verbal bombast of the Arabs, to the point that, more erudite in metrics than these people themselves and with more sublime beauty, they adorn the end of their phrases with a shortened letter, according to the demands of expression characteristic of the Arabic language, which closes all its stressed vowels with a rhythmic or even metrical comma, which suits all the letters of the alphabet,

> using various expressions, and many variants are reduced to the same or a similar ending.

The first manual of metrics written in Alandalus—and one of the oldest in Arabic literature—was composed in prose and verse by the Cordovan poet Aḥmad ibn Muḥammad ibn ʿAbdrabbihi (860–940), who included it in his acclaimed encyclopaedia *ʿIqd alfarīd* (The Unique Necklace), under the heading Second Gem: On the Art of Metrics and Rhyme (Amīn et al. 1948, V:424–518). This metrical model was first put to the test in the Hebrew language in Cordoba by Dunaš ben Labraṭ (c. 920–c. 960; Brody 1937, 117–26) and there is evidence that it was being used at least as early as 958. This date comes from the information included by Ben Labraṭ in his panegyric to Ḥasday ben Šapruṭ, in which he describes the arrival of a Christian embassy in Cordoba in 958. This poem takes *musammaṭ murabbaʿ* form, in *mustaṭīl* metre modified with *tašʿīṯ* (מַפַּאעִילֻן פַּאעִל), with *reš* rhyme (Sáenz-Badillos 1980, 2):

גְּבִיר גִּבּוֹר מֶלֶךְ   הֱבִיאוֹ כְּהֵלֶךְ   וּמַחֲזִיק בְּפֶלֶךְ   לְעַם הֵם לוֹ צָרִים
וּמָשַׁךְ הַשּׁוֹטָה   זְקֵנָתוֹ טוֹטָה   אֲשֶׁר הָיְתָה עוֹטָה   מְלוּכָה כַּגְּבָרִים
בְּכֹחַ חַכְמוֹתָיו   וּמָעוֹז עָרְמוֹתָיו   וְרַב תַּחְבְּלָתָיו   בְּחָלָק מַאֲמָרִים

> ‘A strong lord, a king / brought like a vagrant / leaning on a walking stick / to an enemy town
> and he dragged the savage / his grandmother Toda / who was covered / regally like the lords
> with the force of his wisdom / and the power of his prudence / and his great arts / and the sweetness of his words.’

Currently, within the field of Arabic literary criticism, it is understood that this type of composition, known as a *musammaṭ* and used in the earliest examples of Andalusi Hebrew poetry, first appeared in Iraq in the eighth century, as a result of breaking up the monotony of the *qasida* by introducing or using a literary device called *sammaṭāt*. This device consisted of creating established sequences of two (*musammaṭ muṯallaṯ*), three (*musammaṭ murabbaᶜ*), or four (*musammaṭ muẖammas*) internal rhymes (in segments called *aġsān*) within verses that also continued to preserve the original rhyme (in segments called *asmāṭ*); in other words, the classical monorhythmic sequence of aaaaa… became bb(bb)a cc(cc)a dd(dd)a and so on. It is believed that, starting in the tenth century, *musammaṭ* verses in Alandalus may have produced the strophes [aa] bbba ccca… of the zajal and [a] bbbaa cccaa… of the *muwaššaḥ* (Corriente 1997, 23–27). The main fly in the ointment with this theory is the absence of any examples of Arabic *musammaṭ* in Alandalus from this period, which may be due to any number of reasons: the compositions may have been of inferior quality; they may have been rejected by local, highly puristic anthologies; or they may have been quickly superseded by a new genre (Corriente 1997, 80–81).

In contrast to the scarcity of Arabic specimens, the evidence for the use of Arabic metrics in medieval Hebrew poetry written in the Iberian Peninsula is quite rich. In fact, the first examples of Andalusi Hebrew poetry scanned with Arabic metrics—written by Dunaš ben Labraṭ in Cordoba around 958, as discussed above—adopt the *musammaṭ murabbaᶜ* (bbba ccca ddda…) form. These are two compositions enshrined as all-time classics in Hebrew literature. The first, 'Know, my heart, wisdom'—part of which was quoted above—was written in honour of the famous

Jewish patron and doctor to Caliph ʿAbdarraḥmān III (929–961), Ḥasday ibn Šapruṭ, while the second, even more famous work, 'He says: don't sleep, drink old wine', was a bacchic poem recited at a gathering (*muǧālis*) in the presence of Ḥasday ibn Šapruṭ.[18] The use of this type of internal caesura was not unknown in the synagogal poetry being written in Palestine from the sixth century, if not earlier (Fleischer 1988), and also appears in the composition that introduces the letter of complaint sent from Mĕnaḥem ben Saruq to Ibn Šapruṭ (Schirmann 1954, I:8–10).

As will be discussed in greater detail below, in the case of the classical Hebrew poets (10th–12th centuries), it is easy to find examples that do not fit into the strict discipline of the Arabic metrical art. These variations can affect both the measure of the metre (*wazn*) and its modifications (*ziḥāf* and *ʿilāl*), and are largely—at least in religious poetry—the result of the insertion of biblical citations into the body of the poem. They are found in an array of works that are not consonant with either the classical or the strophic framework but, in a show of metrical ambiguity (*muštabih*), make use of strange metrical and strophic games that have led their editors to see no metre at all and understand them to be an isosyllabic metrical variant (¯ ¯ ¯ ¯ / ¯ ¯ ¯ ¯), representative of poets who rejected Arabic metrics (Fleischer 1980). Nothing could be further from the truth; these compositions were inspired by the *ʿarūḍ*, and may be innovations, experiments, or even, in some cases, simply bad verses.

---

[18] Today it is known that this composition formed part of a larger panegyric; see Elizur 2010.

Arab poets in Alandalus had, in the early tenth century, or perhaps even earlier, already devised a new type of formula known as the *ḫarǧa* (pl. *ḫaraǧāt*), a final refrain that closed and governed the structure of a *muwaššaḥ* poem. The *muwaššaḥ* genre (pl. *muwaššaḥāt*) originated in Alandalus in the tenth century and did not stop evolving until it reached its literary maturity in the eleventh to twelfth centuries. Poems of this genre are generally made up of five strophes or verses written in classical Arabic, the last of which finishes with the *ḫarǧa*, which can be found in dialectal Arabic, classical Arabic, Hebrew, or Romance. It did not take the Jewish poets long to start using the *ḫarǧa*, along with other strophic devices like *musammaṭ* form, in their own compositions, both in Arabic and in Hebrew (Stern 1974).

Most *muwaššaḥ* poems are made up of a prelude (*maṭlaʿ*) and five verses. They are considered 'complete' (*tāmm*) when they have a prelude, but 'bald' (*aqraʿ*) when they do not. Each verse is divided into two sections: the 'round' (*dawr*) and the 'refrain' (*qufl*). Each section, in turn, is divided into segments (*ǧuzʾ*, pl. *aǧzāʾ*): the segments of the rounds (*ġuṣn*, pl. *aġṣān*) have a variable rhyme, while the segments of the refrains (*simṭ*, pl. *asmāṭ*) preserve their rhyme throughout the composition. When a segment (either *ġuṣn* or *simṭ*) has one stich, it is 'single' (*mušaṭṭar*), and when it has two stichs, it is 'double' (*muzdawiǧ*). Two stichs with a single final rhyme are 'plain' (*mufrad*), whereas, when they have at least one internal rhyme, they are 'compound' (*muḍaffar*). If all the segments of a section have only the same final rhyme, they are called 'simple' (*sāḏiǧ*), but if they have internal rhymes as well, they are considered 'adorned' (*muraṣṣaʿ*). The verses can be formed purely according to the poet's chosen metre, in which case they are called 'stripped' (*muǧarrad*), but they can also be subject to metrical extensions that consist of suffixes (*mudayyal*), prefixes (*marʾūs*), infixes (*mafrūq*), or prefixes and infixes at the same time (*muǧannaḥ*; Ghazi 1979, 11).

The number of segments in the verses varies from poem to poem. The most common options are five segments (*muḫammas*) or four (*murabbaʿ*), although there may be as many as six (*musaddas*), seven (*musabbaʿ*), or eight (*muṯamman*). Moreover, the *ġuṣn* and *simṭ* do not necessarily have to be symmetrical in the syllabic computation (*mutawāfit*); at times, one *simṭ* can be double while the other is single, in which case it is said that the refrain is 'lame' (*aʿraǧ*; Corriente 1997, 26–27).

There has been much debate about the origin of these extremely complex compositions. The history of the *ḫaraǧāt*, and their relationship to the *muwaššaḥāt*, as well as the zajals, is long and controversial (for a complete summary, see Corriente 1997, 90–101). The last major theory, the 'bridging hypothesis', was formulated by Federico Corriente (1982), and later updated by the author himself (1986) in reaction to various objections, put forth primarily by Gregor Schoeler (1983) and Alan Jones (1981–1982). Very briefly (for the complete exposition, see Corriente 1997), this hypothesis holds that the *ḫaraǧāt* had a popular origin, dating back to the dawn of the tenth century, in the form of zajals. These were oral works that used Andalusi Arabic and whose metre was based on a popular local adaptation of the classical *ʿarūḍ*, imported from the East during the reign of ʿAbdarraḥmān II (822–852) and adapted to Andalusi Arabic by Ibn

Firnās; on this adaptation, see the curious episode in the Alcázar of Cordoba mentioned above. It is even possible that the *ḫarağāt* are remains of zajals—their best verses—that were then inserted at the end of a new Andalusi strophic structure, called '*muwaššaḥ*' when its register was classical and 'zajal' when its register was dialectal. It seems that the structure and metrics of the *ḫarağāt*, as they have been passed down (see the latest edition of *Dīwān Ibn Quzmān Alqurṭubī* in Corriente 2013), were updated and standardised during the Almoravid period, as their linguistic register was a much better fit in the Almoravid court than it had been under the previous regimes. The famous Andalusi anthologist and theoretician of the era, Ibn Bassām (Santarem, 1058–1147), described the genre of the *muwaššaḥ* and its evolution as follows (following the edition by ʿAbbās 1978, I:468–69):

> These metres (*awzān*) are quite often used by the Andalusis in love poems (*alġazal*) and erotic poetry (*annasīb*), and when heard, they break the best guarded chests, if not the heart. The first to use the metres of these *muwaššaḥāt* in our land and to devise the form, as far as I understand, was Muḥammad ben Maḥmūd of Cabra, the blind. He made them with hemistichs from the verses (*ʿalā ašṭāri lʾašʿāri*), although most of them with impossible metres that are not used (*ʿalā laʿārīḍi lmuhamalati ġayri lmustaʿmalati*), using dialectal and foreign words, which he called the 'centre' (*almarkaz*), and from this, he composed the *muwaššaḥ*, without giving it an internal rhyme (*taḍmīn*) or rounds (*walā aġsān*).[34] It is said that ʿAbdarrabbihi, the author of

[34] Monroe (1985–1986, 134) explains why he translates this as 'not even in the rounds', an interpretation that I do not agree with, and the explanation of which does not convince me.

> *Kitāb alʿiqd*, pioneered this type of *muwaššaḥāt* in our ranks. Later Yūsuf ben Hārūn Arramādī appeared, and he was the first to increase the internal rhyme in the centres, making every caesura that he had fixed exclusively in the centre rhyme. The poets of his generation, like Mukarram ben Saʿīd and both sons of Abūlḥasan, followed this trend. Then, this ʿUbāda appeared and devised plaiting (*attaḍfīr*), which consists of maintaining the positions of the caesuras in the rounds and giving them an internal rhyme, just as Arramādī maintained the position of the caesuras in the centre. The metres of these *muwaššaḥāt* are beyond the aim of this compendium, since most do not follow the metrical forms (*aʿārīḍ*) of Arabic poetry.

Monroe (1985–1986) studies this passage in depth and includes all the translations into Western languages made since the nineteenth century.

The model that I propose for scanning Andalusi Hebrew poetry has also served to inform my analyses of the process through which Hebrew *muwaššaḥāt* were composed. The scansion suggests that the composition begins with the *ẖarǧa*, whose sequence encrypts all or some variants and modifications (*awzān*) of one metre (*baḥr*) as its author decides, challenging the poet to identify them and reproduce them throughout a complex strophic composition, usually inlaid with all sorts of internal rhymes. In other words, the poet must recognise the metre encoded in the *ẖarǧa*, and play with it and its variants from the beginning of the poem to the end. This explains why there is no fixed pattern to which the metrical sequences of these poems adhere, since they are all formed independently on the basis of a particular *ẖarǧa*.

On these premises, I will analyse the metres of a number of different Hebrew *muwaššaḥāt*, to try to shed light on their unpredictable metrical structures, which always depend on the genius of the author of the *ḫarǧa*.

2.0. Metrical Orthography

Metrical orthography takes account solely and exclusively of what is said, whether or not that pronunciation is reflected in how the words are written using conventional orthography. The main characteristics of metrical orthography are as follows.

A letter with *dageš ḥazaq* counts as two letters, the first quiescent and the second vocalised, for example, *zayin* in חִזֵּק → חִזְזֵק or *nun* in קְטַנָּה → קְטַנְנָה.

The seven kings, or *plene* vowels, when found in open syllables, are taken to include a weak quiescent letter, for example an *alef*, as in נַעַר → נַאעַר, in זָהָב → זָאהָב, or in כֶּסֶף → כֶּאסֶף. The same occurs with לְךָ, which, for metrical purposes, is לְכָה, and likewise also פִּיהָ → פִּיהָא.

This is actually the same phenomenon that affects *waw* and *yod* in the matter of *plene* or defective spelling, as in אֹתוֹ, which, for metrical purposes, will always be אוֹתוֹ; *ḥolem* is placed above the consonant that it vocalises, and not over the *waw*, which is only a lengthening letter. The same occurs with עֵדָה, which is always measured as עֵידָה.

On the other hand, these three weak letters do not count in closed syllables, meaning that דָּוִיד and דָּוִד are, for metrical purposes, דָּאוִד; שָׁנִים → שָׁאנִם; and שָׁמַיִם → שָׁאמָאִים. An exception to this rule, however, is that there are some situations where the rhyme requires the presence of a quiescent letter before the consonant that finishes the verse (*ridf*).

In the case of furtive *pataḥ*, an *alef* is inserted before the vowel; for example, רוּחַ is רוּאַח in this case.

Open syllables are only found in the cases of mobile *šĕwa*ʾ, compound *šĕwa*ʾ, and *šureq*: for example, in דְּבַשׁ, אֲשֶׁר, אֱמֶת, and עֳנִי, as well as in וּבֵן. According to some grammarians, when either of these two types of *šĕwa*ʾ appears in the middle of a word preceded by another open syllable, both can be counted as open syllables if required by the metre, for example, מַעֲשֶׂה or יַעֲמֹד (Alahmad Alkhalaf and Martínez Delgado 2018, 96–106). If, on the other hand, the metre requires that this sequence of open syllables be broken, *gĕʿaya* is used, for example, יַֽעֲמֹד → יַאעֲמֹד. *Gĕʿaya* is also used when the metre requires that a quiescent *šĕwa*ʾ be mobile, for example, כָּֽתְבוּ → כָּאתְבוּ.

The scansion confirms that this rule is not applied in the case of *ḥaṭef qameṣ*, and therefore, for example, תָּאֳרוֹ is, for metrical purposes, תּוֹאֳרוֹ. Likewise, in practice, I have not always been able to identify the measure known as *fāṣila ṣuġrā*—a sequence of three vocalised letters followed by a quiescent, on which see further below—and, therefore, forms like בְּמַחֲנֶה usually correspond to the measure מַפַאעִלֶן, and not to פַעִלַתֻן, as argued by Ibn Ǧanāḥ (Martínez Delgado forthcoming).

Originally, the Arabic metrical system indicated that a consonant was vocalised using the symbol o and that it was quiescent using |. However, because of the similarity between o and the sign that indicates the quiescent in Arabic (*sukūn* بْ), at present these symbols are used the other way round. For example, דְּבַשׁ

→ o|| and יַעֲמֹד → o|||. The sequences produced by this first scansion identify the metrical feet, since, in their own way and context, these symbols are equivalent to ˘ (|) and ¯ (o|) in Greek and Latin poetry.

3.0. Metrical Syllables

Metrical syllables are the minimum units from which metrical feet can be put together. Not all classical manuals agree about their number and quantity. While all authors recognise four basic syllables (two *sabab* and two *watid*), others add two more (*fāṣila ṣuġrā* and *fāṣila kubrā*).

3.1. *Sabab*

Sabab (traditionally known as *tĕnuʿa* in Hebrew) has two recognised types:

Sabab ḫafīf: made up of two letters, the first vocalised and the second quiescent (o|), as in אָב, אִי, פֶּה, שֵׁם.

Sabab ṯaqīl: made up of two vocalised letters (||). Not all authors agree about the existence of this metrical syllable in Hebrew, as, unlike the previous type, it never appears free standing, but rather always as one of a combination of two units, like the first two syllables of וַאֲנִי, כַּאֲשֶׁר and מַעֲלֶה (in all cases *sabab ṯaqīl* + *sabab ḫafīf* → o|||).

3.2. *Watid*

Watid (traditionally known as *yated* in Hebrew) has two recognised types:

Watid maǧmūʿ: made up of three letters, two vocalised and one quiescent (o||), as in דְּבַשׁ, כְּבָר, and שְׁמֹר.

Watid mafrūq: made up of three letters, two vocalised separated by one quiescent (|o|). There is no consensus between grammarians about the significance of this syllable, as it only appears in Hebrew in two circumstances (see Martínez Delgado 2017, 51–53 for edition and 83–84 for translation). The first of these is apocopated imperatives and imperfects of verbs whose third radical is weak, in either the *paʿal*, of the יֵבְךְּ type, or the *hifʿil*, of the הַשְׁקְ type. In both cases, the existence of *watid mafrūq* depends on whether or not the author makes the final *šěwaʾ* sound, avoiding the double consonance: *yabkă* and *hašqă*, respectively. The second circumstance is in segolate nouns whose third radical is weak, of the בֶּכֶה type, where the stress on the first radical creates a weak letter and, as a result, the final *heʾ* does not count for metrical purposes, producing בֶּאכֶ.

3.3. *Fāṣila*

Fāṣila is considered by many authors to be really combinations of the above units. Not all Hebrew grammarians agree about recognising *fāṣila* units, and likewise, many manuals of medieval Arabic metrics do not include them. Those authors that do include them, like Ibn Ǧanāḥ (Alahmad Alkhalaf and Martínez Delgado 2018, 96–106), recognise two types:

Fāṣila ṣuġrā: three vocalised letters followed by a quiescent (o|||); לַעֲשׂת and אֶעֱמֹד would be examples of this type.

Fāṣila kubrā: four vocalised letters followed by a quiescent (o||||); לְשַׁחֲתָהּ and יְמַשְׁשׁוּ → יְמַשֲׁשׁוּ would be, according to Ibn Ǧanāḥ, examples of this type.[39]

4.0. Metrical Feet

Metrical syllables join together to form the feet that are combined to create verses. Depending on the school, between eight and ten feet are recognised: two are made up of five letters, and the others, regardless of whether there are six or eight of them, are made up of seven letters. To provide an abstract representation of these feet, the פעל paradigm is used for both morphological analysis and scansion in Arabic.

The feet with five letters are:

פַעוּלֻן, which is made up of *watid maǧmūʿ* (פַעוּ/o||) + *sabab ḫafīf* (לֻן/o|), e.g., יְהוּדָה = יְהוּדָה

פַאעִלֻן, which is made up of *sabab ḫafīf* (פַא/ o|) + *watid maǧmūʿ* (עִלֻן/ o||), e.g., יָדֵךְ = יָאדְכָא

[39]As a sampler: "in לְשַׁחֲתָהּ, four vowels occur, one is *ḥaṭef pataḥ* under *ḥet* and I already showed you that the initial *šĕwa*ʾ is mobile, for which reason the *lamed* in לְשַׁחֲתָהּ is mobile. In מַהֲלַלְאֵל: (Gen. 5.12), three vowels occur, one of them being *ḥaṭef pataḥ*. In לַעֲשׂוֹת: (Gen. 2.3), three vowels occur, one of them being *ḥaṭef pataḥ* and this occurs with great frequency in Hebrew. Examples of this type in words that are not healthy because they have geminates are like יְסֻכֻּהוּ צֶאֱלִים צִלֲלוֹ (Job 40.22), in צִלֲלוֹ three vowels occur, one of them being *ḥaṭef pataḥ*. The same for מִלֲלַי גִּלֲלַי (Neh. 12.36), יִלְלַת הָרֹעִים (Zech. 11.3 [sic]) and קִלְלַת יוֹתָם (Judg. 9.57). In יְמַשְׁשׁוּ בַצָּהֳרָיִם: (Job 5.14) four vowels occur, one an initial vowel that vocalises with the *pataḥ* under *yod* and *ḥaṭef pataḥ* under *shin*" (Alahmad Alkhalaf and Martínez Delgado 2018, 96–106).

The feet with seven letters are:

מַפַאעִילֻן, which is made up of *watid maǧmūʿ* (מַפַא/o||) + *sabab ḫafīf* (עִי/o|) + *sabab ḫafīf* (לֻן/o|), e.g., וַיַשְׁבִּיעַ = וַיַשְׁבִּיאַע

פַאעִלַאתֻן, which is made up of *sabab ḫafīf* (פַא/o|) + *watid maǧmūʿ* (עִלַא/o||) + *sabab ḫafīf* (תֻן/o|), e.g., בִּתְבוּנָה = בִּתְתְבוּנָה

מֻסְתַפְעִלֻן, which is made up of *sabab ḫafīf* (מֻס/o|) + *sabab ḫafīf* (תַפְ/o|) + *watid maǧmūʿ* (עִלֻן/o||), e.g., נוֹרָא מְאֹד = נוֹרָאמְאֹד

מֻפַאעַלְתֻן, which is made up of *watid maǧmūʿ* (מֻפַא/o||) + *sabab ṯaqīl* (עַלַ/||) + *sabab ḫafīf* (תֻן/o|), e.g., עֲלֵי מַעֲשֶׂה = עֲלֵימַעֲשֵׂי

מֻתַפַאעִלֻן, which is made up of *sabab ṯaqīl* (מֻתַ/||) + *watid maǧmūʿ* (פַאע/o||) + *sabab ḫafīf* (לֻן/o|), e.g., מַחֲנֵה אֲרָם = מַחֲנֵיאֲרָם

מַפְעֻולַאתֻ, which is made up of *sabab ḫafīf* (מַפְ/o|) + *sabab ḫafīf* (עֻו/o|) + *watid mafrūq* (לַאתֻ/|o|), e.g., הַרְבֵּה־בֶכֶה = הַרְבֵּהבֶאכֶ.

Some schools add two more feet:

פַאעְ לַאתֻן, which is made up of *watid mafrūq* (פַאעְ/|o|) + *sabab ḫafīf* (לַא/o|) + *sabab ḫafīf* (תֻן/o|)

מֻסְתַפְעִ לֻן, which is made up of *sabab ḫafīf* (מֻסְ/o|) + *watid mafrūq* (תַפְעִ/|o|) + *sabab ḫafīf* (לֻן/o|)

The feet are traditionally divided into the categories of fundamental and derived feet. The four fundamental or basic feet are those that begin with *watid*: פַעֻולֻן, מַפַאעִילֻן, מֻפַאעַלְתֻן and, according to the maximalists, פַאעְ לַאתֻן. The six remaining feet that begin with *sabab* are derivations of the first group.

5.0. The Verse

The verse (*bayt*) is made up of a series of feet, and closes with a rhyme that must be repeated throughout the entire composition. Complete verses can have eight or six feet, depending on the type of metre. They are divided into two identical hemistichs; the first is called *ṣadr* and the second *ʿağz*:

פַאעִלַאתֻן פַאעִלֻן פַאעִלַאתֻן פַאעִלֻן | פַאעִלַאתֻן פַאעִלֻן פַאעִלַאתֻן פַאעִלֻן

ʿağz *ṣadr*

מַפַאעִילֻן מַפַאעִילֻן מַפַאעִילֻן | מַפַאעִילֻן מַפַאעִילֻן מַפַאעִילֻן

ʿağz *ṣadr*

The last foot of the first hemistich, or *ṣadr*, is known as *ʿarūḍ*, and the last foot of the second hemistich, or *ʿağz*, is called *ḍarb*. Although the first hemistich is called *delet* and the second *soger* in the Hebrew tradition, it is possible that the earliest authors who coined this terminology were really referring to *ʿarūḍ* and *ḍarb* respectively (see Qimḥi 1546, 59v). The feet that precede the *ʿarūḍ* and *ḍarb* are called *ḥašw*, or 'filling':

פַאעִלַאתֻן פַאעִלֻן פַאעִלַאתֻן | פַאעִלֻן | פַאעִלַאתֻן פַאעִלֻן פַאעִלַאתֻן | פַאעִלֻן

ḍarb | *ḥašw* *ḥašw* *ḥašw* | *ʿarūḍ* | *ḥašw* *ḥašw* *ḥašw*

מַפַאעִילֻן מַפַאעִילֻן | מַפַאעִילֻן | מַפַאעִילֻן מַפַאעִילֻן | מַפַאעִילֻן

ḍarb | *ḥašw* *ḥašw* | *ʿarūḍ* | *ḥašw* *ḥašw*

A composition that consists of an isolated verse is known as *yatīm*. The following example (Brody and Schirmann 1974, 268) uses *wāfir* metre and *nun* rhyme.

מַפַאעִילֻן מַפַאעִילֻן פַעוּלֻן   מַפַאעִילֻן מַפַאעִילֻן פַעוּלֻן

הֲלֹא נִפְלָאת עֲלֵיכֶם הַשְּׁחוֹרָה   אֲשֶׁר הָיוּ שְׁחֹרִים לָהּ לְבָנִים

> 'Was the darkness not so wonderful with all of you / that the blacks were as whites.' (Solomon ibn Gabirol)

A composition with two verses is called *nutfa*. The following example (Sáenz-Badillos and Targarona 1998, 190) uses *ṭawīl* metre and *reš* rhyme.

פְעוּלֻן מַפָאעִילֻן פְעוּלֻן מַפָאעִלֻן   פְעוּלֻן מַפָאעִילֻן פְעוּלֻן פְעוּלֻן
הֲלָעַד אֲנִי שׁוֹכֵן בְּאֹהֶל כְּמוֹ עֲרָב   וְתַחַת יְרִיעָה כָּל יְמוֹתַי מְדוֹרִי
פְעוּלֻן מַפָאעִילֻן פְעוּלֻן מַפָאעִלֻן   פְעוּלֻן מַפָאעִילֻן פְעוּלֻן פְעוּלֻן
כְּבָר שֶׁכְחוּנִי הָעֲרָבָה וְהַזְּמַן   חֲצֵרִי בְּעִירִי אָן יְדִידֵי חֲצֵרִי

> 'Will I always live in a tent like a Bedouin? Will I have my abode under canvas my whole life?
> The steppe and Fate make me forget / my patio in my city: where are the friends from my patio?' (Samuel ibn Nagrela Hanagid)

When the composition has between three and six verses, it is known as *qiṭʿa*. The following example (Mirsky 1961, 1) uses *wāfir* metre and *dalet* rhyme.

מַפָאעִילֻן מַפָאעִילֻן פְעוּלֻן   מַפָאעִיל מַפָאעִילֻן פְעוּלֻן
בְּעֵת חֵשֶׁק יְעִירֵנִי אֲדַלֵּג   כְּאַיָּל לַחֲזוֹת עֵינֵי כְבוּדָּה
מַפָאעִילֻן מַפָאעִילֻן פְעוּלֻן   מַפָאעִילֻן מַפָאעִילֻן פְעוּלֻן
וְאָבֹאָה וְהֵן אִמָּהּ לְנֶגְדָּהּ   וְאָבִיהָ וְאָחִיהָ וְדוֹדָהּ
מַפָאעִילֻן מַפָאעִיל פְעוּלֻן   מַפָאעִילֻן מַפָאעִילֻן פְעוּלֻן
אֲשׁוּרֶנָּה וְאֶפְנֶה לַאֲחוֹרַי   כְּאִלּוּ לֹא אֲנִי רֵעָהּ יְדִידָהּ
מַפָאעִילֻן מַפָאעִילֻן פְעוּלֻן   מַפָאעִילֻן מַפָאעִילֻן פְעוּלֻן
יְרֹא מֵהֶם וְעָלֶיהָ לְבָבִי   כְּלֵב אִשָּׁה מְשַׁכֶּלֶת יְחִידָהּ

> 'When love awakens me, I skip about / like a fawn to gaze at the eyes of the beauty.
> I enter and her mother is there in front of her / her father, her sister and her aunt.

I gaze at her and I turn / as if I were not her companion, her friend.
I am afraid of them and because of her my heart / is like the heart of a woman who has lost her only child.' (Isaac ibn Khalfun)

Any composition that has more than seven verses becomes a *qasida*.

A verse that preserves all its full feet is called *tāmm*, or complete. The following example (Sáenz-Badillos and Targarona 1998, 167.1) uses *basīṭ* metre and *kaf* rhyme.

מֻסְתַפְעִלֻן פַאעִלֻן מֻסְתַפְעִלֻן פַאעִלֻן   מֻסְתַפְעִלֻן פַאעִלֻן מֻסְתַפְעִלֻן פַאעִלֻן

אָשׁוּט כְּהֵלֶךְ עֲלֵי גִבְעַת לְבוֹנָה וְאַדְ־   בִּיק אֶת לְחָיַי אֱלֵי מִדְרַךְ הֲלִיכָיִכִי

'I wander like a wayfarer around a hill of incense and I ho/ld my cheeks fast to the print of your steps.' (Samuel ibn Nagrela Hanagid)

A verse that preserves all its feet with modifications is called *wāfi*, or faithful. The following example (Brody and Schirmann 1974, 4) uese *ṭawīl* metre and *pe*ʾ rhyme.

פַאעֻל מַפַאעִילֻן פַאעֻל מַפַאעִילֻן   פַאעֻל מַפַאעִילֻן פַאעֻל מַפַאעִילֻן

מִי זֹאת כְּמוֹ שַׁחַר עוֹלָה וְנִשְׁקָפָה   תָּאִיר כְּאוֹר חַמָּה בָּרָה מְאֹד יָפָה

'Who is she who like the dawn rises and comes out / she shines like the light of the sun, pure, so very beautiful.' (Solomon ibn Gabirol)

A verse that eliminates the final foot from both hemistichs is called *mağzūʾ*, or partial. The following example (Sáenz-Badillos and Targarona 1998, 156.1) uses *basīṭ* metre and *dalet* rhyme.

מֻסְתַפְעִלֻן פַאעִלֻן פַעוּלֻן   מֻסְתַפְעִלֻן פַאעִלֻן פַעוּלֻן

קוּמָה בְּשַׁחַר וְשׁוּר יְרִיעַת   שַׁחַק בְּכֶסֶף וּפַז נְקוּדָה

'Awaken at dawn and gaze at the cover of the / sky with fine inlaid silver and gold.' (Samuel ibn Nagrela Hanagid)

A verse that eliminates a complete hemistich is called *maštūr*, or split. The following example (Sáenz-Badillos and Targarona 1998, 220.1) uses *sarīʿ* metre and *reš* rhyme.

מְסְתַפְעִלֻן מֻסְתַפְעִלֻן מַפְעוּלֻן

תֵּדַע בְּנִי כִּי צוּר יְצָרְךָ נוֹרָא

'You must know, my child, that the Rock, your Creator, is terrible'. (Samuel ibn Nagrela Hanagid)

A verse that eliminates four feet and preserves only two—or four, depending on the metre—is called *manhūk*, or weak. The following example (Jarden 1984, 155) uses *mutadārak* metre and *heʾ* rhyme.

פַּאעֻל פַּאעֻל פַּאעֻל פַּאעֻל

עֵינַי מֵרֹב בֶּכִי כָּהוּ

'My eyes, from so much crying, have become blind.' (Solomon ibn Gabirol)

A verse that consists of a single foot is known as *mudawwar*, or round.

When the poet makes the *ʿarūḍ* and *ḍarb* rhyme in both hemistichs at the beginning of the poem—in other words, both of these feet share the same rhyme and foot type—and then the metre adopts the expected form beginning with the second verse, this rhythm is known as *taṣrīʿ*. The following example (Brody 1894, II:75) uses *rağaz* metre and *ṣade* rhyme.

מֻסְתַפְעִלֻן מֻסְתַפְעִלֻן מַפְעוּלֻן   מֻסְתַפְעִלֻן מֻסְתַפְעִלֻן מַפְעוּלֻן

לִקְרַאת מְקוֹר חַיֵּי אֱמֶת אָרוּצָה   עַל כֵּן בְּחַיֵּי שָׁוְא וָרִיק אָקוּצָה

מֻסְתַפְעִלֻן מֻסְתַפְעִלֻן מֻסְתַפְעִלֻן   מַפְתַעִלֻן מֻסְתַפְעִלֻן מַפְעֻולֻן
לִרְאוֹת פְּנֵי מַלְכִּי מְגַמָּתִי לְבַד   לֹא אֶעֱרֹץ בִּלְתּוֹ וְלֹא אַעְרִיצָה
מֻסְתַפְעִלֻן מַפְתַעִלֻן מֻסְתַפְעִלֻן   מֻסְתַפְעִלֻן מֻסְתַפְעִלֻן מַפְעֻולֻן
מִי יִתְּנֵנִי לַחֲזוֹתוֹ בַּחֲלוֹם   אִישַׁן שְׁנַת עוֹלָם וְלֹא אָקִיצָה
מַפְתַעִלֻן מֻסְתַפְעִלֻן מֻסְתַפְעִלֻן   מֻסְתַפְעִלֻן מֻסְתַפְעִלֻן מַפְעֻולֻן
לוּ אֶחֱזֶה פָנָיו בְּלִבִּי בַיְתָה   לֹא שָׁאֲלוּ עֵינַי לְהַבִּיט חוּצָה

'I run to true life's fountain / for that reason I scorn that which is vain and empty
I only wish to glimpse the face of my King / He and nobody else I fear and venerate
If only I could see Him in my dreams! / I would sleep an eternal sleep without awakening
If ever I saw His face in my heart / my eyes would no longer want to look outwards.' (Judah Halevi)

When the poet makes the first two hemistichs rhyme without the *ʿarūḍ* adopting the foot type of the *ḍarb*, this produces a rhythm very common amongst the Hebrew poets, which is called *muwaffā*. The following example (Brody and Schirmann 1974, 140.1) uses *rağaz* metre and *nun* rhyme.

מַפְתַעִלֻן מֻסְתַפְעִלֻן מֻסְתַפְעִלֻן   מֻסְתַפְעִלֻן מֻסְתַפְעִלֻן מַפְתַעִלֻן
אַל תַּאֲמֵן לִבִּי בְּאַנְשֵׁי הַזְּמָן   אַחַר בְּגֹד רֵעַ חֲשַׁבְתִּיו נֶאֱמָן

'Do not believe, my heart, in contemporaries / after betraying the companion I believed trustworthy.' (Solomon ibn Gabirol)

When the poet creates internal rhymes within the verse, but maintains the final rhyme throughout the poem, this is called *musammaṭ*, as discussed above. The following example (Schirmann 1954, I:34) uses *mustaṭīl* metre and *lamed* rhyme.

מַפַאעִילֻן פַאעִל   מַפַאעִילֻן פַאעִל   מַפַאעִילֻן פַאעִל   מַפַאעִיל פַאעִל

וְאוֹמֵר אַל תִּישַׁן   שְׁתֵה יַיִן יָשָׁן   וְכֹפֶר עִם שׁוֹשָׁן   וּמֹר עִם אֲהָלִים

'He says: do not sleep / drink old wine / there are privets with lilies / and myrrh with aloe.' (Dunaš ben Labrat)

6.0. Modifications

6.1. *Ziḥāf*

The filling (*ḥašw*) feet undergo modifications (*ziḥāf*) that specifically affect the *sabab*. According to Ibn ʿAbdrabbihi (Amīn et al. 1948, 426), these modifications only affect the second, fourth, fifth, and seventh letters of the feet.

> The modification never affects any component of the *watid*, instead specifically affecting the *sabab*. Moreover, in the feet, it only affects the second, fourth, fifth and seventh letters. If you want to know the position of the modification in the feet, look at each of the eight feet that I have named for you; if you see that the foot begins with *watid*, the modification will be in the fifth and seventh, but if you see that the *watid* is at the end of the foot, the modification will be in the second and fourth; if the *watid* is in the middle of the foot, then the second and seventh will be modified.

These modifications are found in isolated instances within the composition, rather than being replicated throughout. Each metre allows its own modifications.

According to the very minimalist Andalusi school, there are two modifications: one consists of eliminating the second letter from the *sabab ḫafīf* (o| → |), and the other of leaving the second letter of the *sabab ṯaqīl* quiescent (|| → o|), or sometimes eliminating it (o| → |). As mentioned in the extract of Ibn ʿAbdrabbihi quoted above, the position of the modification depends on the position of the *watid*: when the foot begins with *watid* (that is, פַעוּלֻן, מַפַאעִילֻן, מֻפַאעַלַתֻן, and, according to the maximalists, פַאעְ לַאתֻן), the modification affects the fifth and seventh letters of the foot; when the *watid* is in the intermediate position (פַאעִלַאתֻן and, according to the maximalists, מֻסְתַפְעִ לֻן), the modification affects the second and seventh letters of the foot; and when the *watid* is in the final position (פַאעִלֻן, מֻסְתַפְעִלֻן, מֻתַפַאעִלֻן, and מַפְעֻולַאתֻ), the modification affects the second and fourth letters of the foot.

In the following sections, after each example, the metres in which the modification in question can occur are given in brackets. Metres in which a particular modification does not occur according to the classical catalogue, but does sometimes occur in practice, are marked with an asterisk (*).

6.1.1. Second Consonant

The modification introduced in the second consonant of the foot can be of three types:

ḫabn: the second consonant is eliminated when it is quiescent.

פַאעִלֻן → פַעִלֻן (*madīd, basīṭ*)
מֻסְתַפְעִלֻן → מֻתַפְעִלֻן = מַפַאעִלֻן (*basīṭ, rağaz, sarīʿ, munsariḥ, ḫafīf, muğtat*)
מַפְעֻולַאתֻ → מַעֻולַאתֻ = מַפַאעִילֻ (*munsariḥ, muqtaḍab*)
פַאעִלַאתֻן → פַעִלַאתֻן (*madīd, ramal, ḫafīf, muğtat*)

iḍmār: the second vocalised consonant remains quiescent.

מֻתַפַאעִלֻן → מֻתְפַאעִלֻן = מֻסְתַפְעִלֻן (*kāmil*)

waqṣ: the second vocalised consonant is eliminated.

מֻתַפַאעִלֻן → מֻפַאעִלֻן = מַפַאעִלֻן (*kāmil*)

6.1.2. Fourth Consonant

Only one modification is introduced in the fourth consonant of the foot:

ṭayy: the fourth consonant is eliminated when it is quiescent.

מֻסְתַפְעִלֻן → מֻסְתַעִלֻן = מֻפְתַעִלַן (*basīṭ*, *rağaz*, *sarīʿ*, *munsariḥ*)

מַפְעֻולַאתֻ → מַפְעֻלַאתֻ (*munsariḥ*, *muqtaḍab*)

6.1.3. Fifth Consonant

The modification introduced in the fifth consonant can be of three types:

qabḍ: the fifth consonant is eliminated when it is quiescent.

פַעֻולֻן → פַעֻולֻ (*ṭawīl*, *mutaqārib*)

מַפַאעִילֻן → מַפַאעִלֻן (*hazağ*, *muḍāriʿ*)

ʿaṣb: the vocalised fifth consonant remains quiescent.

מֻפַאעַלַתֻן → מֻפַאעַלְתֻן = מַפַאעִילֻן (*wāfir*)

ʿaql: the fifth consonant is eliminated when it is vocalised.

מֻפַאעַלַתֻן → מֻפַאעַתֻן = מַפַאעִלֻן (*wāfir*)

6.1.4. Seventh Consonant

Only one modification is introduced in the seventh consonant:

kaff: the seventh consonant is eliminated when it is quiescent.

מַפַאעִילֵן → מַפַאעִילֵ (*ṭawīl, hazağ, muḍāriʿ*)

פַאעִלַאתֵן → פַאעִלַאתֵ (*madīd, ramal, ḫafīf, muğtaṯ*)

מֻסְתַפְעִלֵן → מֻסְתַפְעִלֵ (*ḫafīf, muğtaṯ*)

6.1.5. Dual Modifications

In addition to the aforementioned modifications, the following dual modifications can be introduced:

ḫabl: the second consonant is eliminated when it is quiescent (*ḫabn*) and the fourth consonant is eliminated when it is quiescent (*ṭayy*).

מֻסְתַפְעִלֵן → מֻתַפְעִלֵן → מֻתַעִלֵן = פַעִלַתֵן (*basīṭ, rağaz, sarīʿ, munsariḥ*)

מַפְעֻולַאתֵ → מַעֻולַאתֵ → מַעֻלַאתֵ = פַעִלַאתֵ (*munsariḥ*)

ḫazl: the second vocalised consonant remains quiescent (*iḍmār*) and the fourth consonant is eliminated when it is quiescent (*ṭayy*).

מֻתַפַאעִלֵן → מֻתְפַאעִלֵן → מֻתְפַעִלֵן = פַאעִלַתֵן (*kāmil*)

naqṣ: the fifth consonant remains quiescent (*ʿaṣb*) and the seventh consonant is eliminated when it is quiescent (*kaff*).

מַפַאעִלַתֵן → מַפַאעִלְתֵן → מַפַאעִלְתֵ = מַפַאעִילֵ (*wāfir*)

šakl: the second consonant is eliminated when it is quiescent (*ḫabn*) and the seventh consonant is eliminated when it is quiescent (*kaff*).

פַאעִלַאתֵן → פַעִלַאתֵן → פַעִלַאתֵ (*madīd, ramal, ḫafīf*)

מֻסְתַפְעִלֻן → מֻתַפְעִלֻן → מֻתַפְעִל = מַפַאעִל (*ḫafīf*)

ṭarm: the first letter of the first foot is eliminated from each hemistich (*ḫarm*) and the fifth consonant is eliminated when it is quiescent (*qabḍ*).

פַעֻולֻן → עֻולֻן → עֻול = פְעֻל (*ṭawīl*, *mutaqārib*)

6.2. *ʿilāl*

The feet that occupy the position corresponding to the *ʿarūḍ* and *ḍarb* undergo specific modifications (*ʿilāl*) that must be preserved throughout the entire poem. These modifications produce the variants (*awzān*) of each metre (*baḥr*):

ḥaḏf: at the end of the foot, the *sabab ḫafīf* is eliminated.

מַפַאעִילֻן → מַפַאעִי = פַעֻולֻן (*ṭawīl*, *hazağ*)
פַאעִלַאתֻן → פַאעִלַא = פַאעִלֻן (*madīd*, *ramal*, *ḫafīf*)
פַעֻולֻן → פַעֻו = פַעֻל (*mutaqārib*)

qaṭf: at the end of the foot, the *sabab ḫafīf* and the preceding vowel are eliminated.

מֻפַאעַלַתֻן → מֻפַאעַל = פַעֻולֻן (*wāfir*)

qaṣr: in a foot ending in *sabab*, the final quiescent consonant is eliminated, and the vocalised consonant that precedes it is left quiescent.

פַעֻולֻן → פַעֻול = פַעֻול (*mutaqārib*)
פַאעִלַאתֻן → פַאעִלַאת = פַאעִלַאן (*madīd*, *ramal*, **ḫafīf*)

qaṭʿ: in a foot ending in *watid*, the final quiescent consonant is eliminated, and the vocalised consonant that precedes it is left quiescent.

פַאעִלֻן → פַאעִלֻ → פַאעְל = פַאעְל (*basīṭ*, **ḫafīf*, *mutadārak*)
מֻסְתַפְעִלֻן → מֻסְתַפְעִלֻ → מֻסְתַפְעְל = מַפְעֻולֻן (*rağaz*, *munsariḥ*)
מֻתַפַאעִלֻן → מֻתַפַאעִלֻ → מֻתַפַאעְל = פַעִלַאתֻן (*kāmil*)

batr: at the end of the foot, the *sabab ḫafīf* is eliminated (*ḥaḏf*) and then the final quiescent consonant is eliminated, and the final vocalised consonant is left quiescent (*qaṭʿ*).

פַאעִלַאתֻן → פַאעִלַא → פַאעִלַ → פַאעְל (*madīd*, **ramal*)
פַעֻולֻן → פַעֻו → פַעֻ → פַע (*mutaqārib*)

ḥaḏḏ: the *watid mağmūʿ* is eliminated from the end of the foot.

מֻתַפַאעִלֻן → מֻתַפַא = פַעִלֻן (*kāmil*, **basīṭ*)

ṣalm: the *watid mafrūq* is eliminated from the end of the foot.

מַפְעֻולַאתֻ → מַפְעֻו = פַאעְל (*sarīʿ*)

waqf: the seventh vocalised consonant is left quiescent.

מַפְעֻולַאתֻ → מַפְעֻולַאת = מַפְעֻולַאן (*sarīʿ*, *munsariḥ*)

kašf: the seventh vocalised consonant is eliminated.

מַפְעֻולַאתֻ → מַפְעֻולַא = מַפְעֻולֻן (*sarīʿ*, *munsariḥ*, **rağaz*)

6.3. Additions and Reductions

Regardless of the position that it occupies within the poem, a foot can receive any of the following additions and reductions:

taḏyīl: a quiescent consonant is added to the end of a foot that ends with *watid*.

פַאעִלֻן → פַאעִלַאן (*mutadārak*)
מֻסְתַפְעִלֻן → מֻסְתַפְעִלֻון = מֻסְתַפְעִלַאן (*basīṭ*)
מֻתַפַאעִלֻן → מֻתַפַאעִלֻון = מֻתַפַאעִלַאן (*kāmil*)

tasbīġ: a quiescent consonant is added to the end of a foot that ends with *sabab*.

פַאעִלַאתֻן → פַאעִלַאתֻון = פַאעִלַאתַאן (*ramal*)

tarfīl: two consonants, the first vocalised and the second quiescent, are added to the end of a foot that ends with *watid*.

מֻסְתַפְעִלֻן → פַע + מֻסְתַפְעִלֻן = מֻסְתַפְעִלַאתֻן (*kāmil*)
מֻתַפַאעִלֻן → פַע + מֻתַפַאעִלֻן = מֻתַפַאעִלַאתֻן (*kāmil*)

ḫarm: the first letter of the first foot is eliminated from each hemistich.

פַעֻולֻן → עֻולֻן = פַאעִל (*ṭawīl*)
מַפַאעִילֻן → מַפְעֻולֻן (*hazağ*)

This last modification is known as *ṯalm* when it is applied to the foot פַעֻולֻן in *mutaqārib* metre (→ פַאעִל), and *šaṭr/šiṭr* when it is applied to an instance of the foot מַפַאעִילֻן that has been previously affected by *qabḍ* in *hazağ* or *muḍāriʿ* metre (→ מַפַאעִלֻן → פַאעִלֻן).

ḫarb: a dual modification produced by the combination of *ḫarm* with *kaff*.

מַפַאעִילֻן → פַאעִילֻן → פַאעִיל → מַפְעֻול (*hazağ*, *muḍāriʿ*)

tašʿīṯ: the first letter of the *watid* is eliminated.

פַאעִלַאתֻן → פַאלַאתֻן = מַפְעֻולֻן (*ḫafīf*, *muǧtaṯ*)
פַעֻולֻן → עֻולֻן = פַאעִל (*mustaṭīl*)

Finally, one letter—and in some cases even two—can be added to the beginning of the verse. This modification is known as *ḫazm* and occurs in the *muǧtaṯ, muqtaḍab, muḍāriʿ*, and *mutadārak* metres.

2. THE CATALOGUE OF CLASSICAL METRES

1.0. *Ṭawīl*

פַעֻולֻן מַפַאעִילֻן פַעֻולֻן מַפַאעִילֻן פַעֻולֻן מַפַאעִילֻן פַעֻולֻן מַפַאעִילֻן

This metre has the longest sequence of feet. According to the classical system, it is not used in its *maǧzūʾ*, *mašṭūr*, or *manhūk* forms. Its *tāmm*, or complete, form is as follows (Brody and Schirmann 1974, 23.3):

פַעֻולֻן מַפַאעִילֻן פַעֻולֻן מַפַאעִילֻן	פַעֻולֻן מַפַאעִילֻן פַעֻולֻן מַפַאעִילֻן
וּבִנְפֹּל עֲלֵי עֵין תְּנוּמָה וְתַרְדֵּמָה	תְּעוֹפֵף שְׁנַת עֵינַי וְתִדַּר תְּנוּמָתִי
וּבִנְפֹּל עֲלֵיעַאִין תְּנוּמָה וְתַרְדֵּימָה	תְּעוֹפֵף שְׁנַתְעֵינַי וְתִדַּדֵּר תְּנוּמָאתִי

'As torpor and lethargy fall over my eye / sleep flies from my eyes and my drowsiness is dispersed.' (Solomon ibn Gabirol)

This metre has three types of *ḍarb* and one type of *ʿarūḍ*.

1.1 First *Ḍarb*

The first *ḍarb* is without modification (מַפַאעִילֻן), and its *ʿarūḍ* is modified with *qabḍ* (מַפַאעִילֻן → מַפַאעִלֻן):

פַעֻולֻן מַפַאעִילֻן פַעֻולֻן מַפַאעִלֻן   פַעֻולֻן מַפַאעִילֻן פַעֻולֻן מַפַאעִילֻן

I have not found this form amongst the classical poets. However, contrary to the classical prescription, *ṭawīl* metre can be found in the *maǧzūʾ* form, dispensing with one foot, and with a complete *ḍarb* and identical *ʿarūḍ* (Sáenz-Badillos and Targarona 1998, 45.1–2):

 https://doi.org/10.11647/OBP.0351.02

פְעוּלֻן מְפָאעִילֻן   פְעוּלֻן מְפָאעִילֻן
עֲלֵיכֶם בְּנֵי תוֹרָה וְתוֹפְשֶׂיהָ   עֲלֵיכֶם לְגַלּוֹת אֶת כְּמוּסֶיהָ
פְעוּלֻן מְפָאעִילֻן   פְעוּלֻן מְפָאעִיל מְפָאעִילֻן
לְמַעַן בְּנֵי אָדָם בְּמַחְשַׁכִּים   בְּאֶרֶץ וְאַתֶּם כַּהֲרָסֶיהָ

‘All you sons and custodians of the Torah / you must reveal its secrets
Since the people are in the dark / in the land and you are as their lamp.’ (Samuel ibn Nagrela Hanagid)

1.2. Second *Ḍarb*

The second *ḍarb* is modified with *qabḍ* (מְפָאעִילֻן → מְפָאעִלֻן), and its *ʿarūḍ* is identical (Sáenz-Badillos and Targarona 1998, 191.2):

פְעוּלֻן מְפָאעִילֻן פְעוּלֻן מְפָאעִלֻן   פְעוּלֻן מְפָאעִילֻן פְעוּלֻן מְפָאעִלֻן
בְּכָל לֵב אֲהָבִים לָךְ וְלִבֵּךְ כְּמוֹ צְרוֹר   וְכָל פֶּה יְדַבֵּר בָּךְ וְאַתְּ תִּתְּנִי דֳמִי

‘With all his heart he loves you while your heart is like stone / and every mouth speaks to you while you remain silent.’ (Samuel ibn Nagrela Hanagid)

There is also a different form of this *ḍarb* used in the complete form of *ṭawīl* metre, which is not included in the classical catalogue; it is further modified with *waqṣ* (מְפָאעִלֻן → פָאעִלֻן) and has an identical *ʿarūḍ* (Brody and Albrecht 1906, 89.1; Sáenz-Badillos and Targarona 1998, 197.1–2):

פְעוּלֻן מְפָאעִילֻן פְעוּלֻן פָאעִלֻן   פְעוּלֻן מְפָאעִילֻן פְעוּלֻן פָאעִלֻן
יְשֵׁנָה בְּחֵיק יַלְדוּת לְמָתַי תִּשְׁכְּבִי   דְּעִי כִּי נְעוּרִים כַּנְּעֹרֶת נִנְעֲרוּ

‘Asleep in the lap of infancy, when you lie down / you must know that youth like a wick is consumed.’ (Judah Halevi)

יְדִידַי בְּפֵרוּדָם לְדָבִי לִבְּבוּ   וְנַפְשִׁי בְּהַרְחִיקָם וְעֵינַי דָּאֲבוּ

וְלֹא יִדְּמוּ תָּמִיד וְנֹזְלֵיהֶם   עֲלֵי לְחָיַי וְעַל פָּנַי כְּמוֹ נֵד נִצְּבוּ

‘My friends upon leaving stole my heart / my soul for their distance and my eyes languish
Never again shall they be calm, spilling over / my cheeks and face as if forming a dyke.’ (Samuel ibn Nagrela Hanagid)

1.3. Third *Ḍarb*

The third *ḍarb* is modified with *ḥadf* (מַפָאעִילֻן → פַעֻולֻן), and its *ʿarūḍ* with *qabḍ* (מַפָאעִילֻן → מַפָאעִלֻן; Sáenz-Badillos and Targarona 1998, 188.1):

פַעֻולֻן מַפָאעִילֻן פַעֻולֻן מַפָאעִלֻן   פַעֻולֻן מַפָאעִילֻן פַעֻולֻן פַעֻולֻן

לְנוֹדְךָ בְּקִרְבִּי אוּר וְגוּפִי בְּתוֹךְ יְאוֹר   בְּשָׁטְפוֹ וּמִי יוּכַל נְשֹׂא אוּר וְזֶרֶם

‘Your absence inflames my heart and my body sinks into a river / that spills over, who can withstand fire and current.’ (Samuel ibn Nagrela Hanagid)

This *ḍarb* modified with *ḥadf* (פַעֻולֻן) can also appear with an identically modified *ʿarūḍ* (Sáenz-Badillos and Targarona 1998, 170.1; 171.1):

פַעֻולֻן מַפָאעִילֻן פַעֻולֻן פַעֻולֻן   פַעֻולֻן מַפָאעִילֻן פַעֻולֻן פַעֻולֻן

הֲתָכִין לְךָ חִצִּים שְׁנוּנִים בְּבָבוֹת   עֲלֵי קַשְׁתוֹת עַפְעַף וְתוֹרֶה לְבָבוֹת

‘Are you tensing the sharpened arrows of your pupils / in the bows of your eyelids to shoot at hearts?’ (Samuel ibn Nagrela Hanagid)

פַעֻולֻן מַפָאעִילֻן פַעֻולֻן פַעֻולֻן   פַעֻולֻן מַפָאעִילֻן פַעֻולֻן פַעֻולֻן

אֲנִי אַרְאֲךָ עֹפֶר וְיַדִּיב לְבָבְךָ   בְּעֵינָיו כְּעֵינֶיךָ לְבָבִי מְדִיבוֹת

‘I shall show you a fawn that will melt your heart / with its eyes, just as your eyes melted my heart.’ (Samuel ibn Nagrela Hanagid)

This sequence also appears in the *mağzūʾ* form of *ṭawīl* metre (Jarden 1982, 849.1):

פַעֻולְן מַפַאעִילְן פַעֻולְן פַעֻולְן מַפַאעִילְן פַעֻולְן
מְצַדֵּק לְלֹא נוֹדָע מְהוּלָל וְכוֹסֶה עֲלֵי בָרִי בְּשֶׁמָּא

> ‘One just man, unknown, is worthy of praise / and conceals the certain in the doubtful.’ (Samuel ibn Nagrela Hanagid)

Ṭawīl metre also appears in the *maštūr* form, its *ḍarb* modified with *ḫarm* (פַעֻולְן → פַאעֻל); because the *maštūr* form eliminates an entire hemistich, the *ḍarb* in this form is, at the same time, the *ʿarūḍ* (Sáenz-Badillos and Targarona 1988, 13.1–2):

פַעֻולְן מַפַאעִילְן פַעֻולְן פַאעֻל
אֲהַלֵּל אֲשֶׁר אֵין לוֹ דְּמוּת וּתְמוּנָה
פַעֻולְן מַפַאעִילְן פַעֻולְן פַאעֻל
לְמַעַן פְּעֻלָּתוֹ אֲשֶׁר נֶאֱמָנָה

> ‘I will praise Him who has neither image nor figure
> Because His works are faithful.’ (Samuel ibn Nagrela Hanagid)

1.4. Modifications to the Filling Feet

The most common modifications to the filling feet in *ṭawīl* metre are *qabḍ*, *kaff*, and *ḫarm*. In many verses, the final quiescent consonant of a filling foot is eliminated. As mentioned above, when this is the fifth consonant, the modification is called *qabḍ* (פַעֻולְן → פַעֻולֻ), and when it is the seventh, it is called *kaff* (מַפַאעִילְן → מַפַאעִילֻ). This is a very common change (Brody 1935, 234.19; Jarden 1992, 229.1):

פְּעוּלֶן מְפָאעִילֶן פְּעוּלֶ מְפָאעִלֶן   פְּעוּלֶן מְפָאעִילֶן פְּעוּלֶן מְפָאעִילֶן

וְכִרְחֹק פְּאַת מִזְרָח לְיַד מַעֲרָב רָחְקוּ   מְאֹד מַחְשְׁבוֹת אִישׁ מֵעֱזוּז חִשְּׁבֹנוֹתָיו

‘Just as the eastern corner distances itself from the western edge / the thoughts of a man distance themselves from the power of those thoughts.’ (Moses ibn Ezra)

פְּעוּלֶ מְפָאעִילֶן פְּעוּלֶן פָאעִלֶן   פְּעוּלֶן מְפָאעִילֶן פְּעוּלֶן פָאעִלֶן

כְּזֹאת יַעֲשֶׂה הָאֵל לְאִישׁ גָּבַהּ בְּנַ־   עֲרוּתוֹ בְּטוּב שַׂעְרוֹ וּבִיפוֹת תָּאֳרוֹ

‘This God does to the man who boasts of his vig/our by reason of the lushness of his hair and the beauty of his figure.’ (Samuel ibn Nagrela Hanagid)

A *qabḍ* and a *kaff* can be applied in the same verse (Sáenz-Badillos and Targarona 1998, 159.1):

פְּעוּלֶ מְפָאעִילֶ פְּעוּלֶן מְפָאעִלֶן   פְּעוּלֶן מְפָאעִילֶן פְּעוּלֶן מְפָאעִלֶן

הֲלֹא תַעֲנֵנִי בַּהֲמוֹתִי בְּלִי דֳמִי   בְּשֶׁלְמִי הֲרֵעוֹתָ לְעַבְדָּךְ בְּשֶׁלְמִי

‘You do not answer me although I cry out without ceasing? For whom do you mistreat your servant? For whom?’ (Samuel ibn Nagrela Hanagid)

The *ḫarm* modification, where the first letter of the first foot of each hemistich is eliminated (פְּעוּלֶן → עוּלֶן = פָאעְל), also occurs in *ṭawīl* metre (Sáenz-Badillos and Targarona 1998, 60.1-2):

פָאעְל מְפָאעִילֶן פְּעוּלֶן מְפָאעִילֶן   פָאעְל מְפָאעִילֶן פְּעוּלֶן מְפָאעִילֶן

לַשַּׂר רְבִּי נִסִּים כְּתָב רִיב וְתוֹכַחַת   מֵאֵת יְדִידוֹ עִם יְדִידוֹ מְשֻׁלַּחַת

הִנֵּה אֲדַבֵּר לוֹ שְׁתַּיִם וְלֹא אוֹסִיף   אוּלַי יְשִׁיבֵנִי עֲלֵיהֶם בְּמוֹ אַחַת

‘To the noble rabbi Nissim, a letter with grievances and rebukes / a friend with his friend sends
This is the second and last time I address him / perhaps he will respond to the two together.’ (Samuel ibn Nagrela Hanagid)

The same modification can appear in *maǧzūʾ* verse (Sáenz-Badillos and Targarona 1998, 194.1):

פַּאעֵל מַפַאעִילֻן פַעֻולֻן　　פַּאעֵל מַפַאעִילֻן פַעֻולֻן
שִׂימָה יְמִינְךָ עַל צְלָעַי　　תָּשִׁיב אֱלַי צַלְעִי לְבָבוֹ

'Put your right hand on my ribs / return its heart to my chest.' (Samuel ibn Nagrela Hanagid)

This modification can appear in the first hemistich of the poem only, as in this *musammaṭ* (Mirsky 1961, 72.2):

פַאעֵל מַפַאעִילֻן פַעֻולֻן מַפַאעִילֻן　　פַעֻולֻן מַפַאעִילֻן פַעֻולֻן מַפַאעִילֻן
כֹּחִי עֲזָבַנִי וְכַמֵּת חֲשָׁבַנִי　　וְחֶטְאִי סְבָבַנִי וְדִוְיִי וּמַכְאוֹבִי

'My strength left me and I took myself for dead / my sin haunted me, my sorrow and my regret.' (Isaac ben Khalfun)

However, it can also remain fixed throughout the entire composition (Brody and Schirmann 1974, 189.1):

פַאעֵל מַפַאעִילֻן פַעֻולֻן מַפַאעִילֻן　　פַאעֵל מַפַאעִילֻן פַעֻולֻן מַפַאעִילֻן
כָּתַב סְתָו בִּדְיוֹ מְטָרָיו וּבִרְבִיבָיו　　וּבְעֵט בְּרָקָיו הַמְּאִירִים וְכַף עָבָיו
מִכְתָּב עֲלֵי גַן מִתְּכֵלֶת וְאַרְגָּמָן　　לֹא נִתְכְּנוּ כָהֵם לְחֹשֵׁב בְּמַחְשָׁבָיו
לָכֵן בְּעֵת חָמְדָה אֲדָמָה פְּנֵי שַׁחַק　　רָקְמָה עֲלֵי בַדֵּי עֲרוּגוֹת כְּכוֹכָבָיו

'Autumn has written with the ink of its rains and downpours / and with the quill of its luminous rays and the palm of its clouds
a composition over the garden of lapis lazuli and purple / it would not have arranged them thus if it had been designed
for when the Earth yearns for the face of the sky / it embroiders on the fabric of the flowerbeds like its stars.' (Solomon ibn Gabirol)

This modification can even appear in the variant of the first *ḍarb* that follows *maǧzūʾ* form, which, as discussed above, does appear in Hebrew poetry, despite not being included in the classical catalogue (Brody and Schirmann 1974, 127.1):

פַּאעֲל מַפַּאעִילֶן מַפַּאעִילֶן   פַּאעֲל מַפַּאעִילֶן מַפַּאעִילֶן

כָּל הַזְּמַנִּים מִימֵי קֶדֶם   נָתְנוּ יְדֵיהֶם אֶל זְמַנֶּךָ

'All the epochs, since ancient times, / reach out their hands to your epoch.' (Solomon ibn Gabirol)

The double modification of *ṯarm*, i.e., *ḫarm* + *qabḍ* (פַּעֲולֶן → עֲולֶן → עֲולֶ = פְּעֻלֶ), can be applied (Brody and Schirmann 1974, 159.19; Sáenz-Badillos and Targarona 1998, 165.1):

פְּעֻלֶ מַפַּאעִילֶן פַּאעֲל מַפַּאעִילֶן   פְּעֻלֶ מַפַּאעִילֶן פַּאעֲל מַפַּאעִילֶן

כָּל בַּעֲלֵי הַשִּׁיר חָרְדוּ לְעֻמָּתוֹ   אַף יַעֲטוּ בֹשֶׁת כֻּלָּם וְגַם חֶרְפָּה

'All poets tremble before it / they are all even covered with embarrassment and bashfulness.' (Solomon ibn Gabirol)

פְּעֻלֶ מַפַּאעִילֶ פַּעֲולֶן פַּעֲולֶן   פַּאעֲל מַפַּאעִילֶן פַּעֲולֶן פַּעֲולֶן

שָׂח בַּעֲבוּר אֵין לַעֲנֻגָּה וְרַכָּה   דָּת עַד אֲשֶׁר תִּהְיֶה מְלָכִים מְדַכָּה

'I say: considering that the lavish and delicate one does not have / rules, she even scoffs at kings.' (Samuel ibn Nagrela Hanagid)

2.0. *Madīd*

פַּאעִלַאתֻן פַּאעִלֶן פַּאעִלַאתֻן פַּאעִלֶן פַּאעִלַאתֻן פַּאעִלֶן פַּאעִלַאתֻן פַּאעִלֶן

The rhythm of this metre can sound cumbersome to Arab ears, and the poets generally avoided it. This metre is not usually used in its classical form in Hebrew either. Nevertheless, theoreticians could always force the metre and scan model verses in their complete form (Martínez Delgado 2017, 87):

פַּאעִלַאתֻן פַּאעִלֻן פַּאעִלַאתֻן פַּאעִלֻן   פַּאעִלַאתֻן פַּאעִלֻן פַּאעִלַאתֻן פַּאעִלֻן

מַה לְּךָ אֶל בּוֹעֲרִים לֵךְ לְךָ אֶל יוֹעֲצִים בַּתְּבוּנָה וֶאֱלַף מַעֲשֵׂיהֶם וְחְכַם

מַלְלְכָאאֶל בּוֹעֲרִם לֵכְלְכָאאֶל יוֹעֲצִם   בַּתְּתְבוּנָה וְאאֱלַף מַאעֲשֵׂיהֶם וְאחְכַם

‘What are you doing with fools; go with those give you intelligent / advice, learn their acts and become wise.’ (Anonymous)

When *madīd* metre does appear in Arabic, the last foot of each hemistich is usually lost (*maǧzū’*):

פַּאעִלַאתֻן פַּאעִלֻן פַּאעִלַאתֻן   פַּאעִלַאתֻן פַּאעִלֻן פַּאעִלַאתֻן

This metre has five classes of *ḍarb* and three classes of *ʿarūḍ*.

2.1. First *Ḍarb*

The first *ḍarb* is without modification, and its *ʿarūḍ* is identical (Neubauer 1965, 16):

פַּאעִלַאתֻן פַּאעִלֻן פַּאעִלַאתֻן פַּאעִלֻן פַּאעִלַאתֻן

אֵיךְ יְכַבֶּה מֵי דְּמָעַי שְׂבִיבִי   אֵיךְ וְעֵינֵי הַצְּבִי נִלְחֲמוּ בִּי

‘How to quench the waters of my tears around me / how, if the eyes of the roe are fighting me.’ (Saadia ibn Danan)

The *ʿarūḍ* of the first *ḍarb* (פַּאעִלַאתֻן) may be modified with *šakl* (→ פַּעִלַאתֻ); this also affects the first foot of the verse:

פַּעִלַאתֻ פַּאעִלֻן פַּעִלַאתֻ   פַּאעִלַאתֻן פַּאעִלֻן פַּאעִלַאתֻן

2.2. Second *Ḍarb*

The second *ḍarb* is modified with *qaṣr* (פַּאעְלַאתֻן → פַּאעְלַאן), and its *ʿarūḍ* with *ḥaḏf* (פַּאעְלַאתֻן → פַּאעְלֻן). The rhyming consonant is quiescent and preceded by a lengthening letter (*ridf*).

פַּאעְלַאתֻן פַּאעְלֻן פַּאעְלֻן   פַּאעְלַאתֻן פַּאעְלֻן פַּאעְלַאן

2.3. Third *Ḍarb*

The third *ḍarb* is modified with *ḥaḏf* (פַּאעְלַאתֻן → פַּאעְלֻן), and its *ʿarūḍ* is identical (Martínez Delgado 2017, 88):

פַּאעְלַאתֻן פַּאעְלֻן פַּאעְלֻן   פַּאעְלַאתֻן פַּאעְלֻן פַּאעְלֻן

מִצְּבָיִים אוֹהֲבָה הַצְּבִי   הַמְּצַדֵּד אָז יְדִידִי יְהִי

'Of the two roes I am going to love the roe / that turns, then he will be my friend.' (Anonymous)

2.4. Fourth *Ḍarb*

The fourth *ḍarb* is modified with *batr* (פַּאעְלַאתֻן → פַּאעַל), and its *ʿarūḍ* with *ḥaḏf* (פַּאעְלַאתֻן → פַּאעְלֻן):

פַּאעְלַאתֻן פַּאעְלֻן פַּאעְלֻן   פַּאעְלַאתֻן פַּאעְלֻן פַּאעַל

The *ʿarūḍ* of this *ḍarb* (פַּאעַל) may be modified by *ḫabn* in combination with *ḥaḏf* (פַּאעְלַאתֻן → פַּעְלַאתֻן → פַּעְלֻן):

פַּאעְלַאתֻן פַּאעְלֻן פַּעְלֻן   פַּאעְלַאתֻן פַּאעְלֻן פַּאעַל

Contrary to the classical system, this metre sometimes appears with an *ʿarūḍ* affected by *batr* (פַּאעְלַאתֻן → פַּאעַל) and an identical *ḍarb* (Sáenz-Badillos and Targarona 1998, 158b.1):

פַּאעְלַאתֻן פַּאעְלֻן פַּאעַל   פַּאעְלַאתֻן פַּאעְלֻן פַּאעַל

יֵשׁ בְּכוֹס פֶּלֶא וְסוֹד נִמְצָא   בָהּ כְּמוֹ הָאוֹת וְהַמּוֹפֵת

'The glass contains wonders, it conceals mysteries / in it as if they were signs and signals.' (Samuel ibn Nagrela Hanagid)

2.5. Fifth *Ḍarb*

The fifth *ḍarb* is modified with *ḫabn* and *ḥaḏf* (פַּאעִלַאתֻן → פַּעִלַאתֻן → פַּעִלֻן), and its *ʿarūḍ* is identical:

פַּאעִלַאתֻן פַּאעִלֻן פַּעִלֻן   פַּאעִלַאתֻן פַּאעִלֻן פַּעִלֻן

In *manhūk* verse, the *ʿarūḍ* of the fifth *ḍarb* (פַּעִלֻן) may be modified with *ḥaḏf* only (פַּאעִלַאתֻן → פַּאעִלֻן):

פַּאעִלַאתֻן פַּאעִלֻן   פַּאעִלַאתֻן פַּעִלֻן

2.6. Modifications to the Filling Feet

The following modifications may affect the filling feet in *madīd* metre (Yahalom 2001, 78; Martínez Delgado 2017, 88):

ḫabn: פַּאעִלַאתֻן → פַּעִלַאתֻן

פַּעִלַאתֻן פַּאעִלֻן פַּאעִלַאתֻן פַּאעִלַאתֻן פַּאעִלֻן פַּאעִלַאתֻן

יַחֲדִי לֵב בּוֹ קְרֵיבִים לְיִרְאָה שֵׁם אֱלֹהֶיךָ וְעִמְדִי לְפָנָיו

'Join forces with your heart, with it approach the fear / the name of your God and stay before Him.' (Elazar ben Jacob)

ḫabn: פַּאעִלֻן → פַּעִלֻן

פַּאעִלַאתֻן פַּעִלֻן פַּאעִלֻן   פַּאעִלַאתֻן פַּעִלֻן פַּאעִלַאן

סוּר וְאַל תֵּט אַחֲרֵי רוֹדְפֵי   רַע בְּרָדְפָם וְאֱמֶת עוֹזְבִים

'Step away and do not go after those who pursue / evil, in pursuing it they abandon truth.' (Anonymous)

kaff: פַּאעִלַאתֻן → פַּאעִלַאתֻ

šakl: פַּאעִלַאתֻן → פַּעִלַאתֻ (rare)

3.0. *Basīṭ*

מֻסְתַפְעִלֻן פַּאעִלֻן מֻסְתַפְעִלֻן פַּאעִלֻן מֻסְתַפְעִלֻן פַּאעִלֻן מֻסְתַפְעִלֻן פַּאעִלֻן

According to some manuals, the complete form of this metre is never used in Arabic, and the metre usually only appears in *manhūk* verse:

מֻסְתַפְעִלֻן פַּאעִלֻן   מֻסְתַפְעִלֻן פַּאעִלֻן

In Hebrew, however, its complete form can appear (Sáenz-Badillos and Targarona 1998, 167.1):

מֻסְתַפְעִלֻן פַּאעִלֻן מֻסְתַפְעִלֻן פַּאעִלֻן   מֻסְתַפְעִלֻן פַּאעִלֻן מֻסְתַפְעִלֻן פַּאעִלֻן

אָשׁוּט כְּהֵלֶךְ עֲלֵי גִבְעַת לְבוֹנָה וְאַדְ־   בִּיק אֶת לְחָיַי אֱלֵי מִדְרַךְ הֲלִיכָיְכִי

אָאשְׁטְכְּהֵי לֶכְעֲלֵי גִבְעַתלְבוֹ נָהְוְאַדְ־   בִקְאֶתְלְחָא יַיאֱלֵי מִדְרַכְהֲלִי כָאיְכִי

> 'I wander like a wayfarer around a hill of incense and I ho/ld my cheeks fast to the print of your steps.' (Samuel ibn Nagrela Hanagid)

This metre has six types of *ḍarb* and three types of *ʿarūḍ.*

3.1. First *Ḍarb*

The first *ḍarb* is modified with *ḫabn* (פַּאעִלֻן → פַעִלֻן), and its *ʿarūḍ* is identical:

מֻסְתַפְעִלֻן פַּאעִלֻן מֻסְתַפְעִלֻן פַעִלֻן מֻסְתַפְעִלֻן פַּאעִלֻן מֻסְתַפְעִלֻן פַעִלֻן

3.2. Second *Ḍarb*

The second *ḍarb* is modified with *qaṭʿ* (פַּאעִלֻן → פַּאעִל), and its *ʿarūḍ* with *ḫabn* (פַּאעִלֻן → פַעִלֻן). The rhyme must be preceded by a lengthening letter (*ridf*):

מֻסְתַפְעִלֻן פַּאעִלֻן מֻסְתַפְעִלֻן פַעִלֻן מֻסְתַפְעִלֻן פַּאעִלֻן מֻסְתַפְעִלֻן פַּאעִל

Hebrew poets often use this second *ḍarb* modified with *qaṭ*ʿ (פַּאעִלֻן → פַּאעִל), but keep its *ʿarūḍ* complete. Again, the rhyme must be preceded by a lengthening letter (Jarden 1984, 224:2; Brody 1935, 134.2):

מֻסְתַפְעִלֻן פַאעִלֻן מֻסְתַפְעִלֻן פַאעִלֻן   מֻסְתַפְעִלֻן פַאעִלֻן מֻסְתַפְעִלֻן פַאעִל

מֵרִיב חֲדַל נָא וְאִם מִשְׁפַּט אֱמֶת תִּדְרְשָׁה   הַבֵּט וְיָפְיָהּ רְאֵה טֶרֶם תְּרִיבֵנִי

'Just stop arguing and if you truly seek justice / look at and contemplate her beauty before you argue with me.' (Solomon ibn Gabirol)

מֻסְתַפְעִלֻן פַאעִלֻן מֻסְתַפְעִלֻן פַאעִלֻן   מֻסְתַפְעִלֻן פַאעִלֻן מֻסְתַפְעִלֻן פַאעִל

יַשִׁיא לְבָבוֹת בְּדָבָר רֵק וְנִפַּת וְלֹא   נָבִין הֲכִי חִישׁ בְּכַף קֶלַע יְשִׂימֵנוּ

'(Time) entertains with vacuous affairs and we are delighted without / understanding how quickly it puts us in our place with one mighty blow.' (Moses ibn Ezra)

The same pattern may appear in *taṣrī*ʿ rhythm (Sáenz-Badillos and Targarona 1998, 198.1–2):

מֻסְתַפְעִלֻן פַאעִלֻן מֻסְתַפְעִלֻן פַאעִל   מֻסְתַפְעִלֻן פַאעִלֻן מֻסְתַפְעִלֻן פַאעִל

יוֹנָה עֲלֵי בֶן הֲדַס מַה לָּךְ תְּקוֹנְנִי   הַאַתְּ יְחִידָה בְּלֹא דוֹדֵךְ כְּמוֹ אָנִי

מֻסְתַפְעִלֻן פַאעִלֻן מֻסְתַפְעִלֻן פַאעִלֻן   מֻסְתַפְעִלֻן פַאעִלֻן מֻסְתַפְעִלֻן פַאעִל

יֵקַד בְּלִבִּי יְקוֹד אֵשׁ הַמְלַהֵט וְקָט   לוּלֵי דְמָעוֹת עֲזָרוּנִי שְׂרָפַנִי

'Dove on the myrtle shoot, what do you lament / perhaps you are alone without your beloved like me
Burning in my heart is a blazing fire and I would give up / if it were not for the tears that help me I would burn.'
(Samuel ibn Nagrela Hanagid)

Similarly, the Hebrew poets use this second *ḍarb* modified with *qaṭ*ʿ (פַּאעְלֻן → פַּאעֶל) with an identical *ʿarūḍ*. Again, the rhyme must be preceded by a lengthening letter (Brody 1935, 200:1):

מֻסְתַפְעִלֻן פַּאעִלֻן מֻסְתַפְעִלֻן פַּאעֶל   מֻסְתַפְעִלֻן פַּאעִלֻן מֻסְתַפְעִלֻן פַּאעֶל

מֶה עָרְבוּ לִי יְמֵי חֶבְרָה וּמָתְקוּ   לוּלֵי אֲשֶׁר עָבְרוּ כַּצֵּל וְרָחֲקוּ

'How the days go by with companions and they are sweet / save because they pass like a shadow and drift away.' (Moses ibn Ezra)

3.3. Third *Ḍarb*

The third *ḍarb*, found in *mağzū*ʾ verse, is modified with *tadyīl* (מֻסְתַפְעִלֻן → מֻסְתַפְעִלַאן), and its *ʿarūḍ* is complete:

מֻסְתַפְעִלֻן פַּאעִלֻן מֻסְתַפְעִלֻן   מֻסְתַפְעִלֻן פַּאעִלֻן מֻסְתַפְעִלַאן

The third *ḍarb* can also accept the following modifications:

ṭayy: מֻסְתַפְעִלַאן → מֻפְתַעִלַאן

ẖabl: מֻסְתַפְעִלַאן → פַּעִלַתַאן

3.4. Fourth *Ḍarb*

The fourth *ḍarb*, found in *mağzū*ʾ verse, is complete, and its *ʿarūḍ* is identical:

מֻסְתַפְעִלֻן פַּאעִלֻן מֻסְתַפְעִלֻן   מֻסְתַפְעִלֻן פַּאעִלֻן מֻסְתַפְעִלֻן

3.5. Fifth *Ḍarb*

The fifth *ḍarb*, found in *mağzū*ʾ verse, is modified with *qaṭ*ʿ (מֻסְתַפְעִלֻן → מַפְעוּלֻן), and its *ʿarūḍ* is complete (Yahalom 2001, 84):

מֻסְתַפְעִלֻן פַּאעִלֻן מֻסְתַפְעִלֻן   מֻסְתַפְעִלֻן פַּאעִלֻן מַפְעוּלֻן

אֵיכָה אֲכַס מִמְּךָ חֶטְאִי וְהֵן   עָרוּךְ שְׁאוֹל אַף זְבוּל נֶגְדֶּךָ

'How can I hide my sin from You if / Sheol and even Zebul are set before You.' (Elazar ben Jacob)

This *ḍarb* modified with *qaṭʿ* (מֻסְתַפְעִלֻן → מַפְעוּלֻן) can also be used with an identical *ʿarūḍ* (Yahalom 2001, 84, 86):

מֻסְתַפְעִלֻן פַּאעִלֻן מַפְעוּלֻן   מֻסְתַפְעִלֻן פַּאעִלֻן מַפְעוּלֻן

כַּפֵּר עֲוֹנִי וְשָׂא חַטָּאתִי   וּמְחֵה פְשָׁעַי בְּמֵי דִמְעָתִי

'Pardon my guilt, forget my sin / and wipe clean my faults with the water of my tears.' (Elazar ben Jacob)

3.6. Sixth *Ḍarb*

The sixth *ḍarb*, found in *maǧzūʾ* verse, is modified with *ḫabn* and *qaṭʿ* (מֻסְתַפְעִלֻן → מֻתַפְעִלֻן → פַּעוּלֻן), and its *ʿarūḍ* is identical; this form is known as *muḫallaʿ* (Sáenz-Badillos and Targarona 1998, 156.1):

מֻסְתַפְעִלֻן פַּאעִלֻן פַּעוּלֻן   מֻסְתַפְעִלֻן פַּאעִלֻן פַּעוּלֻן

קוּמָה בְשַׁחַר וְשׁוּר יְרִיעַת   שַׁחַק בְּכֶסֶף וּפַז נְקוּדָה

'Awaken at dawn and gaze at the cover of the / sky with fine inlaid silver and gold.' (Samuel ibn Nagrela Hanagid)

Another form of the sixth *ḍarb* found in *maǧzūʾ* verse is modified with *ḥaḏḏ* and *ḫabn* (מֻסְתַפְעִלֻן → מֻסְתַפְ → פַּעַל), and its *ʿarūḍ* with *ḫabn* and *qaṭʿ* (מֻסְתַפְעִלֻן → מֻתַפְעִלֻן → פַּעוּלֻן):

מֻסְתַפְעִלֻן פַּאעִלֻן פַּעוּלֻן   מֻסְתַפְעִלֻן פַּאעִלֻן פַּעַל

Alternatively, the *ʿarūḍ* of this *ḍarb* may be modified with *ḥaḏḏ* and *ḫabn*, like the *ḍarb* itself:

מֻסְתַפְעִלֻן פַּאעִלֻן פַּעַל   מֻסְתַפְעִלֻן פַּאעִלֻן פַּעַל

3.8. Modifications to the Filling Feet

The following modifications may affect the filling feet in *basīṭ* metre (Jarden 1984, 224.4; Sáenz-Badillos and Targarona 1998, 12.2):

ḫabn: פַאעִלֻן → פַעִלֻן

מֻסְתַפְעִלֻן פַעִלֻן מֻסְתַפְעִלֻן פַאעִלֻן   מֻסְתַפְעִלֻן פַאעִלֻן מֻסְתַפְעִלֻן פַאעִל

מִי יִתְּנָה תַּחֲנֹן אוֹתִי בְחֶבְרָה וְטֶ־   רֶם מוֹת בְּיַד הַנְּדוֹד תָּשׁוּב תְּחַיֵּנִי

‘Who should agree to have mercy upon me with her company and be/fore dying at the hands of separation return to resuscitate me.’ (Solomon ibn Gabirol)

ṭayy: מֻסְתַפְעִלֻן → מֻפְתַעִלֻן

מֻסְתַפְעִלֻן פַעִלֻן מֻפְתַעִלֻן פַאעִלֻן   מֻסְתַפְעִלֻן פַאעִלֻן מֻסְתַפְעִלֻן פַאעִלֻן

זָמַם אֲגָג לַעֲשׂוֹת שֵׁם לַעֲמָלֵק וְיָד   עַל כֵּס כְּמוֹ שֵׁם חֲבֵרוֹ אֶת שְׁמוֹ מָחֲקָה

‘Agag planned to bequeath fame upon Amalek and a monument / over the throne, like the fame of his friend, its fame was wiped clean.’ (Samuel ibn Nagrela Hanagid)

ḫabn: מֻסְתַפְעִלֻן → מַפָאעִלֻן

ḫabl: מֻסְתַפְעִלֻן → פַעִלַתֻן (rare)

4.0. *Wāfir*

מַפָאעַלַתֻן מַפָאעַלַתֻן מַפָאעַלַתֻן מַפָאעַלַתֻן מַפָאעַלַתֻן מַפָאעַלַתֻן

In both Arabic and Hebrew, all the filling feet of this metre are usually modified with *ʿaṣb* (מַפָאעַלַתֻן → מַפָאעִילֻן), and other modifications are also applied to this form.

This metre has three forms of *ḍarb* and two of *ʿarūḍ*.

4.1. First *Ḍarb*

The first *ḍarb* is modified with *qaṭf* (מַפַאעִלַתֻן → פַעֻולֻן), and its *ʿarūḍ* is identical. The filling feet are modified with *ʿaṣb* (מַפַאעִלַתֻן → מַפַאעִילֻן; Brody 1935, 35.1):

מַפַאעִילֻן מַפַאעִילֻן פַעֻולֻן   מַפַאעִילֻן מַפַאעִילֻן פַעֻולֻן
שְׁתֵה אָחִי וְהַשְׁקֵנִי עֲדֵי כִי   בְיַד הַכּוֹס יְגוֹן לִבִּי אֲמַגֵּן
שְׁתֵיאָאחִי וְהַשְׁקֵינִי עֲדֵיכִי   בְיַדְהַכְּכֹס יְגֹנְלִבְבִי אֲמַגְגֵן

'Drink, my friend, and give me drink until / the sorrow in my heart drowns with the glass.' (Moses ibn Ezra)

Nevertheless, some of the feet may appear in their complete form (Pagis 1967, 4.1):

מַפַאעִילֻן מַפַאעִלַתֻן פַעֻולֻן מַפַאעִילֻן מַפַאעִילֻן פַעֻולֻן
לְהַלֶּלְךָ בְּכָל שַׁחֲרִי וְנִשְׁפִּי לְשׁוֹנִי יִדְרְשָׁה תָמִיד וְגַם פִּי

'Praise be, whenever I get up or go to sleep, / my tongue will always search and my mouth as well.' (Levi ibn Altabban)

The first *ḍarb* also occurs in *maǧzūʾ* verse:

מַפַאעִלַתֻן פַעֻולֻן   מַפַאעִלַתֻן פַעֻולֻן

This first *ḍarb* may be affected by the *qaṣr* modification (פַעֻולֻן → פַעֻול):

מַפַאעִלַתֻן מַפַאעִלַתֻן פַעֻולֻן   מַפַאעִילֻן מַפַאעִילֻן פַעֻול

4.2. Second *Ḍarb*

The second *ḍarb*, found in *maǧzūʾ* verse, is complete, and its *ʿarūḍ* is identical:

מַפַאעִלַתֻן מַפַאעִלַתֻן   מַפַאעִלַתֻן מַפַאעִלַתֻן

4.3. Third *Ḍarb*

The third *ḍarb*, found in *mağzūʾ* verse, is modified with *ʿaṣb* (מַפָאעְלַתֻן → מַפָאעִילֻן), and its *ʿarūḍ* is complete:

מַפָאעְלַתֻן מַפָאעְלַתֻן   מַפָאעְלַתֻן מַפָאעִילֻן

Although this is rare, the third *ḍarb* can also appear in the complete form of the metre:

מַפָאעְלַתֻן מַפָאעְלַתֻן מַפָאעְלַתֻן   מַפָאעְלַתֻן מַפָאעְלַתֻן מַפָאעִילֻן

4.4. Modifications to All the Feet

The following modifications may affect the feet in *wāfir* metre (Brody and Schirmann 1974, 35.2; Brody 1894, III:67.1).

ʿaṣb: מַפָאעְלַתֻן → מַפָאעִילֻן (very common)
ʿaql: מַפָאעְלַתֻן → מַפָאעְלֻן (in both *ḍarb* and *ʿarūḍ*)
naqṣ: מַפָאעְלַתֻן → מַפָאעִילֻ (rare)

מַפָאעִילֻן מַפָאעִילֻן פַעֻולֻן   מַפָאעִילֻ מַפָאעִילֻן פַעֻולֻן

וְהַשְׁבִּיעוּם בְּאַהֲבַת דַּל וְחֹלֶה   כְּרֶגַע לַעֲמֹד עָלַי בְּחַסְדָּם

'Make them swear for the love of the poor and the weak / who for a moment submitted themselves unto me for mercy.' (Solomon ibn Gabirol)

The following very rare modifications may also occur:

ʿaḍb: מַפָאעְלַתֻן → פָאעְלַתֻן
qaṣm: מַפָאעְלַתֻן → מַפְעֻולֻן
ʿaqṣ: מַפָאעְלַתֻן → מַפְעֻולֻ
ğamm: מַפָאעְלַתֻן → פָאעְלֻן

Both *qaṣm* and *ʿaqṣ* are found in the following example:

מַפְעֻולֻן מַפָאעִילֻן פַעֻולֻן   מַפְעֻולֻ מַפָאעִילֻן פַעֻולֻן

יוֹנָה אֵיךְ תְּדַמִּי כִּי אֲיַבְתִּיךְ   וַהֲלֹא אַהֲבַת עוֹלָם אֲהַבְתִּיךְ

> 'Dove, how can you think that I am your enemy / if I love you with a love that is eternal.' (Judah Halevi)

If the original *ʿarūḍ* מְפָאעַלְתֻן is modified with *ʿaql* so as to become מְפָאעִילֻן, the original form must appear at least once in the poem, to avoid confusion with the *hazağ* metre.

5.0. *Kāmil*

מֻתַפָאעִלֻן מֻתַפָאעִלֻן מֻתַפָאעִלֻן מֻתַפָאעִלֻן מֻתַפָאעִלֻן מֻתַפָאעִלֻן

More often than not in Hebrew, all the feet of this metre are modified with *iḍmār* (מֻתַפָאעִלֻן → מֻסְתַפְעִלֻן), to produce a form called *kāmil muḍmar*. In this case, the original form (מֻתַפָאעִלֻן) must appear in the poem at least once, so that the metre is not confused with *rağaz*.

This metre has nine types of *ḍarb* and three types of *ʿarūḍ*.

5.1. First *Ḍarb*

The first *ḍarb* is complete, and its *ʿarūḍ* is identical:

מֻתַפָאעִלֻן מֻתַפָאעִלֻן מֻתַפָאעִלֻן   מֻתַפָאעִלֻן מֻתַפָאעִלֻן מֻתַפָאעִלֻן

The following example (Sáenz-Badillos and Targarona 1998, 161.1) uses *kāmil muḍmar* form, displaying the original form of the foot, מֻתַפָאעִלֻן, at the beginning of the verse:

מֻתַפָאעִלֻן מֻסְתַפְעִלֻן מֻסְתַפְעִלֻן   מֻסְתַפְעִלֻן מֻסְתַפְעִלֻן מֻסְתַפְעִלֻן

רַעֲיַת צְבִי מִבּוֹר שְׁבִי הַתְפַתְּחִי   רֵיחַ בְּגָדַיִךְ לְבַשְּׂרוֹ שַׁלְּחִי

רַעְיַתְצְבִי מִבְבוֹרְשְׁבִי הַתְפַתְתְחִי   רֵיאַחְבְגָא דַאיִכְלְבַשְׂ רוֹשַׁלְלְחִי

> 'Gentle companion of the roe, will you free the captive from the dungeon? / send him the perfume from your clothes as a gift.' (Samuel ibn Nagrela Hanagid)

5.2. Second *Ḍarb*

The second *ḍarb* is modified with *qaṭ*ʿ (מֻתַפָאעִלֻן → פָעִלַאתֻן), and its *ʿarūḍ* is complete. The rhyme must be preceded by a lengthening letter (*ridf*) :

מֻתַפָאעִלֻן מֻתַפָאעִלֻן מֻתַפָאעִלֻן   מֻתַפָאעִלֻן מֻתַפָאעִלֻן פָעִלַאתֻן

The second *ḍarb* can accept the *iḍmār* modification (פָעִלַאתֻן → מַפְעֻולֻן; Brody 1935, 112.9):

מֻתַפָאעִלֻן מֻסְתַפְעִלֻן מֻסְתַפְעִלֻן   מֻסְתַפְעִלֻן מַפְתַעִלֻן מַפְעֻולֻן

שַׁאֲלוּ הֲיִזְרַח אוֹר בְּחָשְׁכֵּנוּ וְאִם   יִבָּקְעוּ עוֹד שַׁחֲרֵי לֵילֵינוּ

> ‘Ask ye: will some light shine in our darkness when / the dawns of our nights continue to sink?’ (Moses ibn Ezra)

The following example of the second *ḍarb* (Brody 1935, 20.1–2) uses *taṣrī*ʿ rhythm:

מֻסְתַפְעִלֻן מֻסְתַפְעִלֻן מַפְעֻולֻן   מֻסְתַפְעִלֻן מַפְתַעִלֻן מַפְעֻולֻן

שַׂבְתִּי וְתַלְתַּלֵּי זְמָן לֹא שָׂבוּ   וִימֵי נְדוּדִים לַעֲלוּמִים שָׁבוּ

מֻתַפָאעִלֻן מֻסְתַפְעִלֻן מֻסְתַפְעִלֻן   מֻסְתַפְעִלֻן מַפְתַעִלֻן מַפְעֻולֻן

אַחֲרֵי בְלוֹתָהּ הָיְתָה עֶדְנָה לְאֵם   פֵּרוּד וְיַלְדֵי תַאֲוָה יֶעְגָּבוּ

> ‘I have gone grey but not so the ripples of time / and the days of absence have become centuries
> After consuming her, pleasure for the mother / developed into separation, and the children of lechery broke loose.’
> (Moses ibn Ezra)

5.3. Third *Ḍarb*

The third *ḍarb* is modified with *ḥaḏḏ* and *iḍmār* (מֻתַפָאעִלֻן → מֻתַפָא → פַאעִל), and its *ʿarūḍ* is complete:

מֻתַפָאעִלֻן מֻתַפָאעִלֻן מֻתַפָאעִלֻן   מֻתַפָאעִלֻן מֻתַפָאעִלֻן פַאעִל

5.4. Fourth *Ḍarb*

The fourth *ḍarb* is modified with *ḥaḏḏ* (מֻתַפָאעִלֻן → פַעִלֻן), and its *ʿarūḍ* is identical:

מֻתַפָאעִלֻן מֻתַפָאעִלֻן פַעִלֻן   מֻתַפָאעִלֻן מֻתַפָאעִלֻן פַעִלֻן

5.5. Fifth *Ḍarb*

The fifth *ḍarb* is modified with *ḥaḏḏ* and *iḍmār* (מֻתַפָאעִלֻן → מֻתַפָא → פָאעִל), and its *ʿarūḍ* with *ḥaḏḏ* (מֻתַפָאעִלֻן → פַעִלֻן):

מֻתַפָאעִלֻן מֻתַפָאעִלֻן פַעִלֻן   מֻתַפָאעִלֻן מֻתַפָאעִלֻן פָאעִל

In Hebrew, this *ḍarb* modified with *ḥaḏḏ* and *iḍmār* (מֻתַפָאעִלֻן → מֻתַפָא → פָאעִל) can appear with an identical *ʿarūḍ*, possibly taking advantage of the permitted defects in the rhyme, for which see below (Brody 1935, 2; Brody 1894, I:2.1):

מֻסְתַפְעִלֻן מֻסְתַפְעִלֻן פָאעִל   מֻתַפָאעִלֻן מֻסְתַפְעִלֻן פָאעִל

שָׁב הַזְּמָן עַל קָו וְכֹל אָח לֹא   יַעְקֹב וְכֹל יֶלֶד יְכַבֵּד אָב

לֹא יִדְאֲגוּ לָעַד לְבַד מִשֹּׁד   פֵּרוּד וְזֶה לָזֶה מְאֹד יִתְאָב

> ‘Time returned to its course and no one / will deceive and all children will honour their father
> No more will they worry except for the scourge of / separation and this is what each one desires for the other.’
> (Moses ibn Ezra)

מֻסְתַפְעִלֻן מֻסְתַפְעִלֻן פָאעִל מֻסְתַפְעִלֻן מֻתַפָאעִלֻן פָאעִל

אַיֵּה כְּבוֹד הָאֵל וּמוֹרָאוֹ   כִּי אִם בְּיַד אַהֲרֹן מְקֹרָאוֹ

> ‘Where is the Glory of God and His fear / if not in the hand of Aaron who I called.’ (Judah Halevi)

When the sequence מֻסְתַפְעִלֻן מֻסְתַפְעִלֻן פָאעִל does not contain the original form of the foot anywhere in the entire *qasida*, it may instead be the fourth *ḍarb* of the *sariʿ* metre with an identical

ʿarūḍ; this is, however, not documented in the classical system, without more changes to its filling feet than *ḫazl* (see, e.g., Sáenz-Badillos and Targarona 1998, 44).

5.6. Sixth *Ḍarb*

The sixth *ḍarb*, found in *mağzūʾ* verse, is modified with *tarfīl* (מֻתַפַאעִלֻן → מֻתַפַאעִלַאתֻן), and its *ʿarūḍ* is complete:

מֻתַפַאעִלֻן מֻתַפַאעִלֻן   מֻתַפַאעִלֻן מֻתַפַאעִלַאתֻן

This pattern may also occur in *mašṭūr* verse:

מֻתַפַאעִלֻן מֻתַפַאעִלֻן מֻתַפַאעִלַאתֻן

The sixth *ḍarb* in *mağzūʾ* verse may be modified by *iḍmār* (מֻתַפַאעִלַאתֻן → מֻפַאעִלַאתֻן):

מֻתַפַאעִלֻן מֻתַפַאעִלֻן   מֻתַפַאעִלֻן מֻפַאעִלַאתֻן

The sixth *ḍarb* in *mağzūʾ* verse can also accept *ḫazl* and *tarfīl* (מֻתַפַאעִלֻן → מֻתְפַעִלֻן → מֻפְתַעִלַאתֻן):

מֻתַפַאעִלֻן מֻתַפַאעִלֻן   מֻתַפַאעִלֻן מֻפְתַעִלַאתֻן

The sixth *ḍarb* may appear modified in accordance with *kāmil muḍmar* form (מֻתַפַאעִלַאתֻן → מֻסְתַפְעִלַאתֻן; Sáenz-Badillos and Targarona 1998, 222.1):

מֻסְתַפְעִלֻן מֻסְתַפְעִלֻן   מֻסְתַפְעִלֻן מֻסְתַפְעִלַאתֻן

אֶדְרֹשׁ יְדִידִים נוֹלְדוּ   עִמִּי בְדוֹר אֶחָד וְאֵינָם

> ‘I look for the friends who were born / with me, in the same generation, and they are no longer here.’ (Samuel ibn Nagrela Hanagid)

The following example of the sixth *ḍarb* in *kāmil muḍmar* form (Brody and Schirmann 1974, 118.1–2) uses *taṣrīʿ* rhythm:

מֻסְתַפְעִלֻן מֻסְתַפְעִלַאתֻן   מֻסְתַפְעִלֻן מֻסְתַפְעִלַאתֻן
הָסֵר לְבָבִי תַּאֲוָתְךָ   כִּי עוֹד אֲמַלֵּא שֶׁאֱלָתְךָ
מֻסְתַפְעִלֻן מֻסְתַפְעִלֻן   מֻסְתַפְעִלֻן מֻסְתַפְעִלַאתֻן
וּכְרֹת בְּרִית עִם אוֹהֲבֵי   שֵׂכֶל וְאַל תָּפֵר בְּרִיתְךָ

'Give up, my heart, your longing / for I must always comply with your request
And elaborate a covenant with the lovers of / intelligence and do not break your alliance.' (Solomon ibn Gabirol)

The same example displays the original form of the foot in the fifth verse:

מֻתַפַאעִלֻן מֻסְתַפְעִלֻן   מֻתַפַאעִלֻן מֻפְתַעִלַאתֻן
וֶאֱהַב כְּבוֹד חָכְמָה וְאַל   תֶּאֱהַב כְּבוֹד אֶדֶר כְּסוּתְךָ

'Love the glory of wisdom but do not / love the glory of the luxury of your garb.' (Solomon ibn Gabirol)

The sixth *ḍarb* may even appear in a *tāmm*, or complete, verse, with an identical *ʿarūḍ*, as in the following example (Sáenz-Badillos and Targarona 1998, 53.4), which uses *kāmil muḍmar* form; the original form of the foot appears in the second hemistich of the fourth verse:

מֻסְתַפְעִלֻן מֻסְתַפְעִלֻן מֻסְתַפְעִלַאתֻן   מֻתַפַאעִלֻן מֻסְתַפְעִלֻן מֻסְתַפְעִלַאתֻן
אָחוּס בְּנֹד דּוֹדִי וְאוֹכִיחוֹ בְּשׁוּבוֹ   אַהֲבָה מְסֻתֶּרֶת וְתוֹכַחַת חֲשׂוּפָה

'I suffer, due to the absence of my beloved, I shall scold him if he returns / with hidden love and visible reproach.' (Samuel ibn Nagrela Hanagid)

In *maštūr* verse, the *iḍmār* and *tadyīl* modifications (מֻתַפַאעִלֻן → מֻתְפַאעִלֻן → מֻסְתַפְעִלַאן) are permitted:

מֻתַפַאעִלֻן מֻתַפַאעִלֻן מֻסְתַפְעִלַאן

5.7. Seventh *Ḍarb*

The seventh *ḍarb*, found in *mağzūʾ* verse, is modified with *taḏyīl* (מֻתַפַאעִלֻן → מֻתַפַאעִלַאן), and its *ʿarūḍ* is complete. The rhyme must be preceded by a lengthening letter (*ridf*):

מֻתַפַאעִלֻן מֻתַפַאעִלֻן מֻתַפַאעִלֻן מֻתַפַאעִלַאן

The seventh *ḍarb* in *mağzūʾ* verse can accept the *taḏyīl* modification in combination with *iḍmār* (מֻתַפַאעִלַאן → מֻסְתַפְעִלַאן):

מֻתַפַאעִלֻן מֻתַפַאעִלֻן מֻתַפַאעִלֻן מֻסְתַפְעִלַאן

The *waqṣ* modification (מֻתַפַאעִלַאן → מֻפַאעִלַאן) is likewise permitted in combination with *taḏyīl* in *mağzūʾ* verse:

מֻתַפַאעִלֻן מֻתַפַאעִלֻן מֻתַפַאעִלֻן מֻפַאעִלַאן

The *ḫazl* modification (מֻתַפַאעִלַאן → מֻפְתַעִלַאן) is also permitted in these circumstances:

מֻתַפַאעִלֻן מֻתַפַאעִלֻן מֻתַפַאעִלֻן מֻפְתַעִלַאן

5.8. Eighth *Ḍarb*

The eighth *ḍarb*, found in *mağzūʾ* verse, is complete, and its *ʿarūḍ* is identical:

מֻתַפַאעִלֻן מֻתַפַאעִלֻן מֻתַפַאעִלֻן מֻתַפַאעִלֻן

The eighth *ḍarb* and its *ʿarūḍ* can accept the *iḍmār* modification (מֻתַפַאעִלֻן → מֻסְתַפְעִלֻן) in *mağzūʾ* verse (Sáenz-Badillos and Targarona 1998, 142.4):

מֻתַפַאעִלֻן מֻסְתַפְעִלֻן   מֻסְתַפְעִלֻן מֻסְתַפְעִלֻן

וֶאֱמֹר פְּתַח פִּיךָ לְכָל   נִגָּשׂ וְכָל אִישׁ נַעֲנֶה

‘Say “open your mouth” to all / that is troubled and all men who are dejected.’ (Samuel ibn Nagrela Hanagid)

In this example, the poet complies with the rule that, if the other feet undergo the same modification, the original form of the foot must appear somewhere in the poem, so that the metre is not confused with *rağaz*.

The eighth *ḍarb* in *mağzūʾ* verse may be modified with *waqṣ* (מֻתַפַאעִלֻן → מַפַאעִלֻן):

מֻתַפַאעִלֻן מַפַאעִלֻן   מֻתַפַאעִלֻן מַפַאעִלֻן

The *ẖazl* modification (מֻתַפַאעִלֻן → מֻפְתַעִלֻן) is also permitted:

מֻתַפַאעִלֻן מֻפְתַעִלֻן   מֻתַפַאעִלֻן מֻפְתַעִלֻן

5.9. Ninth *Ḍarb*

The ninth *ḍarb*, found in *mağzūʾ* verse, is modified with *qaṭʿ* (מֻתַפַאעִלֻן → פַעִלַאתֻן), and its *ʿarūḍ* is complete.

מֻתַפַאעִלֻן מֻתַפַאעִלֻן   מֻתַפַאעִלֻן פַעִלַאתֻן

The use of this pattern is unusual.

5.10. Modifications to the Filling Feet

The following modifications may affect the filling feet in *kāmil* metre (Brody and Schirmann 1974, 118.3):

iḍmār: מֻתַפַאעִלֻן → מֻסְתַפְעִלֻן
waqṣ: מֻסְתַפְעִלֻן → מַפַאעִלֻן
ẖazl: מֻסְתַפְעִלֻן → מֻפְתַעִלֻן

מֻפְתַעִלֻן מֻסְתַפְעִלֻן   מֻסְתַפְעִלֻן מֻפְתַעִלַאתֻן
אִם תַּעֲרִים אַל תֵּט מְאֹד   כִּי אִם לְדַעַת תַּאֲוָתָךְ

'If they confuse you do not go too far astray / except to understand your desire.' (Solomon ibn Gabirol)

6.0. *Hazağ*

מַפַאעִילֻן מַפַאעִילֻן מַפַאעִילֻן מַפַאעִילֻן מַפַאעִילֻן מַפַאעִילֻן

This metre is most commonly used in *mağzūʾ* form. It has two types of *ḍarb* and one type of *ʿarūḍ*.

6.1. First *Ḍarb*

The first *ḍarb* is complete, and its *ʿarūḍ* is identical (Brody and Schirmann 1974, 5.1; Sáenz-Badillos and Targarona 1998, 76.1):

מַפַאעִילֻן מַפַאעִילֻן   מַפַאעִילֻן מַפַאעִילֻן
שְׁמוּאֵל מֵת בְּנוֹ לַבְרַט   וְעָמַדְתָּ עֲלֵי כַנּוֹ
שְׁמוּאֵלְמֵת בְּנוֹלַבְרַט   וְעָאמַדְתָּא עֲלֵיכַנּוֹ

'Samuel, Ben Labraṭ has died / you stayed on his nest.' (Solomon ibn Gabirol)

מַפַאעִילֻן מַפַאעִילֻן   מַפַאעִילֻן מַפַאעִילֻן
שְׁמַע הַשַּׂר אֲשֶׁר כָּל שַׂר   בְּךָ נִקְרָא וְנִתְכַּנָּה
שְׁמַעְהַשְּׂשַׂר אֲשֶׁרְכָּלְשַׂר   בְּכָאנִקְרָא וְנִתְכַּנְנָה

'Listen, oh prince, from whom all princes / get their name and title.' (Samuel ibn Nagrela Hanagid)

6.2. Second *Ḍarb*

The second *ḍarb* is modified with *ḥaḏf* (מַפַאעִילֻן → פַעֻולֻן), and its *ʿarūḍ* is complete:

מַפַאעִילֻן מַפַאעִילֻן   מַפַאעִילֻן פַעֻולֻן

The *ʿarūḍ* (מַפַאעִילֻן) can accept the *kaff* modification (מַפַאעִילֻן → מַפַאעִילֻ), but the *ḍarb* cannot:

מַפַאעִילֻן מַפַאעִילֻ   מַפַאעִילֻן פַעֻולֻן

6.3. Modifications to the Filling Feet

The following modifications may affect the filling feet in *hazağ* metre (Brody 1935, 108):

kaff: מַפַאעִילֻן → מַפַאעִיל

מַפַאעִילֻן מַפַאעִיל מַפַאעִילֻן מַפַאעִילֻן
יְדִידוֹתָם כְּבָרָק אוֹ בְּתֵבֵל נֶחֱזֶה כַּחֲלוֹם
מַפַאעִילֻן מַפַאעִילֻן מַפַאעִילֻן מַפַאעִילֻן
וְהֵם נִשְׁכִּים בְּשִׁנֵּיהֶם וְאָכֵן יִקְרְאוּ שָׁלוֹם

'Their friendships we shall see like a ray or / in the world like a dream
Those who when they have something to eat / assuredly proclaim peace.' (Moses ibn Ezra)

qabḍ: מַפַאעִילֻן → מַפַאעִלֻן

ẖarm: מַפַאעִילֻן → מַפְעוּלֻן

ẖarb: מַפַאעִילֻן → פַאעִיל → מַפְעוּל

šitr: מַפַאעִילֻן → מַפַאעִלֻן → פַאעִלֻן

7.0. *Rağaz*

מֻסְתַפְעִלֻן מֻסְתַפְעִלֻן מֻסְתַפְעִלֻן מֻסְתַפְעִלֻן מֻסְתַפְעִלֻן מֻסְתַפְעִלֻן

This metre has five types of *ḍarb* and four types of *ʿarūḍ*.

7.1. First *Ḍarb*

The first *ḍarb* is complete, and its *ʿarūḍ* is identical (Brody 1935, 120.1–2):

מֻסְתַפְעִלֻן מֻסְתַפְעִלֻן מֻסְתַפְעִלֻן   מֻסְתַפְעִלֻן מֻסְתַפְעִלֻן מֻסְתַפְעִלֻן
יוֹם מַרְכְּבוֹת פֵּרוּד לְמַסָּע רָתְמוּ   עָשׂוּ לְנַפְשִׁי אֶת אֲשֶׁר לֹא זָמְמוּ
יֹמְמַרְכְּבֹת פֵּירֻדְלְמַס סָעְרָאתְמוּ   עָאשׂוּלְנַף שִׁיאֶתְאֲשֶׁר לֹאיָאזָמְמוּ

לִבִּי בְּשִׁבְיָה נָשְׂאוּ לֹא אֵדְעָה   אִם יְסְּרוּ אוֹתוֹ בְּאַף אִם רִחֲמוּ

לִבְבִּיבְשִׁב יָאנָאשְׂאוּ לֹאאֵידְעָה   אִמְיְסְסְרוּ אוֹתוֹבְאַף אִמְרִיחֲמוּ

'The day that the caravans of separation were yoked / sparked in my soul what they had not planned
They left my heart in captivity, I do not know / if they will punish it in anger or take pity on it.' (Moses ibn Ezra)

7.2. Second *Ḍarb*

The second *ḍarb* is modified with *qaṭ*ʿ (מֻסְתַפְעִלֻן → מַפְעוּלֻן), and its *ʿarūḍ* is complete. The rhyme must be preceded by a lengthening letter (*ridf*; Brody and Schirmann 1974, 16.1):

מֻסְתַפְעִלֻן מֻסְתַפְעִלֻן מֻסְתַפְעִלֻן   מֻסְתַפְעִלֻן מֻסְתַפְעִלֻן מַפְעוּלֻן

אָכֵן מְיֻדָּעִי זְנַחְתַּנִי מְאֹד   עַד כִּי קְרָאתִיךָ אֲבִי זָנוֹחַ

'Surely, my acquaintance, you have deserted me so often / that I have dubbed you Sir Desertion.' (Solomon ibn Gabirol)

The following example of the second *ḍarb* (Brody 1894, I:1.1–3) uses *taṣrī*ʿ rhythm in the first two verses:

מֻסְתַפְעִלֻן מֻסְתַפְעִלֻן מַפְעוּלֻן   מֻסְתַפְעִלֻן מֻסְתַפְעִלֻן מַפְעוּלֻן

לֹא מִתְּמוֹל פִּיּוֹת שְׂחוֹק נִמְלָאוּ   עַד כִּי בְךָ יוֹסֵף לְבָבוֹת גָּאוּ

מֻסְתַפְעִלֻן מֻסְתַפְעִלֻן מַפְעוּלֻן   מֻסְתַפְעִלֻן מֻסְתַפְעִלֻן מַפְעוּלֻן

בָּאוּ חֲרוּזִים לֹא קְרָאָם רַעְיוֹן   נִקְרֹה בְּפִי נִקְרוּ וְלֹא נִקְרָאוּ

מֻסְתַפְעִלֻן מֻסְתַפְעִלֻן מֻסְתַפְעִלֻן   מֻסְתַפְעִלֻן מֻסְתַפְעִלֻן מַפְעוּלֻן

לֹא נִמְנְעוּ מִבֹּא בְּרֶסֶן מִשְׁקְלֵי   הַשִּׁיר אֲבָל שָׁמְעוּ שְׁמָךְ וָבָאוּ

'Mouths did not previously fill with laughter / until, thanks to you hearts, swelled with pride

> Rhymes appeared without being called by thought / they emerged from my mouth without being invited just like that
> They did not resist entering the halter of the metre of the / poem, they simply heard your name and arrived.' (Judah Halevi)

The second *ḍarb* can also appear with an identical *ʿarūḍ* (Sáenz-Badillos and Targarona 1998, 127):

מֻסְתַפְעִלֻן מֻסְתַפְעִלֻן מַפְעֻולֻן   מֻסְתַפְעִלֻן מֻסְתַפְעִלֻן מַפְעֻולֻן

גָּרֵשׁ מְגַלֶּה סוֹד חֲבֵרִים מִתּוֹךְ   חֶבְרָה לְמֶרְחוֹק וְאָז תָּנוּחַ

וּשְׁפֹךְ בְּפִי בַעַר דְּמֵי שִׁנָּיו אִם   יִשְׁפֹּךְ עֲלֵי שִׁנָּיו דְּמֵי תַפּוּחַ

> 'Oust the one who reveals the secrets of the friends of the / group, far away, and then you will rest
> Spill the blood of his teeth in the mouth of the fool if / he sheds the blood of an apple with his teeth.' (Samuel ibn Nagrela Hanagid)

The second *ḍarb* can accept the *ḫabn* modification (מַפְעֻולֻן → פַעֻולֻן). This is called *makbūl*:

מֻסְתַפְעִלֻן מֻסְתַפְעִלֻן מֻסְתַפְעִלֻן   מֻסְתַפְעִלֻן מֻסְתַפְעִלֻן פַעֻולֻן

7.3. Third *Ḍarb*

The third *ḍarb*, found in *mağzūʾ* verse, is complete, and its *ʿarūḍ* is identical:

מֻסְתַפְעִלֻן מֻסְתַפְעִלֻן   מֻסְתַפְעִלֻן מֻסְתַפְעִלֻן

7.4. Fourth *Ḍarb*

The fourth *ḍarb*, found in *mašṭūr* verse, is complete, and, because *mašṭūr* verse eliminates an entire hemistich, is at the same time the *ʿarūḍ* of the verse:

מֻסְתַפְעִלֻן מֻסְתַפְעִלֻן מֻסְתַפְעִלֻן

7.5. Fifth *Ḍarb*

The fifth *ḍarb*, found in *manhūk* verse, is complete, and its *ʿarūḍ* is identical:

מֻסְתַפְעִלֻן מֻסְתַפְעִלֻן

7.6. Other Forms

The verse may be reduced to only one foot: מֻסְתַפְעִלֻן

7.7. Modifications to All the Feet

The *ḫabn* modification (מֻסְתַפְעִלֻן → מַפַאעִלֻן) is permitted in all the feet *(ḥašw, ʿarūḍ,* and *ḍarb)*:

מַפַאעִלֻן מַפַאעִלֻן מַפַאעִלֻן   מַפַאעִלֻן מַפַאעִלֻן מַפַאעִלֻן
מַפַאעִלֻן מַפַאעִלֻן   מַפַאעִלֻן מַפַאעִלֻן

The *ṭayy* modification (מֻסְתַפְעִלֻן → מַפְתַעִלֻן) is permitted in all the feet *(ḥašw, ʿarūḍ,* and *ḍarb)*, anywhere in the poem (Brody and Schirmann 1974, 140.1; 219.1; 212.3):

מַפְתַעִלֻן מֻסְתַפְעִלֻן מֻסְתַפְעִלֻן   מֻסְתַפְעִלֻן מֻסְתַפְעִלֻן מַפְתַעִלֻן
אַל תְּאַמֵּן לִבִּי בְּאַנְשֵׁי הַזְּמָן   אַחַר בְּגֹד רֵעַ חֲשַׁבְתִּיו נֶאֱמָן

> ‘Do not believe, my heart, in contemporaries / after betraying the companion I believed trustworthy.’ (Solomon ibn Gabirol)

מֻסְתַפְעִלֻן מֻסְתַפְעִלֻן מַפְתַעִלֻן   מַפְתַעִלֻן מֻסְתַפְעִלֻן מַפְתַעִלֻן
דּוֹדִי אֲשֶׁר לִבִּי בְּעֵינָיו הֶחֱלִיא   אֵיךְ הֶעֱבַדְתַּנִי וְאַתָּה גֹאֲלִי

> ‘My beloved, in whose eyes my heart has taken ill / how have you been able to enslave me being my redeemer.’ (Solomon ibn Gabirol)

מֻסְתַפְעִלֻן מַפְתַעִלֻן מֻסְתַפְעִלֻן מֻסְתַפְעִלֻן
כַּמָּה לְבָבֵךְ יְאֻבַל   כַּמָּה דְמָעוֹת תִּשְׁאֲבִי

'How much mourning your heart will hold, / how many tears you will shed.' (Solomon ibn Gabirol)

The following example (Brody 1894, II:75), which uses *taṣrīʿ* rhythm, features several instances of the *ṭayy* modification:

מֻסְתַפְעִלֻן מֻסְתַפְעִלֻן מַפְעוּלֻן   מֻסְתַפְעִלֻן מֻסְתַפְעִלֻן מַפְעוּלֻן
לִקְרַאת מְקוֹר חַיֵּי אֱמֶת אָרוּצָה   עַל כֵּן בְּחַיֵּי שָׁוְא וְרִיק אָקוּצָה
מֻסְתַפְעִלֻן מֻסְתַפְעִלֻן מֻסְתַפְעִלֻן   מַפְתַעִלֻן מֻסְתַפְעִלֻן מַפְעוּלֻן
לִרְאוֹת פְּנֵי מַלְכִּי מְגַמָּתִי לְבַד   לֹא אֶעֱרֹץ בִּלְתּוֹ וְלֹא אַעְרִיצָה
מֻסְתַפְעִלֻן מַפְתַעִלֻן מַפְתַעִלֻן   מֻסְתַפְעִלֻן מֻסְתַפְעִלֻן מַפְעוּלֻן
מִי יִתְּנֵנִי לַחֲזוֹתוֹ בַחֲלוֹם   אִישַׁן שְׁנַת עוֹלָם וְלֹא אָקִיצָה
מַפְתַעִלֻן מֻסְתַפְעִלֻן מֻסְתַפְעִלֻן   מֻסְתַפְעִלֻן מֻסְתַפְעִלֻן מַפְעוּלֻן
לוּ אֶחֱזֶה פָנָיו בְּלִבִּי בַיְתָה   לֹא שָׁאֲלוּ עֵינַי לְהַבִּיט חוּצָה

'I run to true life's fountain / for that reason I scorn that which is vain and empty
I only wish to glimpse the face of my King / He and nobody else I fear and venerate
If only I could see Him in my dreams! / I would sleep an eternal sleep without awakening
If ever I saw His face in my heart / my eyes would no longer want to look outwards.' (Judah Halevi)

The *ṭayy* modification may not appear until the very end of the poem (Pagis 1967, 2):

מֻסְתַפְעִלֻן מֻסְתַפְעִלֻן מֻסְתַפְעִלֻן   מֻסְתַפְעִלֻן מֻסְתַפְעִלֻן מֻסְתַפְעִלֻן
לָמָּה יְחִידָתִי בְּדָם תִּתְגּוֹלְלִי   אִם עַל פְּשָׁעַיִךְ מְאֹד תִּתְחַלְחֲלִי
מֻסְתַפְעִלֻן מֻסְתַפְעִלֻן מֻסְתַפְעִלֻן   מֻסְתַפְעִלֻן מֻסְתַפְעִלֻן מֻסְתַפְעִלֻן
וַתִּשְׁפְּכִי לִבֵּךְ כְּמוֹ מַיִם פְּנֵי   עֶלְיוֹן וְעַד אָן מִכְּאֵב תִּשְׁתּוֹלְלִי
מֻסְתַפְעִלֻן מֻסְתַפְעִלֻן מֻסְתַפְעִלֻן   מֻסְתַפְעִלֻן מֻסְתַפְעִלֻן מַפְתַעִלֻן
יַחוּד שְׁמוֹ בֹּקֶר וָעֶרֶב צַלְצְלִי   כֹּל הַנְּשָׁמָה יָהּ תְּהַלֵּל הַלֲלִי

> 'Why my soul do you writhe in blood / if you tremble so due to your transgressions
> You spill your heart like water before / the Highest one and how long will you remain estranged because of the pain
> It is called separation, morning and evening you must resound / the whole soul, Yah, praise my praise.' (Levi ibn Altabban)

Equally, it may appear in the first verse (Sáenz-Badillos and Targarona 1998, 147.1–2):

מֻסְתַפְעִלֻן מֻסְתַפְעִלֻן מֻסְתַפְעִלֻן	מֻסְתַפְעִלֻן מֻסְתַפְעִלֻן מֻפְתַעִלֻן
אֶרְאֶה לְךָ הֶדֶר כְּשֶׁמֶשׁ זָהֳרוֹ	וִיקָר כְּרָקִיעַ יְהִלּוֹ סַהֲרוֹ
מֻסְתַפְעִלֻן מֻסְתַפְעִלֻן מֻסְתַפְעִלֻן	מֻסְתַפְעִלֻן מֻסְתַפְעִלֻן מֻסְתַפְעִלֻן
מַה טּוֹב וּמַה נָּעִים אֲשֶׁר נִתַּן לְךָ	אִלּוּ יְהִי קַיָּם לְעוֹלָם תָּאֳרוֹ

> 'You look beautiful like the sun in its splendour / lovely like the moonlit firmament
> How pleasant and delightful what was given to you / may you forever preserve your beauty.' (Samuel ibn Nagrela Hanagid)

It may appear in the second verse with *taṣrīʿ* rhythm (Brody 1935, 143.1–3):

מֻסְתַפְעִלֻן מֻסְתַפְעִלֻן מֻסְתַפְעִלֻן	מֻסְתַפְעִלֻן מֻסְתַפְעִלֻן מֻסְתַפְעִלֻן
אִם אָהֳלֵי דוֹדַי בְּנַפְשִׁי צָעֲנוּ	אֵיכָה בְתוֹחַלְתִּי בְעִירָם טָעֲנוּ
מֻסְתַפְעִלֻן מֻסְתַפְעִלֻן מֻפְתַעִלֻן	מֻסְתַפְעִלֻן מֻסְתַפְעִלֻן מֻפְתַעִלֻן
שִׁבְרִי וְשִׂמְחָתִי וְחֶבְרַת אֹהֲבַי	מִיּוֹם לְיוֹם יִסְעוּ וְאַךְ לֹא־יַחֲנוּ
מֻסְתַפְעִלֻן מֻסְתַפְעִלֻן מֻסְתַפְעִלֻן	מֻסְתַפְעִלֻן מֻסְתַפְעִלֻן מֻסְתַפְעִלֻן
צַר־לִי עֲלֵי חֹשְׁקִים בְּדִמְעָה יִבְטְחוּ	וּבְיוֹם כְּאֵב עַל־הֲדָמִי יִשָּׁעֲנוּ

'When the tents of my dearest are taken down along with my soul / how is it that they load their mules with my hope
My longing and joy with the company of my beloveds / depart overnight with no intention of making camp
I suffer for those like me who prefer to weep silently / and on a day of sorrow find support in silence.' (Moses ibn Ezra)

The *ḫabl* dual modification (מֻסְתַפְעִלֻן → פַעְלַתֻן) is also permitted in *rağaz* metre.

Another possibility in this metre is that the poet can make the *ʿarūḍ* and *ḍarb* in each verse rhyme independently; this type of composition is called *rağaz muzdūğ*. Not all theoreticians are agreed in recognising this kind of rhyme use.

8.0. *Ramal*

פַאעְלַאתֻן פַאעְלַאתֻן פַאעְלַאתֻן פַאעְלַאתֻן פַאעְלַאתֻן פַאעְלַאתֻן

This metre has six types of *ḍarb* and two types of *ʿarūḍ*.

8.1. First *Ḍarb*

The first *ḍarb* is complete, and its *ʿarūḍ* modified with *ḥaḏf* (פַאעְלַאתֻן → פַאעִלֻן):

פַאעְלַאתֻן פַאעְלַאתֻן פַאעִלֻן   פַאעְלַאתֻן פַאעְלַאתֻן פַאעְלַאתֻן

8.2. Second *Ḍarb*

The second *ḍarb* is modified with *qaṣr* (פַאעְלַאתֻן → פַאעְלַאן), and its *ʿarūḍ* with *ḥaḏf* (פַאעְלַאתֻן → פַאעִלֻן):

פַאעְלַאתֻן פַאעְלַאתֻן פַאעִלֻן   פַאעְלַאתֻן פַאעְלַאתֻן פַאעְלַאן

8.3. Third *Ḍarb*

The third *ḍarb* is modified with *ḥaḏf* (פַאעִלַאתֻן → פַאעִלֻן), and its *ʿarūḍ* is identical (Sáenz-Badillos and Targarona 1998, 143):

פַאעִלַאתֻן פַאעִלַאתֻן פַאעִלֻן   פַאעִלַאתֻן פַאעִלַאתֻן פַאעִלֻן
הַיְּדִידִים יִשְׁתְּיוּן לְךָ מִקְּצֵה   כּוֹס לְקָצֵהוּ וְאַתָּה תֶּחֱצֶה
הַיְיְדִידִם יִשְׁתְּיֻנְלְךָ מִקְקְצֵה   כֹסְלְקָצֵי הֻוְאַתְּתָה תֶאחֱצֶה
סֹב שְׁתֵה כָּהֶם וְאִם יָרִיב בְּךָ   אִישׁ אֱמֹר לוֹ קַח לְךָ זָהוּב וְצֵא
סֹבְשְׁתֵיכָא הֶמְוְאִם יָארִבְבְּךָ   אִשְׁאֱמֹרְלוֹ קַחְלְכָאזָא הֻבְוְצֵא

'Friends drink to you to the bottom / of the glass and you leave half
Go drink like them and if someone reproaches you / tell him: take a dinar and get out of here.' (Samuel ibn Nagrela Hanagid)

8.4. Fourth *Ḍarb*

The fourth *ḍarb*, found in *mağzūʾ* verse, is modified with *tasbīġ* (פַאעִלַאתֻן → פַאעִלַאתַאן), and its *ʿarūḍ* is complete:

פַאעִלַאתֻן פַאעִלַאתֻן   פַאעִלַאתֻן פַאעִלַאתַאן

The fourth *ḍarb* can accept the *ḫabn* modification (פַאעִלַאתַאן → פַעִלַאתַאן):

פַאעִלַאתֻן פַאעִלַאתֻן   פַאעִלַאתֻן פַעִלַאתַאן

8.5. Fifth *Ḍarb*

The fifth *ḍarb*, found in *mağzūʾ* verse, is complete, and its *ʿarūḍ* is identical (Brody and Schirmann 1974, 157.1; Sáenz-Badillos and Targarona 1998, 79.1–2):

פַאעִלַאתֻן פַאעִלַאתֻן   פַאעִלַאתֻן פַאעִלַאתֻן
לֵךְ לְךָ לָאֹמְרִים כִּי   הַזְּמָן יִכְלֶה וְיִתָּם

'Get lost with those who say that / time ends and runs out.' (Solomon ibn Gabirol)

תּוֹךְ לְבָבִי אֵשׁ יְקוֹדִים   מִשְּׁאוֹן פֵּרוּד יְדִידִים
אֶשְׂבְּעָה מִדֵּי אֲדַבֵּר   בָּם עֲדֵי נֶשֶׁף נְדוּדִים

'There is a scorching fire within my heart / of grief due to the separation from my friends
I am sated whenever I speak / of them until the dawn of absences.' (Samuel ibn Nagrela Hanagid)

8.6. Sixth *Ḍarb*

The sixth *ḍarb*, found in *mağzūʾ* verse, is modified with *ḥaḏf* (פַאעִלַאתֻן → פַאעִלֻן), and its *ʿarūḍ* is complete:

פַאעִלַאתֻן פַאעִלַאתֻן   פַאעִלַאתֻן פַאעִלֻן

This *ḍarb* may appear in *taṣrīʿ* rhythm:

פַאעִלַאתֻן פַאעִלֻן   פַאעִלַאתֻן פַאעִלֻן

8.7. Modifications to All the Feet

The *ḫabn* modification (פַאעִלַאתֻן → פַעִלַאתֻן) is permitted in all the feet (*ḥašw*, *ʿarūḍ*, and *ḍarb*):

פַעִלַאתֻן פַעִלַאתֻן פַעִלַאתֻן   פַעִלַאתֻן פַעִלַאתֻן פַעִלַאתֻן
פַעִלַאתֻן פַעִלַאתֻן   פַעִלַאתֻן פַעִלַאתֻן

The following example (Brody and Schirmann 1974, 157.4–5) includes two instances of this modification:

פַאעִלַאתֻן פַאעִלַאתֻן   פַעִלַאתֻן פַאעִלַאתֻן
מַה תְּשִׂימוּן עוֹד לְבַבְכֶם   לַעֲלוֹתָם אוֹ לְרִדְתָּם
פַעִלַאתֻן פַאעִלַאתֻן   פַאעִלַאתֻן פַאעִלַאתֻן
מַאֲסוּ כָּל זֶה וְתִמְהוּ   עַל יְקוּתִיאֵל אֲשֶׁר תָּם

'Why do you heed / its risings and settings?

> Sneer at all that and marvel / at Yekutiel who was perfect.' (Solomon ibn Gabirol)

The *kaff* modification (פַאעִלַאתֻן → פַאעִלַאתֻ) is also permitted in all the feet *(ḥašw, ʿarūḍ*, and *ḍarb)*:

פַאעִלַאתֻ פַאעִלַאתֻ פַאעִלַאתֻ   פַאעִלַאתֻ פַאעִלַאתֻ פַאעִלַאתֻ
פַאעִלַאתֻ פַאעִלַאתֻ   פַאעִלַאתֻ פַאעִלַאתֻ

The *šakl* modification (פַאעִלַאתֻן → פַעִלַאתֻ) is, again, permitted in all the feet *(ḥašw, ʿarūḍ*, and *ḍarb)*:

פַעִלַאתֻ פַעִלַאתֻ פַעִלַאתֻ   פַעִלַאתֻ פַעִלַאתֻ פַעִלַאתֻ
פַעִלַאתֻ פַעִלַאתֻ   פַעִלַאתֻ פַעִלַאתֻ

The following sequences of modifications are permitted:

פַאעִלַאתֻ פַאעִלַאתֻן
פַאעִלַאתֻן פַעִלַאתֻן
פַאעִלַאתֻ פַאעִלֻן
פַאעִלַאתֻן פַאעִל

9.0. *Sarīʿ*

מֻסְתַפְעִלֻן מֻסְתַפְעִלֻן מַפְעֻולַאתֻ מֻסְתַפְעִלֻן מֻסְתַפְעִלֻן מַפְעֻולַאתֻ

The complete form of this metre is not used. It has six classes of *ḍarb* and four classes of *ʿarūḍ*.

9.1. First *Ḍarb*

The first *ḍarb* is modified with *ṭayy* and *waqf* (מַפְעֻולַאתֻ → מַפְעֻלַאתֻ → פַאעִלַאן), and its *ʿarūḍ* with *ṭayy* and *kašf* (מַפְעֻולַאתֻ → מַפְעֻלַאתֻ → פַאעִלֻן):

מֻסְתַפְעִלֻן מֻסְתַפְעִלֻן פַאעִלֻן   מֻסְתַפְעִלֻן מֻסְתַפְעִלֻן פַאעִלַאן

A type of *ḍarb* that has only been modified with *ṭayy* (מַפְעֻלַאתֻ) and, since the last vowel of the *watid mafrūq* is in the position of the rhyme, counts it as long (מַפְעֻלַאתֻן), seems to fit in this group (Sáenz-Badillos and Targarona 1998, 133.1):

מֻסְתַפְעִלֻן מֻפְתַעִלֻן פַאעִלֻן   מֻסְתַפְעִלֻן מֻסְתַפְעִלֻן מַפְעֻלַאתֻן
קַח מִצְּבִי כּוֹס וֶאֱמֹר לוֹ קְחָה   בַּקְבּוּק וְרוּץ לַכַּד וּמַלֵּא וְהָבִיא
קַחְמִצְּבִי כֹּסְוֶאֱמֹר לוֹקְחָה   בַּקְבֻּקְוְרֻץ לַכְּכַדְוּמַל לֵאוְהָאבִא

'Take the glass from the roe and tell him: Take / the bottle, run to the cask, fill it and bring it.' (Samuel ibn Nagrela Hanagid)

9.2. Second *Ḍarb*

The second *ḍarb* is modified with *ṭayy* and *kašf* (מַפְעֻולַאתֻ → מַפְעֻלַאתֻ → פַאעִלֻן), and its *ʿarūḍ* is identical (Brody and Schirmann 1974, 199.1–2):

מֻסְתַפְעִלֻן מֻסְתַפְעִלֻן פַאעִלֻן   מֻסְתַפְעִלֻן מֻסְתַפְעִלֻן פַאעִלֻן
הִנֵּה בְּנוֹת עָגוּר אֲשֶׁר נוֹעֲדוּ   שָׁרוֹת עֲלֵי פֹארוֹת וְלֹא לֻמְּדוּ
אֵיךְ תִּשְׁמְעוּ קוֹלָם בְּגִנַּת אֱגוֹז   הוֹלֵךְ וְלֹא תִשְׁתּוּ וְלֹא תֶחֱדוּ

'Behold some birdies over there who have come together / to sing on the branches without having been taught
How can you listen to their voices dispersed around the fields of walnuts / without drinking or laughing?' (Solomon ibn Gabirol)

9.3. Third *Ḍarb*

The third *ḍarb* is modified with *ṣalm* (מַפְעֻולַאתֻ → פַאעִל), and its *ʿarūḍ* with *ṭayy* and *kašf* (מַפְעֻולַאתֻ → מַפְעֻלַאתֻ → פַאעִלֻן):

מֻסְתַפְעִלֻן מֻסְתַפְעִלֻן פַאעִלֻן   מֻסְתַפְעִלֻן מֻסְתַפְעִלֻן פַאעִל

9.4. Fourth *Ḍarb*

The fourth *ḍarb* is modified with *ḫabl* and *kašf* (מַפְעֻולַאתֻ → מַעֻלַאתֻ → פַעִלֻן), and its *ʿarūḍ* is identical:

מֻסְתַפְעִלֻן מֻסְתַפְעִלֻן פַעִלֻן   מֻסְתַפְעִלֻן מֻסְתַפְעִלֻן פַעִלֻן

The fourth *ḍarb* can accept the *ṣalm* modification (מַפְעֻולַאתֻ → פַּאעַל):

מֻסְתַפְעִלֻן מֻסְתַפְעִלֻן פַּעְלֻן   מֻסְתַפְעִלֻן מֻסְתַפְעִלֻן פַּאעַל

The poet can take advantage of a manoeuvre allowed by the rhyme (*taḥrīd*; see below on defects in the rhyme) to play with the reader, who cannot know whether the poet is using this last variant of the fourth *ḍarb*, or the third *ḍarb*, because it is possible for the *ʿarūḍ* of the verse to be read in accordance with either pattern, depending on whether or not pauses are introduced to adjust the metre (Sáenz-Badillos and Targarona 1998, 221):

בְּזֵה זְמָן בּוֹגֵד וְאַל תַּאֲמִין   בְּשַׂחֲקוֹ לָךְ אוֹ בְעֵת יִבְכֶּה
לְבַעֲבוּר כִּי יוֹם יְהִי מַעֲלֶה   צֳרִי לְמַכָּתָךְ וְיוֹם יַכֶּה
בְּטוֹב אֲשֶׁר יָמִיר זְמָן רָע בְּטוֹב   בְּטַח וְאִם יִתְמַהֲמַהּ חַכֵּה

> ‘Spurn the traitor time and do not trust it / when it laughs at you or when it cries
> Because one day it will cover / your wound with a salve and another it will injure you
> In the Good that makes a bad time good / trust, and even though He takes a while, wait.’ (Samuel ibn Nagrela Ha-nagid)

The *ʿarūḍ* in the last verse (רָע בְּטוֹב) can only be read as the *ʿarūḍ* of the third *ḍarb*, not that of the fourth. This confirms that the *ʿarūḍs* of the previous verses, תַּאֲמִין and מַעֲלֶה, must be read in the same way. Taking into account that the feet that open the hemistichs are all variously modified with *ḫabn* (מַפַאעִלֻן) and *ḫabl* (פַעִלַתֻן), the complete scansion of the verses is as follows:

מַפַאעִלֻן מֻסְתַפְעִלֻן פַּאעִלֻן   פַעִלַתֻן מֻסְתַפְעִלֻן פַּאעַל
פַעִלַתֻן מֻסְתַפְעִלֻן פַּאעִלֻן   מַפַאעִלֻן מֻסְתַפְעִלֻן פַּאעַל
מַפַאעִלֻן מֻסְתַפְעִלֻן פַּאעִלֻן   מַפַאעִלֻן מֻסְתַפְעִלֻן פַּאעַל

9.5. Fifth *Ḍarb*

The fifth *ḍarb*, found in *maštūr* verse, is modified with *waqf* (מַפְעֻולַאתְ → מַפְעֻולַאן), and, because *maštūr* verse eliminates an entire hemistich, it is at the same time the *ʿarūḍ* of the verse:

מֻסְתַפְעִלֻן מֻסְתַפְעִלֻן מַפְעֻולַאן

The fifth *ḍarb* can accept the *ḫabn* modification (מַפְעֻולַאן → פַעֻולַאן):

מֻסְתַפְעִלֻן מֻסְתַפְעִלֻן פַעֻולַאן

9.6. Sixth *Ḍarb*

The sixth *ḍarb*, found in *maštūr* verse, is modified with *kašf* (מַפְעֻולַאתְ → מַפְעֻולֻן), and, again, is at the same time the *ʿarūḍ* (Sáenz-Badillos and Targarona 1998, 220.1):

מֻסְתַפְעִלֻן מֻסְתַפְעִלֻן מַפְעֻולֻן

תֵּדַע בְּנִי כִּי צוּר יְצָרְךָ נוֹרָא

> ‘You must know, my child, that the Rock, your Creator, is terrible.’ (Samuel ibn Nagrela Hanagid)

The sixth *ḍarb* can accept the *ḫabn* modification (מַפְעֻולֻן → פַעֻולֻן):

מַפַאעִלֻן מֻסְתַפְעִלֻן פַעֻולֻן

9.7. Modifications to the Filling Feet

The following modifications may affect the filling feet in *sarīʿ* metre:

ḫabn: מֻסְתַפְעִלֻן → מַפַאעִלֻן

ṭayy: מֻסְתַפְעִלֻן → מֻפְתַעִלֻן

ḫabl: מֻסְתַפְעִלֻן → פַעִלַתֻן

10.0. *Munsariḥ*

מֶסְתַפְעִלֶן מַפְעֻולַאתֶ מֶסְתַפְעִלֶן מֶסְתַפְעִלֶן מַפְעֻולַאתֶ מֶסְתַפְעִלֶן

The use of this metre in its complete form is rare. It has four classes of *ḍarb* and three classes of *ʿarūḍ*.

10.1. First *Ḍarb*

The first *ḍarb* is modified with *ṭayy* (מֶסְתַפְעִלֶן → מֶפְתַעִלֶן), and its *ʿarūḍ* is complete (or identical, which is preferable):

מֶסְתַפְעִלֶן מַפְעֻולַאתֶ מֶסְתַפְעִלֶן   מֶסְתַפְעִלֶן מַפְעֻולַאתֶ מֶפְתַעִלֶן
מֶסְתַפְעִלֶן מַפְעֻולַאתֶ מֶפְתַעִלֶן   מֶסְתַפְעִלֶן מַפְעֻולַאתֶ מֶפְתַעִלֶן

10.2. Second *Ḍarb*

The second *ḍarb* is modified with *qaṭʿ* (מֶסְתַפְעִלֶן → מַפְעֻולֶן), and its *ʿarūḍ* with *ṭayy* (מֶסְתַפְעִלֶן → מֶפְתַעִלֶן). The rhyme must be preceded by a lengthening letter (*ridf*):

מֶסְתַפְעִלֶן מַפְעֻולַאתֶ מֶפְתַעִלֶן   מֶסְתַפְעִלֶן מַפְעֻולַאתֶ מַפְעֻולֶן

10.3. Third *Ḍarb*

The third *ḍarb*, found in *manhūk* verse, is modified with *waqf* (מַפְעֻולַאתֶ → מַפְעֻולַאן) and, because *manhūk* verse preserves only two feet of a verse, it is at the same time the *ʿarūḍ*. The rhyme must be preceded by a lengthening letter (*ridf*):

מֶסְתַפְעִלֶן מַפְעֻולַאן

The third *ḍarb* can accept the *ḫabn* modification (מַפְעֻולַאן → פַעֻולַאן):

מֶסְתַפְעִלֶן פַעֻולַאן

10.4. Fourth *Ḍarb*

The fourth *ḍarb*, found in *manhūk* verse, is modified with *kašf* (מַפְעֻולַאתֻ → מַפְעֻולֻן) and, again, is at the same time the *ʿarūḍ*:

מֻסְתַפְעִלֻן מַפְעֻולֻן

I have also identified this *ḍarb* in *mağzūʾ* verse, with an identical *ʿarūḍ* (Brody and Schirmann 1974, 228.1–2):

מֻסְתַפְעִלֻן מַפְעֻולֻן מֻסְתַפְעִלֻן מַפְעֻולֻן
מִשְׁמַן בְּשָׂרִי יִדַּל וּכְאֵב לְבָבִי יִגְדָּל
מֻסְתַפְעִלֻן מַפְעֻולֻן מֻסְתַפְעִלֻן מַפְעֻולֻן
בְּקֹרֶב תְּפִלַּת מִנְחָה וַאֲנִי לְבַדִּי נִבְדָּל

'The fat of my body decreases / while the sorrow in my heart grows
during the afternoon prayer / and, in my solitude, I cut myself off.' (Solomon ibn Gabirol)

10.5. Modifications to the Filling Feet

The following modifications may affect the filling feet in *munsariḥ* metre:

ḫabn: מֻסְתַפְעִלֻן → מַפַאעִלֻן	*ḫabn*: מַפְעֻולַאתֻ → מַפַאעִילֻ
ṭayy: מֻסְתַפְעִלֻן → מֻפְתַעִלֻן	*ṭayy*: מַפְעֻולַאתֻ → מַפְעֻלַאתֻ
ḫabl: מֻסְתַפְעִלֻן → פַעִלַתֻן	*ḫabl*: מַפְעֻולַאתֻ → פַעִלַאתֻ

11.0. *Ḫafīf*

פַאעִלַאתֻן מֻסְתַפְעִ לֻן פַאעִלַאתֻן פַאעִלַאתֻן מֻסְתַפְעִ לֻן פַאעִלַאתֻן

This metre has five classes of *ḍarb* and three classes of *ʿarūḍ*.

11.1. First *Ḍarb*

The first *ḍarb* is complete, and its *ʿarūḍ* is identical (Sáenz Badillos and Targarona 1998, 174.1):

פַאעִלַאתֻן מֻסְתַפְעִ לֻן פַאעִלַאתֻן   פַאעִלַאתֻן מֻסְתַפְעִ לֻן פַאעִלַאתֻן

The following example uses the first *ḍarb* and has filling feet modified with *ẖabn*:

פַאעִלַאתֻן מַפַאעִלֻן פַאעִלַאתֻן   פַאעִלַאתֻן מַפַאעִלֻן פַאעִלַאתֻן
דַּבְּרוּ נָא לְבַת מְלָכִים כְּבוּדָה   הָאֱמוּנָה עֲלֵי קְצִיעוֹת וְקִדָּה
דַבְּבְרוּנָא לְבַתְמְלָא כִמְכְּבוּדָה   הָאאֱמוּנָה עֲלֵיקְצִי עֹתְוְקִדְדָה

> ‘Please tell the noble princess / who grew up amongst cassia and amber.’ (Samuel ibn Nagrela Hanagid)

The first *ḍarb* can accept the *tašʿīṯ* modification (פַאעִלַאתֻן → מַפְעֻולֻן):

פַאעִלַאתֻן מֻסְתַפְעִ לֻן פַאעִלַאתֻן   פַאעִלַאתֻן מֻסְתַפְעִ לֻן מַפְעֻולֻן

It is also found used with an *ʿarūḍ* modified in the same way (Sáenz-Badillos and Targarona 1998, 140.1):

פַאעִלַאתֻן מֻסְתַפְעִ לֻן מַפְעֻולֻן   פַאעִלַאתֻן מֻסְתַפְעִ לֻן מַפְעֻולֻן
לִבְּבוּנִי עֵינֵי צְבִי לִי שֵׁרֵת   לֵב אֲדוֹנָיו יָצוּד בְּלֹא מִכְמֹרֶת

> ‘The eyes of the roe that serves me dupe me, / the heart of his lords hunts with no net.’ (Samuel ibn Nagrela Hanagid)

It can accept the *ẖabn* modification (פַאעִלַאתֻן → פַעִלַאתֻן):

פַאעִלַאתֻן מֻסְתַפְעִ לֻן פַאעִלַאתֻן   פַאעִלַאתֻן מֻסְתַפְעִ לֻן פַעִלַאתֻן

11.2. Second *Ḍarb*

The second *ḍarb* is modified with *ḥadf* (פַאעִלַאתֻן → פַאעִלֻן), and its *ʿarūḍ* is complete:

פַאעִלַאתֻן מֻסְתַפְעִ לֻן פַאעִלַאתֻן   פַאעִלַאתֻן מֻסְתַפְעִ לֻן פַאעִלֻן

11.3. Third *Ḍarb*

The third *ḍarb* is modified with *ḥadf* (פַאעִלַאתֻן → פַאעִלֻן), and its *ʿarūḍ* is identical:

פַאעִלַאתֻן מֻסְתַפְעִ לֻן פַאעִלֻן   פַאעִלַאתֻן מֻסְתַפְעִ לֻן פַאעִלֻן

The third *ḍarb* and its *ʿarūḍ* can accept the *ḫabn* modification (פַאעִלֻן → פַעִלֻן):

פַאעִלַאתֻן מֻסְתַפְעִ לֻן פַעִלֻן   פַאעִלַאתֻן מֻסְתַפְעִ לֻן פַעִלֻן

The third *ḍarb* can also be modified with *qaṭʿ* (פַאעִלֻן → פַאעִל):

פַאעִלַאתֻן פַעִלֻן   פַאעִלַאתֻן פַאעִל

11.4. Fourth *Ḍarb*

The fourth *ḍarb*, found in *mağzūʾ* verse, is complete, and its *ʿarūḍ* is identical:

פַאעִלַאתֻן מֻסְתַפְעִ לֻן פַאעִלַאתֻן מֻסְתַפְעִ לֻן

This *ḍarb* in *mağzūʾ* verse can accept *ḫabn* (מֻסְתַפְעִ לֻן → מַפַאעִ לֻן), in which case, its *ʿarūḍ* is identically modified (Sáenz-Badillos and Targarona 1998, 184.1–2):

פַאעִלַאתֻן מַפַאעִ לֻן   פַאעִלַאתֻן מַפַאעִ לֻן
אֵשׁ נְדוּדִים לְנוּד יְדִי־   דִים עֲצָמַי יְאַבְּלוּ
פַעִלַאתֻן מַפַאעִ לֻן   פַאעִלַאתֻן מַפַאעִ לֻן
בַּחֲזוֹתִי בְּנֵי יְעֵ־   נִים מְעוֹנִים יְחַבְּלוּ

'Fire of absence for the departure of fri/ends my bones mourn

When I see the chicks of ost/riches destroying the abodes.' (Samuel ibn Nagrela Hanagid)

11.5. Fifth *Ḍarb*

The fifth *ḍarb*, found in *maǧzūʾ* verse, is modified by *ẖabn* and *qaṣr* (מְסְתַפְּעִ לֻן → מְתַפְּעִ לֻן → פַּעְוּלֻן), and its *ʿarūḍ* is complete:

פַּאעִלַאתֻן מְסְתַפְּעִ לֻן   פַּאעִלַאתֻן פַּעְוּלֻן

It may occur with *taṣrīʿ* rhythm:

פַּאעִלַאתֻן פַּעְוּלֻן   פַּאעִלַאתֻן פַּעְוּלֻן

11.6. Modifications to the Filling Feet

The following modifications may affect the filling feet in *ẖafīf* metre (Pagis 1967, 9):

ẖabn: מְסְתַפְּעִ לֻן → מַפַּאעִ לֻן   *ẖabn*: פַּאעִלַאתֻן → פַּעִלַאתֻן

פַּאעִלַאתֻן מַפַּאעִ לֻן פַּאעִלַאתֻן   פַּאעִלַאתֻן מַפַּאעִ לֻן פַּאעִלַאתֻן
לֹא אֲהַלֵּלְךָ בְּמַחֲשַׁכִּים וְאַתָּה   אוֹר נְתִיבִי וּבְךָ מְנָתִי וְחַבְלִי
פַּעִלַאתֻן מַפַּאעִ לֻן פַּאעִלַאתֻן   פַּאעִלַאתֻן מַפַּאעִ לֻן פַּאעִלַאתֻן
וַעֲמָלִי בְדָתְךָ לִי מְנוּחָה   אֶזְכְּרָה חַסְדְּךָ וְאֶנְשֶׁה עֲמָלִי
פַּאעִלַאתֻן מַפַּאעִ לֻן פַּאעִלַאתֻן   פַּעִלַאתֻן מַפַּאעִ לֻן פַּאעִלַאתֻן
יִיעֲפוּ בוֹעֲרִים וְנוֹקְשׁוּ חֲשֵׁכִים   וַאֲנִי רַק דְּבָרְךָ נֵר לְרַגְלִי

'I will not praise You in the darkness because You are / the light on my path and in You is my support and sustenance
My zeal for Your Law is my rest / I remember Your mercy and my weariness is forgotten
Transgressors waste away and fall in the snare of the darkness / but I alone have Your word, a lamp for my feet.' (Levi ibn Altabban)

kaff: פַאעִלַאתֻן → פַאעִלַאתֻ
šakl: פַאעִלַאתֻן → פַעִלַאת

kaff: מֻסְתַפְעִלֻן → מֻסְתַפְעִלֻ
šakl: מֻסְתַפְעִלֻן → מַפַאעִלֻ

A foot modified by *kaff* (מֻסְתַפְעִלֻן → מֻסְתַפְעִלֻ) cannot precede פַעִלַאתֻ.

12.0. *Muḍāriʿ*

מַפַאעִילֻן פַאעִ לַאתֻן מַפַאעִילֻן מַפַאעִילֻן פַאעִ לַאתֻן מַפַאעִילֻן

This metre is usually used in its *maǧzūʾ* form. פַאעִלַאתֻן is considered a *watid mafrūq* (פַאעִ) followed by two *sabab ḫafīf* (לַאתֻן).

12.1. First *Ḍarb*

The first *ḍarb*, found in *maǧzūʾ* verse, is complete, and its *ʿarūḍ* is identical:

מַפַאעִילֻן פַאעִ לַאתֻן   מַפַאעִילֻן פַאעִ לַאתֻן

The *kaff* modification can be applied to the *ʿarūḍ* (פַאעִ לַאתֻן → פַאעִלַאתֻ):

מַפַאעִילֻן פַאעִלַאתֻ   מַפַאעִילֻן פַאעִ לַאתֻן

12.2. Modifications to the Filling Feet

The following modifications may affect the filling feet in *muḍāriʿ* metre:

qabḍ: מַפַאעִילֻן → מַפַאעִלֻן
kaff: מַפַאעִילֻן → מַפַאעִילֻ
šitr: מַפַאעִילֻן → פַאעִלֻן
ḫarb: מַפַאעִילֻן → מַפְעֻולֻ

In particular, *ḫazm* is quite common:

פַע מַפַאעִלֻן פַאעִ לַאתֻן   מַפַאעִלֻן פַאעִ לַאתֻן

13.0. *Muqtaḍab*

מַפְעֻולַאתֻ מֻסְתַפְעִלֻן מֻסְתַפְעִלֻן מַפְעֻולַאתֻ מֻסְתַפְעִלֻן מֻסְתַפְעִלֻן

This metre is only rarely used. It is usually used in its *mağzūʾ* form.

13.1. First *Ḍarb*

The first *ḍarb*, found in *mağzūʾ* verse, is modified with *ṭayy* (מֻסְתַפְעִלֻן → מֻפְתַעִלֻן), and its *ʿarūḍ* is identical:

פַאעִלַאתֻ מֻפְתַעִלֻן   פַאעִלַאתֻ מֻפְתַעִלֻן

13.2. Modifications to the Filling Feet

The following modifications may affect the filling feet in *muqtaḍab* metre:

ḫabn: מַפְעֻולַאתֻ → מַפַאעִילֻ

ṭayy: מַפְעֻולַאתֻ → פַאעִלַאתֻ

As in *muḍāriʿ* metre, *ḫazm* is quite common:

פְעֻל מַפַאעִילֻ מֻפְתַעִלֻן פְעֻל מַפַאעִילֻ מֻפְתַעִלֻן

14.0. *Muğtaṯ*

מֻסְתַפְעִ לֻן פַאעִלַאתֻן פַאעִלַאתֻן מֻסְתַפְעִ לֻן פַאעִלַאתֻן פַאעִלַאתֻן

This metre is only rarely used. It is usually used in its *mağzūʾ* form.

14.1. First *Ḍarb*

The first *ḍarb*, found in *maǧzūʾ* verse, is complete, and its *ʿarūḍ* is identical (Brody and Schirmann 1974, 111.1–2; Jarden 1992, 60:1):

מֻסְתַפְעִ לֻן פַאעִלַאתֻן   מֻסְתַפְעִ לֻן פַאעִלַאתֻן
נִחַר בְּקָרְאִי גְּרוֹנִי   דָּבַק לְחִכִּי לְשׁוֹנִי
נִיחַרְבְּ קָרְ אִיגְרוֹנִי   דָּאבַקְלְ חִךְ כִּילְשׁוֹנִי
הָיָה לְבָבִי סְחַרְחַר   מֵרֹב כְּאֵבִי וְאוֹנִי
הָאיָאלְ בָּא בִּיסְחַרְחַר   מֵירֹבְּכְּ אֵי בִּיוְאוֹנִי

> ‘My throat is hoarse from shouting / my tongue has got stuck to the roof of my mouth
> My heart is alarmed / at the scale of my grief and my sorrow.’ (Solomon ibn Gabirol)

מֻסְתַפְעִ לֻן פַאעִלַאתֻן   מֻסְתַפְעִ לֻן פַאעִלַאתֻן
אִם תִּפְגְּשֶׁךָ תְּלָאָה   תָּשֵׂם בְּלִבְּךָ כְּוִיָּה

> ‘When sorrow reaches you / it leaves a scar on your heart.’ (Samuel ibn Nagrela Hanagid)

This *ḍarb* can accept the *tašʿīṯ* modification (פַאעִלַאתֻן → מַפְעֻולֻן):

מֻפַאעִלֻן פַאעִלַאתֻן   מֻפַאעִלֻן מַפְעֻולֻן

14.2. Modifications to All the Feet

The *ḫabn* modification (פַאעִלַאתֻן → פַעִלַאתֻן) is permitted in any foot:

מֻפַאעִלֻן פַעִלַאתֻן   מֻפַאעִלֻן פַעִלַאתֻן

The *kaff* modification (פַאעִלַאתֻן → פַאעִלַאתֻ) is also permitted in any foot:

מֻסְתַפְעִלֻ פַאעִלַאתֻ   מֻסְתַפְעִלֻ פַאעִלַאתֻ

The *šakl* modification (פַעְלַאתֻ → פַּאעְלַאתֻן and מַפַאעְלֻ → מֻסְתַפְעִ לֻן) is permitted, but never in both different types of foot within the same verse (Brody and Schirmann 1974, 110.4):

מַפַאעְלֻ פַּאעְלַאתֻן   מֻסְתַפְעִ לֻן פַּאעְלַאתֻן
כַּמָּה אֲיַחֵל וְכַמָּה   יִבְעַר כְּמוֹ אֵשׁ חֲרוֹנִי

'How long will I wait? How long / will my anger burn like a fire?' (Solomon ibn Gabirol)

מֻסְתַפְעִ לֻן פַעְלַאתֻ   מֻסְתַפְעִ לֻן פַעְלַאתֻ

The *ḥazm* modification can add up to two syllables to the beginning of the verse.

15.0. *Mutaqārib*

פַעוּלֻן פַעוּלֻן פַעוּלֻן פַעוּלֻן פַעוּלֻן פַעוּלֻן פַעוּלֻן פַעוּלֻן

This metre has six types of *ḍarb* and two types of *ʿarūḍ*.

15.1. First *Ḍarb*

The first *ḍarb* is complete, and its *ʿarūḍ* is identical (Brody and Schirmann 1974, 98.1–2):

פַעוּלֻן פַעוּלֻן פַעוּלֻן פַעוּלֻן   פַעוּלֻן פַעוּלֻן פַעוּלֻן פַעוּלֻן
כְּשֶׁמֶשׁ מְרוֹמִים הֲכִי אַתְּ גְּבִירָה   וְאִם אַתְּ בְּפִי כָל אֲנָשִׁים צְעִירָה
כְּשֶׁאמֶשׁ מְרוֹמִם הֲכִיאַתְּ גְּבִירָה   וְאִמְאַתְּ בְּפִיכָל אֲנָאשִׁם צְעִירָה
וְעָלִית וְרָחַק מְקוֹמֵךְ עֲדֵי כִי   חֲשָׁבוּךְ עֲלֵי רֹאשׁ שְׁחָקִים צְפִירָה
וְעָאלִת וְרָאחַק מְקוֹמֵךְ עֲדֵיכִי   חֲשָׁאבֻךְ עֲלֵירֹשׁ שְׁחָאקִם צְפִירָה

'Like the sun on high so are you lady / although in the mouth of all men you are small
You rose and your place moved away until they began to think / that perching above the skies you were the morning star.' (Solomon ibn Gabirol)

The *ʿarūḍ* of the first *ḍarb* can accept the *ḥaḏf* modification (פַּעֻולֵן → פַּעֵל):

פַּעֻולֵן פַּעֻולֵן פַּעֻולֵן פַּעֵל　　　פַּעֻולֵן פַּעֻולֵן פַּעֻולֵן פַּעֻולֵן

15.2. Second *Ḍarb*

The second *ḍarb* is modified with *qaṣr* (פַּעֻולֵן → פַּעֻול), and its *ʿarūḍ* is complete. The rhyme must be preceded by a long vowel (*ridf*):

פַּעֻולֵן פַּעֻולֵן פַּעֻולֵן פַּעֻולֵן　　　פַּעֻולֵן פַּעֻולֵן פַּעֻולֵן פַּעֻול

15.3. Third *Ḍarb*

The third *ḍarb* is modified with *ḥaḏf* (פַּעֻולֵן → פַּעֵל), and its *ʿarūḍ* is complete:

פַּעֻולֵן פַּעֻולֵן פַּעֻולֵן פַּעֻולֵן　　　פַּעֻולֵן פַּעֻולֵן פַּעֻולֵן פַּעֵל

15.4. Fourth *Ḍarb*

The fourth *ḍarb* is modified with *batr* (פַּעֻולֵן → פַּע), and its *ʿarūḍ* is complete:

פַּעֻולֵן פַּעֻולֵן פַּעֻולֵן פַּעֻולֵן　　　פַּעֻולֵן פַּעֻולֵן פַּעֵל פַּע

15.5. Fifth *Ḍarb*

The fifth *ḍarb*, found in *maǧzūʾ* verse, is modified with *ḥaḏf* (פַּעֻולֵן → פַּעֵל), and its *ʿarūḍ* is identical:

פַּעֻולֵן פַּעֻולֵן פַּעֵל　　　פַּעֻולֵן פַּעֻולֵן פַּעֵל

15.6. Sixth *Ḍarb*

The sixth *ḍarb*, found in *maǧzūʾ* verse, is modified with *batr* (פַּעֻולֵן → פַּע), and its *ʿarūḍ* with *ḥaḏf*:

פַּעֻולֵן פַּעֻולֵן פַּעֵל　　　פַּעֻולֵן פַּעֻולֵן פַּע

This *ḍarb* can be used with *taṣrīʿ* rhythm:

פַעֱולֶן פַעֱולֶן פַע פַעֱולֶן פַעֱולֶן פַע

15.7. Modifications to the Filling Feet

The following modifications may affect the filling feet in *mutaqārib* metre (Sáenz-Badillos and Targarona 1998, 199.3–4; Brody 1935, 13.1, from *ʿanaq* chapter IX):

qabḍ: פַעֱולֶן → פַעֱול

פַעֱולֶן פַעֱולֶן פַעֱול פַעֱולֶן פַעֱולֶן פַעֱולֶן פַעֱולֶן פַעֱולֶן

הֲיִרְצֶה יְדִידִי וְהוּא יַחֲשֹׁב אֶת רְצוֹנִי כְּקִצְפִּי וְטוּבִי כְּחוֹבִי

פַעֱולֶן פַעֱולֶן פַעֱול פַעֱולֶן פַעֱולֶן פַעֱולֶן פַעֱול פַעֱולֶן

אֲחַנֵּן וְיִקְשֶׁה וְאֹהַב וְיִשְׂנָא וְאַעַן אֱמֶת בּוֹ וְשָׁוְא יַעֲנֶה בִּי

> ‘Will my friend so want? He thinks that / my will is like my ire and my good like my debt
> I beg and he is obstinate, I love and he hates / I answer the truth and no one responds to me.’ (Samuel ibn Nagrela Hanagid)

ṯalm: פַעֱולֶן → פַאעְל

פַאעְל פַעֱולֶן פַעֱולֶן פַעֱולֶן פַאעְל פַעֱולֶן פַעֱולֶן פַעֱולֶן

אָמַר לְבָבִי הֲכִי עַל רְצוֹן אֵל נִבְרָא וְלֹא עַל רְצוֹנוֹ וְהוֹדָה

> ‘My heart said: how is it that by divine will / it was created and not by its own will and declaration.’ (Moses ibn Ezra)

ṯarm: פַעֱולֶן → פְעֶל

3. THE FIVE CIRCLES AND THE DERIVATIVE METRES

Tradition holds that Alḫalīl divided the 15 metres into five circles, using the associative criterion of the similarity between some of the metres in the relative positions of their *sabab* and *watid* syllables. However, he did not exhaust all the possibilities inherent in this system, and soon poets and theoreticians began to derive additional metres that the theory of the metrical spheres had the potential to accommodate as correct forms. The forms codified by Alḫalīl (*mustaʿmal*) were considered proper and current, while the innovated forms (*muhmal*) were considered made-up and inappropriate, although, as seen below, some of them were widely accepted and successful, even amongst the Hebrew poets.

1.0. The First Circle

The first circle is called *muḫtalaf*. The metres included in this circle are always made up of two asymmetrical feet (one with five letters and the other with seven), with each foot being repeated twice per hemistich. It therefore includes the classical metres *ṭawīl* (פַעֻולֻן מַפַאעִילֻן × 2 in each hemistich), *madīd* (פַאעִלַאתֻן פַאעִלֻן × 2 in each hemistich), and *basīṭ* (מֻסְתַפְעִלֻן פַאעִלֻן × 2 in each hemistich).

According to tradition, this circle is termed *muḫtalaf* 'different' because its metres are made up of feet with both five and

 https://doi.org/10.11647/OBP.0351.03

seven letters. The three metres in this circle are arranged according to the position of the *watid* in the first foot. The sequence begins with *ṭawīl*, a metre that begins with *watid* (פַּעֻ). *Ṭawīl* is followed by *madīd*, whose first foot would begin in the position of the *sabab* of the first foot of *ṭawīl* (לֵן), while its *watid* (עִלָא) would coincide with the second foot of *ṭawīl* (מַפָא). Finally, *basīṭ* places its first *watid* (עִלֵן) in the position occupied by the *watid* of the third foot of *ṭawīl* (פַּעֻ).

Later, theoreticians realised that, if the sequence of the feet in *ṭawīl* metre was reversed, the result fit perfectly in the circle between *madīd* and *basīṭ*, and that it also began with *watid*—in other words, מַפַאעִילֵן פַּעֻולֵן, a metre that they called *mustaṭīl*. The same occurred after *basīṭ* in the circle, where the inverted version of *madīd* fit perfectly—in other words, פַּאעִלֵן פַּאעִלַאתֻן, a metre termed *mumtadd*. No metre was derived in this way from *basīṭ*, because its inverted sequence is the same as *madīd*.

The completed circle is configured as follows:

s	w	s	w	s	s	w	s	w	
				לֵן	עִי	מַפָא	לֵן	פַּעֻ	*ṭawīl*
			עִלֵן	פָא	תֻן	עִלָא	פָא		*madīd*
		לֵן	פַּעֻ	לֵן	עִי	מַפָא			*mustaṭīl*
	עִלֵן	פָא	עִלֵן	תַפְ	מֻסְ				*basīṭ*
תֻן	עִלָא	פָא	עִלֵן	פָא					*mumtadd*

2.0. The Second Circle

The second circle is called *ma'utalaf*, or 'harmonious', and is made up of two symmetrical hemistichs that repeat the same foot three times. It includes the classical metres *wāfir* (מֻפָאעַלְתֻן × 3 in each hemistich) and *kāmil* (מֻתַפָאעִלֵן × 3 in each hemistich). It was named for its structure: seven-letter feet that repeat. Its metres are arranged according to the position of the *watid* in the first foot. Once again, there was a realisation that another form could be included in this sphere by placing the *watid* in the centre of the foot, in other words פַּאעִלַאתֻךְ, and this is called *mutawafir*, or alternatively, *muʿtamad*:

s	w	s	s	w	
		תֻן	עַלַ	מֻפַא	*wāfir*
	עִלֻן	פַא	מֻתַ		*kāmil*
תֻךְ	עִלַא	פַא			*mutawafir*

3.0. The Third Circle

The third circle is called *muǧtalab*, or 'imported'. It is made up of two symmetrical hemistichs that repeat the same foot three times. It includes the classical metres *hazaǧ* (מַפַאעִילֻן ×3 in each hemistich), *raǧaz* (מֻסְתַפְעִלֻן ×3 in each hemistich), and *ramal* (פַאעִלַאתֻן ×3 in each hemistich). Its name is due to the fact that it has 'imported' the feet from the first circle (מַפַאעִילֻן from *ṭawīl*, פַאעִלַאתֻן from *madīd*, and מֻסְתַפְעִלֻן from *basīṭ*). Its metres are arranged first according to the position of the *watid*, and subsequently according to the position of their syllables in relation to the *hazaǧ* foot.

s	w	s	s	w	
		לֻן	עִי	מַפַא	*hazaǧ*
	עִלֻן	תַפְ	מֻסְ		*raǧaz*
תֻן	עִלַא	פַא			*ramal*

4.0. The Fourth Circle

The fourth circle is known as *muštabah*. It is made up of a set of three feet, two of one type and one of another, that repeats in each hemistich. It includes the classical metres *sarīʿ* (מֻסְתַפְעִלֻן מֻסְתַפְעִלֻן מַפְעֻולַאתֻ ×1 in each hemistich), *munsariḥ* (מֻסְתַפְעִלֻן מַפְעֻולַאתֻ מֻסְתַפְעִלֻן ×1 in each hemistich), *ḫafīf* (פַאעִלַאתֻן פַאעִלַאתֻן מֻסְתַפְעִלֻן ×1 in each hemistich), *muḍāriʿ* (מַפַאעִילֻן פַאעִ לַאתֻן מַפַאעִילֻן ×1 in each hemistich), *muqtaḍab* (מַפְעֻולַאתֻ מֻסְתַפְעִלֻן מֻסְתַפְעִלֻן ×1 in each hemistich), and *muǧtaṯ* (מֻסְתַפְעִ לֻן פַאעִלַאתֻן פַאעִלַאתֻן ×1 in each hemistich). The word *muštabah* has a double meaning in Arabic; in this context, some say that it means 'similar', because the metres of this circle are made up of seven-letter feet that repeat symmetrically, while others prefer to understand it as 'ambiguous', because of the confusion between *watid maǧmūʿ* and *watid mafrūq* in some of its metres. Moreover, the arrangement of the fourth circle does not follow the pattern established by the previous circles, according to which the first metre should be *muḍāriʿ*, as the metre that begins with *watid*. Rather, since the complete form of *muḍāriʿ* metre is never used, the circle is arranged around *sarīʿ*. Once again, new sequences (*muhmal*) are produced, until the nine points of the circle are completed. The innovated metres are *mutaʾʾid* (also known as *ġarīb*), *munsarid* (also known as *qarīb*), and *muṭṭarid* (also known as *mušākil*):

s	s	w	s	s	w	s	s	w	s	s	w	s	s	w	s	s	
								לַאתֻ	עֻו	מַפְ	עִלֻן	תַפְ	מֻסְ	עִלֻן	תַפְ	מֻסְ	*sarīʿ*
							לֻן	תַפְעִ	מֻסְ	תֻן	עִלַא	פַא	תֻן	עִלַא	פַא		*mutaʾʾid*
						תֻן	לַא	פַאעִ	לֻן	עִי	מַפַא	לֻן	עִי	מַפַא			*munsarid*
					עִלֻן	תַפְ	מֻסְ	לַאתֻ	עֻו	מַפְ	עִלֻן	תַפְ	מֻסְ				*munsariḥ*
				תֻן	עִלַא	פַא	לֻן	תַפְעִ	מֻסְ	תֻן	עִלַא	פַא					*ḫafīf*
			לֻן	עִי	מַפַא	תֻן	לַא	פַאעִ	לֻן	עִי	מַפַא						*muḍāriʿ*
		עִלֻן	תַפְ	מֻסְ	עִלֻן	תַפְ	מֻסְ	לַאתֻ	עֻו	מַפְ							*muqtaḍab*
	תֻן	עִלַא	פַא	תֻן	עִלַא	פַא	לֻן	תַפְעִ	מֻסְ								*muǧtaṯ*
לֻן	עִי	מַפַא	לֻן	עִי	מַפַא	תֻן	לַא	פַאעִ									*muttarid*

5.0. The Fifth Circle

The last and fifth circle is *muttafaq*, or 'agreed', so called because it is made up of the same foot repeated eight times. The only classical metre it includes is *mutaqārib* (פַעֻולֻן ×4 in each hemistich). Some manuals add the *mutadārak* metre (פַאעִלֻן ×4 in each hemistich), the one added by Alḫalīl's follower Alaḫfaš Alawsaṭ, when it is included together with the ḫalīlian metres:

w	s	w	
	לֻן	פַעֻו	*mutaqārib*
עִלֻן	פַא		*mutadārak*

6.0. The Derivative Metres

Of the new variants (*muhmal*), the classical Hebrew poets (10th–12th centuries) had a preference—almost a passion—for two of them. The first of these was *mutadārak* (פַאעִלֻן ×4 in each hemistich), the first new metre formulated based on the classical catalogue. However, they often employed it in its modified form

(פַּאעְל ×4 in each hemistich). This metre is quite common in Hebrew, where it is traditionally known as *mišqal hatĕnuʿot*; it is also used in Arabic, where it is known as *daff annafūs* or *fiṭr almīzāb*.

The second metre widely used in Hebrew—the metre used in the first known Hebrew compositions, in fact—is *mustaṭīl* (מַפַּאעִילֶן פַּעֻולֶן), both in its complete form and modified with *tašʿīṯ* (מַפַּאעִילֶן פַּאעְל).

7.0. *Mutadārak*

פַּאעְלֶן פַּאעְלֶן פַּאעְלֶן פַּאעְלֶן פַּאעְלֶן פַּאעְלֶן פַּאעְלֶן פַּאעְלֶן

This metre has four classes of *ḍarb* and two classes of *ʿarūḍ*.

7.1. First *Ḍarb*

The first *ḍarb* is complete, with an identical *ʿarūḍ*:

פַּאעְלֶן פַּאעְלֶן פַּאעְלֶן פַּאעְלֶן   פַּאעְלֶן פַּאעְלֶן פַּאעְלֶן פַּאעְלֶן

However, the use of the first *ḍarb* in its complete form is rare. Usually, when this type of verse appears in Hebrew, it has all its feet modified with *qaṭʿ* (פַּאעְלֶן → פַּאעְל), producing a sequence known in the Hebrew language as *mišqal hatĕnuʿot*—although the original foot may make an appearance (Sáenz-Badillos and Targarona 1998, 215.1):

פַּאעְל פַּאעְל פַּאעְל פַּאעְל   פַּאעְל פַּאעְל פַּאעְל פַּאעְל

שִׂמְחָה בּוֹאִי תוּגָה צֵאִי   וּשְׁאוֹן לִבִּי מֶנִּי הָשַׁע

שִׂמְחָה בּוֹאִי תֻוגָה צֵיאִי   וּשְׁאֹן לִבְּבִי מֶנְנִי הָאשַׁע

> ‘Joy, come; sadness, go away / and anguish of my heart, move away from me.’ (Samuel ibn Nagrela Hanagid)

7.2. Second *Ḍarb*

The second *ḍarb*, found in *mağzūʾ* verse, is complete, with identical *ʿarūḍ*:

פאעלן פאעלן פאעלן פאעלן פאעלן פאעלן

7.3. Third *Ḍarb*

The third *ḍarb*, found in *mağzūʾ* verse, is modified with *ḫabn* and *tarfīl* (פאעלן → פעלן → פעלאתן), and its *ʿarūḍ* is complete:

פאעלן פאעלן פאעלן פאעלן פאעלן פעלאתן

The third *ḍarb* may appear in *tasrīʿ* rhythm:

פאעלן פאעלן פעלאתן   פאעלן פאעלן פעלאתן

7.4. Fourth *Ḍarb*

The fourth *ḍarb* is modified with *tadyīl* (פאעלן → פאעלאן), and its *ʿarūḍ* is complete. The rhyme must be preceded by a lengthening letter (*ridf*):

פאעלן פאעלן פאעלן פאעלן פאעלן פאעלאן

7.5. *Manhūk* Verse

Mutadārak metre can also be used in *manhūk* verse:

פאעלן פאעלן   פאעלן פאעלן

This type of verse may appear with all its feet modified with *qaṭʿ* (פאעלן → פאעל; Brody and Schirmann 1974, 155):

פאעל פאעל   פאעל פאעל

עֵינַי מֵרֹב   בֶּכִי כָּהוּ

‘My eyes have shut down from so much crying.’ (Solomon ibn Gabirol)

It may also appear with its *ḍarb* and *ʿarūḍ* both modified with *tadyīl* (פָאעִלֻן → פָאעִלָאן):

פָאעִלֻן פָאעִלָאן   פָאעִלֻן פָאעִלָאן

7.6. Modifications to All the Feet

The *ḫabn* modification (פָאעִלֻן → פְעִלֻן) may affect any of the feet. If it is applied to all the feet, this produces a metre known as *ḫabb*:

פְעִלֻן פְעִלֻן פְעִלֻן פְעִלֻן פְעִלֻן פְעִלֻן פְעִלֻן פְעִלֻן

It is quite common to apply this modification to the filling feet (Brody and Schirmann 1974, 62.5):

פָאעִל פָאעִל פְעִלֻן פָאעִל   פְעִלֻן פָאעִל פָאעִל פָאעִל

אִם סָגַר אֵל שַׁעֲרֵי פִלּוּל   שַׁעֲרֵי דִמְעָה לֹא נִנְעָלוּ

'Although God closes the doors of prayer / the doors of tears are not sealed.' (Solomon ibn Gabirol)

As mentioned above, the *qaṭʿ* modification (פָאעִלֻן → פָאעִל) may also be applied to all the feet, in which case, it produces a metre known in Arabic as *daff annafūs* or *fiṭr almīzāb*, also called *muḥdaṯ*, *muḫtaraʿ*, *qarīb mutadārif*, or *šaqīq*:

פָאעִל פָאעִל פָאעִל פָאעִל   פָאעִל פָאעִל פָאעִל פָאעִל

This modified foot does not have to repeat throughout the verse; it may instead alternate with פְעִלֻן, which is common. Alternatively, it may appear with the first foot of each hemistich modified with *ḫazm* (פָאעִל → פְעוּלֻן; Jarden 1992, 81.1):

פְעוּלֻן פָאעִל פָאעִל פָאעִל   פְעוּלֻן פָאעִל פָאעִל פָאעִל

בְּיַד אֵל אַתָּה אָנָה תִפְנֶה   וְאֵין לְךָ לִבְרֹחַ מִדִּינָיו

'In the hands of God you are, wherever you go / you cannot flee from His decrees.' (Samuel ibn Nagrela Hanagid)

8.0. *Mustaṭīl*

מַפַאעִילֻן פַעוּלֻן מַפַאעִילֻן פַעוּלֻן מַפַאעִילֻן פַעוּלֻן

Some authors call this metre *wasīṭ*. In Hebrew, it is usually catalogued as a variety of *ṭawīl* (*arok*), and it is even called the metre of Dunaš (*mišqal Dunaš*). It is usually used in *musammaṭ* form in Hebrew. I have found it used on one occasion without internal rhymes, but in *maštūr* verse, with the second foot of every verse modified with *tašʿīṯ* (Brody and Schirmann 1974, 31.1):

מַפַאעִילֻן פַאעִל מַפַאעִילֻן פַאעִל
עֲזֹר נַפְשִׁי אִישִׁי וְנָשְׂאֵנִי עַל כַּף
עֲזֹרְנַפְשִׁי אִישִׁי וְנָשְׂאֵינִי עַלְכַּף
לְפִי כִּי אַתְּ לַלֵּב כְּמוֹ הַכַּף לַכַּף
לְפִיכִּיאַתְּ לַלֵּב כְּמוֹהַכַּף לַאכַּף

'Help my soul, my love, and take me in Your palm
Because You are to the heart what the spoon is to the hand.' (Solomon ibn Gabirol)

9.0. *Mutaʾʾid*

פַאעִלַאתֻן פַאעִלַאתֻן מֻסְתַפְעִ לֻן פַאעִלַאתֻן פַאעִלַאתֻן מֻסְתַפְעִ לֻן

This metre is also known as *ġarīb*. I have found it with its *ḍarb* and *ʿarūḍ* modified with *ʿaql* (מֻסְתַפְעִ לֻן → מַפְעוּלֻן)—or perhaps *qaṭʿ*, if the feet are understood as מֻסְתַפְעִלֻן—and using *ḫabn* (פַאעִלַאתֻן → פַעִלַאתֻן) in some filling feet (Sáenz-Badillos and Targarona 1998, 179):

פַאעִלַאתֻן פַאעִלַאתֻן מַפְעוּלֻן   פַאעִלַאתֻן פַאעִלַאתֻן מַפְעוּלֻן
לֹא כְמִשְׁפָּטֵי תְדִינוּן עָלֵימוֹ   חַפְּשׂוּ הֵיטֵב וְדִינוּם כִּשְׁלֹמֹה
לֹאכְמִשְׁפָּא טֵיתְדִינֻן עָאלֵימוֹ   חַפְפְּשׂוּהֵי טֵבוְדִינֻם כִּשְׁלֹמֹה

פַעְלַאתֻן פַאעְלַאתֻן מַפְעֻולֻן   פַעְלַאתֻן פַאעְלַאתֻן מַפְעֻולֻן
מַהֲרִי שׁוּבִי תְּנוּמַת עֵינֵימוֹ   וַאֲנִי מֵאֵין תְּנוּמָה אֶבְכֵּמוֹ
מַהֲרִישׁוּ בִיתְנוּמַת עֵינֵימוֹ   וַאֲנִימֵי אֶתְנוּמָה אֶבְכֵּימוֹ
פַאעְלַאתֻן פַאעְלַאתֻן מַפְעֻולֻן   פַאעְלַאתֻן פַאעְלַאתֻן מַפְעֻולֻן
הֵן לְבָבִי סָר וְנִמְהַר אַחֲרֵימוֹ   כִּי מְנַהֵג בָּם לְהַכְעִיס מְהָרְמוֹ
הֵנִלְבָאבִי סָרְוְנִמְהַר אַחֲרֵימוֹ   כִּימְנַאהֵג בָּמְלְהַכְעִס מְהָרָאמוֹ
פַעְלַאתֻן פַאעְלַאתֻן מַפְעֻולֻן   פַאעְלַאתֻן פַאעְלַאתֻן מַפְעֻולֻן
שַׁאֲלוּ נָא אֶת שְׁלוֹמִי כִּי כָל דּוֹד   אֶל יְדִידוֹ סָר וְשׁוֹאֵל בִּשְׁלוֹמוֹ
שַׁאֲלוּנָא אֶתְשְׁלוֹמִי כִּיכָלְדּוֹד   אֶלְיְדִידוֹ סָרְוְשׁוֹאֵל בִּשְׁלוֹמוֹ
פַעְלַאתֻן פַאעְלַאתֻן מַפְעֻולֻן   פַעְלַאתֻן פַאעְלַאתֻן מַפְעֻולֻן
כָּהֲתָה עֵין אוֹהֲבָם כִּי אֵינֵימוֹ   אַשְׁרֵי עַיִן אֲשֶׁר עוֹד תֶּחֱזֵמוֹ
כָּהֲתָאעֵן אוֹהֲבָמְכִּי אֵינֵימוֹ   אַשְׁרֵיעַא יִנְאֲשֶׁרְעוֹד תֶּחֱזֵימוֹ

'As I judge them do not judge them / enquire properly and judge them like Solomon
It returns swiftly, the sleep to their eyes, / and I sleeplessly for them
My heart turned aside, it ran after them / because whoever guides them compels my anger
Ask after my health, since whoever is beloved / by his friend, returns and asks after him
The eye of he who loves them has become clouded because they are not here / blessed the eye who looks upon them once more.' (Samuel ibn Nagrela Hanagid)

10.0. Other Derivative Metres

I have not found the following variants (*muhmal*) in use by Hebrew poets, with a few exceptions in strophic poetry:

mumtadd (→ *madīd*)

פַאעְלֻן פַאעְלַאתֻן פַאעְלֻן פַאעְלַאתֻן   פַאעְלֻן פַאעְלַאתֻן פַאעְלֻן פַאעְלַאתֻן

mutawafir or *muʿtamad* (→ *wāfir*)

פַאעְלַאתַדְ פַאעְלַאתַדְ פַאעְלַאתַדְ   פַאעְלַאתַדְ פַאעְלַאתַדְ פַאעְלַאתַדְ

munsarid or *qarīb*

מַפַאעִילֵן מַפַאעִילֵן פַאעְלַאתֵן   מַפַאעִילֵן מַפַאעִילֵן פַאעְלַאתֵן

muṭṭarid or *mušākil*

פַאעְלַאתֵן מַפַאעִילֵן מַפַאעִילֵן   פַאעְלַאתֵן מַפַאעִילֵן מַפַאעִילֵן

ḏū bayit

פַאעְל מֻתַפַאעְלֵן פַעֻולֵן פַאעְל

salisa

פַאעְל פַאעְלַאתֵן מֻסְתַפְעְלֵן פַעְלַאתַאן

4. RHYME

Although views on the subject differ amongst theoreticians, rhyme (*qifāya*) may be defined as the group of consonants and vowels that closes a verse. The rhyme begins with the first of the group of letters that is repeated at the end of the rhyming verses. This letter can occupy either of the following positions: between two quiescent letters, whether lengthening letters or not, like *he*ʾ in וּמֻצְהָב, וְרָהַב, וְיָהָב, וְאָהַב, וְזָהָב, and לְלָהַב (Brody and Schirmann 1974, 41), or *lamed* in כְּלֵיכֶם, יַעֲלֵיכֶם, וַעֲלֵיכֶם, and שֶׁאֱלֵיכֶם (Sáenz-Badillos and Targarona 1998, 62); or at the end of the verse, being quiescent, like *ḥet* in מָנוֹחַ, לִנְדֹּחַ, לִבְרֹחַ, and לִפְסֹחַ (Brody 1935, 67).

1.0. The Components of Rhyme

Rhyme has two basic components: consonants and vowels.

1.1. Consonants

The consonants in a rhyme are as follows.

1.1.1. *Rawā*

This is the letter that ends the verse and repeats throughout the composition. It is used to define the composition and arrange the collection of poems (*dīwān*). It cannot be a lengthening letter (אוי"ׄ) or a final *he*ʾ (ה).

The rhyme in the following *qasida* (*rağaz* metre) is in *nun*, and it should be noted that the poem uses *muwaffā* form, since

 https://doi.org/10.11647/OBP.0351.04

the two hemistichs of the first verse also rhyme (Brody 1935, 143.1–3):

אִם אָהֳלֵי דוֹדַי בְּנַפְשִׁי צָעֲנוּ   אֵיכָה בְּתוֹחַלְתִּי בְעִירָם טָעֲנוּ
שִׁבְרִי וְשִׂמְחָתִי וְחֶבְרַת אֹהֲבַי   מִיּוֹם לְיוֹם יִסְעוּ וְאַךְ לֹא־יַחֲנוּ
צַר־לִי עֲלֵי חֹשְׁקִים בְּדִמְעָה יִבְטְחוּ   וּבְיוֹם כְּאֵב עַל־הַדֳּמִי יִשָּׁעֲנוּ

> 'When the tents of my dearest are taken down along with my soul / how is it that they load their mules with my hope
> My longing and joy with the company of my beloveds / depart overnight with no intention of making camp
> I suffer for those like me who prefer to weep silently / and on a day of sorrow find support in silence.' (Moses ibn Ezra)

The rhyme in the following *qasida* is in consonantal *alef* and, again, the first verse is *muwaffā* (Brody 1894, I:1.1–3):

לֹא מִתְּמוֹל פִּיּוֹת שְׂחוֹק נִמְלָאוּ   עַד כִּי בְךָ יוֹסֵף לְבָבוֹת גָּאוּ
בָּאוּ חֲרוּזִים לֹא קְרָאָם רַעְיוֹן   נִקְרֹה בְפִי נִקְרוּ וְלֹא נִקְרָאוּ
לֹא נִמְנְעוּ מִבֹּא בְּרֶסֶן מִשְׁקְלֵי   הַשִּׁיר אֲבָל שָׁמְעוּ שְׁמָךְ וָבָאוּ

> 'Mouths did not fill with laughter before / until thanks to you hearts swelled with pride
> Rhymes appeared without being called by thought / they emerged from my mouth without being invited just like that
> They did not resist entering the halter of the metre of the / poem, they simply heard your name and arrived.' (Judah Halevi)

1.1.2. *Waṣl*

This is a lengthening letter that follows *rawā*, by which the vowel of *rawā* is lengthened. It can be a lengthening letter (אוי"ו) or a final *he*ʾ (ה).

Looking again at the example above whose *rawā* is *nun*, its *waṣl* is *waw*. The scansion of the rhyming words would be צָאעֲנֻו, טָאעֲנֻו, יַחֲנֻו, and יִשְׁשָׁאעֲנֻו (Brody 1935, 143.1–3):

אֵיכָה בְתוֹחַלְתִּי בְעִירָם טָעֲנוּ   אִם אָהֳלֵי דוֹדִי בְּנַפְשִׁי צָעֲנוּ
מִיּוֹם לְיוֹם יִסְעוּ וְאַךְ לֹא־יַחֲנוּ   שִׁבְרִי וְשִׂמְחָתִי וְחֶבְרַת אֹהֲבַי
וּבְיוֹם כְּאֵב עַל־הַדֳּמִי יִשָּׁעֲנוּ   צַר־לִי עֲלֵי חֹשְׁקִים בְּדִמְעָה יִבְטְחוּ

1.1.3. *Ḫurūǧ*

This is a vocalised lengthening letter that follows a vocalised *he*ʾ *waṣl*. In Hebrew, this is never reflected in writing, but must be counted in the scansion, in the pattern of פִּיהָ → פִּיהָא. The following *muwaffā* verse (*kāmil* metre) provides an example (Brody 1894, I:110.1):

יֵמַר לְבָבִי לַאֲמָרֶיהָ   יוֹנָה תְקַנֵּן עַל אֲמִירֶיהָ

'The dove makes its nest in her treetops / my heart becomes bitter with her cooing.' (Judah Halevi)

1.1.4. *Ridf*

This is a lengthening or weak letter that precedes *rawā*, for example, the *waw* that precedes *taw* in the following example (*ṭawīl* metre; Brody 1935, 234.1–2):

וְצִוָּה בְּלִי מוֹרֶה וּמוֹרֶה לְמִצְוֹתָיו   בְּשֵׁם אֵל אֲשֶׁר אָמַר וְהָעֹז לְאִמְרוֹתָיו
וְהֵחֵל בְּלִי עֵזֶר וְכִלָּה פְעֻלּוֹתָיו   וּפָעַל וְעָשָׂה כֹל אֲשֶׁר אִוְּתָה נַפְשׁוֹ

'In the name of God who spoke and His words are charged with power / He ordered without instructor and without opponent to His commandments
He performed and did everything His soul saw fit / He began without help and He completed his actions.' (Moses ibn Ezra)

A *yod* can precede *reš*, as in the following example (*mutaqārib* metre; Brody and Schirmann 1974, 98.1–2):

כְּשֶׁמֶשׁ מְרוֹמִים הֲכִי אַתְּ גְּבִירָה   וְאִם אַתְּ בְּפִי כָל אֲנָשִׁים צְעִירָה
וְעָלִית וְרָחַק מְקוֹמֵךְ עֲדֵי כִי   חֲשָׁבוּךְ עֲלֵי רֹאשׁ שְׁחָקִים צְפִירָה

'Like the sun on high so are you lady / although in the mouth of all men you are small
You rose and your place moved away until they began to think / that perching above the skies you were the morning star.' (Solomon ibn Gabirol)

1.1.5. *Taʾsīs*

This letter is always *alef*. There is a vocalised letter between it and *rawā*. In Hebrew this *alef* is not reflected in writing, but it is counted in the scansion. In the following example (*basīṭ* metre), כָיְכִי is to be read as כָאיְכִי, i.e., פַּאעֲלֶן (Sáenz-Badillos and Targarona 1998, 167.1):

אָשׁוּט כְּהֵלֶךְ עֲלֵי גִבְעַת לְבוֹנָה וְאַדְ־   בִּיק אֶת לְחָיַי אֱלֵי מִדְרַךְ הֲלִיכָיְכִי

'I wander like a wayfarer around a hill of incense and I ho/ld my cheeks fast to the print of your steps.' (Samuel ibn Nagrela Hanagid)

1.1.6. *Daḫīl*

This is a vocalised letter placed between *ta'sīs* and *rawā*. In the previous example, it would be the *yod* vocalised with mobile *šĕwa'* that occupies the position of *'ayin* in the foot (כָּיְכִי → כָּאיְכִי = פַּאעִלֵן).

1.1.7. Letters that Can Be *Rawā* or *Waṣl*

If the letter that precedes *alef* is not repeated in the different occurrences of the rhyme, *alef* is *rawā*. In this case the composition is called a *qasida maqṣūra*. An example of this was given above (Brody 1894, I:1.1–3):

לֹא מִתְּמוֹל פִּיּוֹת שְׂחוֹק נִמְלָאוּ   עַד כִּי בְךָ יוֹסֵף לְבָבוֹת גָּאוּ
בָּאוּ חֲרוּזִים לֹא קְרָאָם רַעְיוֹן   נִקְרֹה בְּפִי נִקְרוּ וְלֹא נִקְרָאוּ
לֹא נִמְנְעוּ מִבֹּא בְּרֶסֶן מִשְׁקְלֵי   הַשִּׁיר אֲבָל שָׁמְעוּ שִׁמְךָ וָבָאוּ

If, on the contrary, the preceding letter does repeat, then *alef* is *waṣl*, bearing in mind that in Hebrew, final *alef* and *he'* are identical. The following example (Sáenz-Badillos and Targarona 1998, 143) uses *ramal* metre:

הַיְּדִידִים יִשְׁתְּיוּן לְךָ מִקְצֵה   כּוֹס לְקָצֵהוּ וְאַתָּה תֶּחֱצֶה
סֹב שְׁתֵה כָּהֶם וְאִם יָרִיב בְּךָ   אִישׁ אֱמֹר לוֹ קַח לְךָ זָהוּב וְצֵא

> 'Friends drink to you to the bottom / of the glass and you leave half
> Go drink like them and if someone reproaches you / tell him: take a dinar and get out of here.' (Samuel ibn Nagrela Hanagid)

The same rule applies to *yod* as to *alef*. However, in the case of *nisba* (a *yod* of relationship or attribution), if it is doubled, it is *rawā*, but if it is not, it is *waṣl*. In the following *nutfa* (*wāfir* metre), it is *rawā* (Brody 1935, 85):

אֱנוֹשׁ יִרְאֶה בְעֵין לִבּוֹ אֱמוּנָה בְּלִי יִלְדָיו וְהִשִּׂיג מַאֲוַיָּו
וּמִי יֵדַע הֲיִשְׂכַּל אוֹ הֲיִסְכַּל וְאִם יִחְיֶה וְאִם יָמוּת בְּחַיָּיו

'The person who sees faith with all his heart / without his ancestors will cede to his passions
And who knows if he is lucid or slow-witted / and if he will live or die in life.' (Moses ibn Ezra)

*He*ʾ is *rawā* if it is preceded by a quiescent letter. It is also *rawā* when it is dotted with *mappiq* and preceded by a vowel, as in this description of a candle (*kāmil* metre; Brody 1935, 83):

חוֹלַת אֲהָבִים לַיְלָה בָּכֹה תִבְכֶּה וְדִמְעָתָה עֲלֵי לֶחְיָהּ
תִּשְׂחַק פְּנֵי הַיּוֹשְׁבִים לַרְנִין אוֹתָם וְאֵשׁ יֹאכַל שְׁאֵר גְּוִיָּהּ
תִּתְחַל וְאִם יָגֹז אֱנוֹשׁ רֹאשָׁהּ תָּעִיד הֲכִי מֵהֶחֱלִי חַיָּהּ

'The lovesick one passes the night / crying and her tears fall over her cheek
She smiles at those seated for their / enjoyment while the fire consumes the rest of her body
She seems sick but if someone moves her head, / she bears witness, as if she were cured of her sickness.' (Moses ibn Ezra)

The *he*ʾ of a feminine ending, when the previous letter is repeated in the different occurrences of the rhyme, is *waṣl*; only otherwise can it be *rawā*. I have only found it as *waṣl*.

Final *kaf* in the second person can only be *rawā* if it is preceded by a lengthening letter and the previous letter does not repeat in the different occurrences. I have only found it as *waṣl*, for example (*wāfir* metre; Brody 1894, III:67.1):

יוֹנָה אֵיךְ תְּדַמִּי כִּי אֲיַבְתִּיךְ   וַהֲלֹא אַהֲבַת עוֹלָם אֲהַבְתִּיךְ

> 'Dove, how can you think that I am your enemy / if I love you with a love that is eternal.' (Judah Halevi)

Weak and lengthening letters (אוי"ה) cannot be *rawā* unless they occur in the circumstances described above.

Masculine (ים) and feminine (ות) plural morphemes cannot be *rawā*, except when the preceding letter does not repeat.

1.2. Vowels

The vowels in a rhyme are as follows.

1.2.1. *Mağrā*

This is the vowel of *rawā*, for example, the *šureq* in צָאעֲנֻ and טָאעֲנֻ in the following *muwaffā* verse (*rağaz* metre; Brody 1935, 143.1):

אִם אָהֳלֵי דוֹדַי בְּנַפְשִׁי צָעֲנוּ אֵיכָה בְתוֹחַלְתִּי בְעִירָם טָעֲנוּ

1.2.2. *Naffād*

This is the vowel of a *he*ʾ *waṣl* that follows *rawā*, like *qameṣ* in the following *muwaffā* verse (*kāmil* metre; Brody 1894, I:110.1):

יוֹנָה תְקַנֵּן עַל אֲמִירֶיהָ   יֵמַר לְבָבִי לַאֲמָרֶיהָ

1.2.3. *Ḥaḏw*

This is the vowel that precedes *ridf*, for example, the *ḥolem* that precedes *waw* in the following example (*ṭawīl* metre; Brody 1935, 234.1):

בְּשֵׁם אֵל אֲשֶׁר אָמַר וְהֶעֹז לְאִמְרוֹתָיו וְצִוָּה בְּלִי מוֹרֶה וּמוֹרֶה לְמִצְוֹתָיו

1.2.4. *Išbāʿ*

This is the vowel of *daḫīl*, for example, the mobile *šĕwaʾ* of *yod* in the following example (*basīṭ* metre; Sáenz-Badillos and Targarona 1998, 167.1):

אָשׁוּט כְּהֵלֶךְ עֲלֵי גִבְעַת לְבוֹנָה וְאַדְ־ בִּיק אֶת לְחָיַי אֱלֵי מִדְרַךְ הֲלִיכָיְכִי

1.2.5. *Ras*

This is the vowel that precedes *alef taʾsīs*. It is always /a/; in the previous example it is the *qameṣ* in הֲלִיכָיְכִי.

1.2.6. *Tawǧīh*

This is the vowel that precedes *rawā* when it is quiescent, like the furtive *pataḥ* in נוֹפֵחַ in the following example (Brody 1935, 64.1), which uses *kāmil* metre with *taṣrīʿ* rhythm:

אַבְקַת בְּשָׂמִים מַעֲשֵׂה רוֹקֵחַ   אוֹ מִפְּאַת אָח מָר דְּרוֹר נוֹפֵחַ

> ‘Is the perfumed dust the work of a druggist / or are
> myrrh grains being exhaled by the lip of the brazier?’
> (Moses ibn Ezra)

2.0. Types of Rhyme

There are two types of rhyme: *muṭlaqa*, with vocalised *rawā*, and *muqayyada*, with quiescent *rawā*. Both types have recognised variants.

2.1. Variants of *Muṭlaqa*

muṭlaqa muʾasasa: *rawā* is vocalised and *alef taʾsīs* repeats throughout the composition.

muṭlaqa muʾasasa followed by *heʾ*: *rawā* is vocalised and *alef taʾsīs* repeats throughout the composition, which closes with *heʾ*.

muṭlaqa muradafa: *rawā* is vocalised and *ridf* repeats throughout the composition.

muṭlaqa muradafa followed by *heʾ*: *rawā* is vocalised and *ridf* repeats throughout the composition, which closes with *heʾ*.

muṭlaqa muǧarrada, or 'naked': *rawā* is vocalised and neither *taʾsīs* nor *ridf* repeats throughout the composition.

2.2. Variants of *Muqayyada*

muqayyada muʾasasa: *rawā* is quiescent and *alef taʾsīs* repeats throughout the composition.

muqayyada muradafa: *rawā* is quiescent and *ridf* repeats throughout the composition.

muqayyada muǧarrada, or 'naked': *rawā* is quiescent and neither *taʾsīs* nor *ridf* repeats throughout the composition.

3.0. Defects in the Rhymes

The following defects may affect the rhymes:

ikfāʾ: *rawā* is replaced by a consonant with the same articulation point.

iǧāza: *rawā* is replaced by a corresponding consonant in the alphabet.

iqwāʾ: a *rawā* vowel (*maǧrā*) that alternates between /u/ and /i/ in the same *qasida* is changed.

iṣrāf: a *rawā* vowel (*mağrā*) that alternates between /a/ and /u/ in the same *qasida* is changed.

īṭāʾ: the word that carries the rhyme is repeated, retaining its form and meaning, throughout the *qasida*.

taḍmīn: the rhyme connects syntactically with the first stich of the following verse. It is considered bad practice if the rhyme does not finish a phrase, but as long as the phrase is complete upon completion of the rhyme, it is permitted for the sentence to continue into the following verse.

sinād: rhyme defect due to vowel alternation, several types of which are recognised:

> *sinād arridf*: one verse has lengthening before the rhyme (*ridf*) and the following one does not.
>
> *sinād attaʾsīs*: one verse has *alef taʾsīs* and the following one does not.
>
> *sinād ališbāʿ*: the vowel of the consonant *daḫīl* changes throughout the composition.
>
> *sinād alḥaḏw*: the vowel that precedes *ridf* changes; the change can be between /a/ and /i/ or between /a/ and /u/.
>
> *sinād attawğīh*: vocalisation of quiescent *rawā* (*muqayyada*).

taḫrīd: in one part of the *qasida*, one *ḍarb* is used, and in another part, a different *ḍarb* from the same metre.

iqʿād: in one part of the *qasida*, one *ʿarūḍ* is used, and in another part, a different *ʿarūḍ* from the same metre. This phenomenon only occurs in the *kāmil* metre.

5. STROPHIC POETRY

1.0. *Musammaṭ*

In the *ṭawīl* and *mutaqārib* metres, the use of *muṣammaṭ* form is fairly common. However, of all the metres, the one most preferred by the Hebrew poets for inlaid internal caesuras was *mustaṭīl*. In fact, the first known compositions use this formula, but modified with *tašʿīṯ*, and this sequence first used by Dunaš ben Labraṭ was imitated by the four great poets of the Golden Age (Sáenz-Badillos 1982, 1):

מַפַאעִילֻן פַאעִל   מַפַאעִילֻן פַאעִל   מַפַאעִילֻן פַאעִל   מַפַאעִילֻן פַאעִל
דְּעֶה לִבִּי חָכְמָה   וּבִינָה וּמְזִמָּה   נְצֹר דַּרְכֵי עָרְמָה   שְׁמַע הַמּוּסָרִים
דְעֶאלִבְבִי חָכְמָה   וּבִינָהוּמְ זִמְמָה   נְצֹרְדַרְכֵי עָרְמָה   שְׁמַעְהַמְמוּ סָארִם

‘Know, my heart, wisdom, / intelligence and reason, / watch over the pathways of prudence / listen to instruction.’ (Dunaš ben Labraṭ)

Still, this sequence can recover the complete forms of its feet when the poet considers it necessary (Brody 1935, 56.1):

מַפַאעִילֻ פַעוּלֻן   מַפַאעִילֻן פַאעִל   מַפַאעִילֻן פַעוּלֻן   מַפַאעִילֻ פַעוּלֻן
תְּהִלַּת מַאֲמָרִים   תְּהִלּוֹת וּזְמִירִים   לְיוֹצֵר הַיְצוּרִים   וּמֵבִין מַעֲשֵׂיהֶם
תְהִלַלַתְמַ אֲמָארִם תְהִלְלֹתֻוּזְ מִירִם   לְיוֹצֵרְהַא יְצוּרִם   וּמֵיבִנְמַ עֲשֵׂיהֶם

‘The book begins / prayers and canticles / to the Creator of creatures / and Whoever understands their acts.’ (Moses ibn Ezra)

 https://doi.org/10.11647/OBP.0351.05

It is not difficult to find cases of *musammaṭ muṯallaṯ* that use this modified sequence (Brody 1935, 161.1):

מַפַאעִילֻן פַאעִל   מַפַאעִילֻן פַאעִל   מַפַאעִילֻן פַאעִל
זְמָן יִקְרָא עֵדָיו   רְאוֹת מַעְשֵׂי יָדָיו   אֲשֶׁר הֵמָּה עֹשִׂים
זְמָנִיקְרָא עֵדָו   רְאֹתְמַעְשֵׂי יָאדָו   אֲשֶׁרְהֵמְמָה עוֹשִׂם

'Time will convene its witnesses / to see the acts of their hands / what they have committed.' (Moses ibn Ezra)

The following composition (Brody 1935, 223.1–2) is an example of *musammaṭ murabba*ʿ in *mutaqārib* metre (*aaaa, bbba*, etc.):

פַעוּלֻן פַעוּלֻן   פַעוּלֻן פַעוּלֻן   פַעוּל פַעוּלֻן   פַעוּלֻן פַעוּלֻן
אֲלֵיכֶם אֱמוּנִים   בְּחֵיק הָאֱמוּנִים   מְתֵי רַעֲיוֹנִים   כְּבָרָק לְטוּשִׁים
אֲלֵיכֶם אֱמֻונִם   בְּחֵקְהָא אֱמֻונִם   מְתֵיר עֲיוֹנִם   כְּבָארָק לְטֻושִׁם
פַעוּלֻן פַעוּלֻן   פַעוּלֻן פַעוּלֻן   פַעוּל פַעוּלֻן   פַעוּלֻן פַעוּלֻן
אֲדוֹנֵי קְהִלּוֹת   וְאַדְנֵי תְהִלּוֹת   מְפִיצִים תְּהִלּוֹת   לְכָל אוֹר מְבִישִׁים
אֲדוֹנֵי קְהִלְלֹת   וְאַדְנֵי תְהִלְלֹת   מְפִיצִם תְּהִלְלֹת   לְכָלְאֹר מְבִישִׁם

'To you, raised / in the bosom of the faithful, / people of ideas, / sharp like a bolt
Lords of the aljamas / pedestals of praise / radiating splendours / that shame any light.' (Moses ibn Ezra)

The use of *musammaṭ* form in practice can go slightly beyond the classical rules, with the poet applying *ḫarm* in either foot of a hemistich, rather than exclusively in the first foot, as the classical system prescribes. This is perhaps due to the influence of the caesuras, which seem to have broken the verse up into independent segments that ended up becoming strophes of *muwaššaḥ*. In the following example (Mirsky 1961, 72.1), this freer use of *ḫarm* is something that the poet practises in the first segment and repeats throughout the composition (*muṣammaṭ murabba*ʿ in *ṭawīl* metre: *bbba*, *ccca*, etc.):

פַּאעִל מַפְעוּלֻן   פַּעוּלֻן מַפַּאעִילֻן   פַּעוּלֻן מַפַּאעִילֻן   פַּעוּלֻן מַפַּאעִילֻן
אָרַךְ גָּלוּתִי   בְּעָנְיִי וְדַלּוּתִי   וְהִנְנִי אֱיָלוּתִי   מְגַלֶּה לְךָ רִיבִי
אָארַךְ גָּאלֻותִי   בְּעָנְיִי וְדַלְלֻותִי   וְהִנְנִי אֱיָאלֻותִי   מְגַלְלֶל לְכָארִיבִי

'My exile has become prolonged / with my poverty and misery / but here I am, my strength / to you I reveal my complaint.' (Isaac ben Khalfun)

Thus, the poet goes on to use the *ẖarm* modification whenever he deems it necessary, in any position, including in the former *ʿarūḍ* (Mirsky 1961, 72.5):

פַּעוּלֻן מַפַּאעִילֻן   פַּעוּלֻן מַפְעוּלֻן   פַּעוּלֻן מַפַּאעִילֻן   פַּעוּלֻן מַפַּאעִילֻן
וּבשְׁתִּי בְּתוֹכַחְתִּי   וְכַמֵּת נִשְׁכַּחְתִּי   בְּעָזְבִי לְמִשְׁפַּחְתִּי   וְאָחִי וּבֵית אָבִי
וּבשְׁתִּי בְּתוֹכַחְתִּי   וְכַמְמֵת נִשְׁכַּחְתִּי   בְּעָזְבִי לְמִשְׁפַּחְתִּי   וְאָאחִי וּבֵתְאָאבִי

'My shame goes in my punishment / like death I have been forgotten / upon abandoning my family / my brothers and the house of my father.' (Isaac ben Khalfun)

The following composition, in *mutaqārib* metre (Brody 1894, II:176), repeats the same kind of technique as found in the previous example. The use of modifications is free: for instance, the *ṯalm* modification (*ziḥāf*) is applied not only to the filling feet (*ḥašw*), as is usual in *mutaqārib* metre, but also to the *ḍarb* and *ʿarūḍ*. *Ḫazm*—a modification not typically used in *mutaqārib* metre—is also freely applied at the beginning of the second verse to a filling foot that has been affected by *ḥaḏf*, a modification characteristic of the *ʿarūḍ* and *ḍarb* (*ʿilāl*):

פַּאעַל פַּעוּלֻן   פַּאעַל פַּעוּלֻן   פַּעוּלֻן פַּעוּלֻן   פַּאעַל פַּאעַל
יוֹעֵץ וּמֵקִים   בִּמְרוֹם שְׁחָקִים   וְעַל יָם רְחוֹקִים   צִדְקוֹ סָרָח

יוֹעֵץ וּמֵיקִם   בִּמְרֹם שְׁחָאקִם   וְעַלְיָם רְחוֹקִם   צִדְקוֹ סָארְחַ
פַאעִלֻן פַאעִל   פַעֻולֻן פַעֻולֻן   פַאעִל פַאעִל   פַעֻולֻן פַאעִל
לֹא לְאִישׁ דַּרְכּוֹ   וְאִם אֵין כְּמִלְכּוֹ   שֶׁקֶר נִסְכּוֹ   וְלָרִיק יִטְרָח
לאלְאִשׁ דַּרְכּוֹ   וְאִמְאֵן כְּמִלְכּוֹ   שֶׁאקֶר נִסְכּוֹ   וְלָארִק יִטְרָח

'Whoever decides and executes / is in the highest Heavens / and over the faraway sea / His justice shines
Man is not the master of his route / rather it is by His rules / his molten image is a lie / and he endeavours in vain.' (Judah Halevi)

2.0. *Muwaššaḥ*

2.1. Samuel ibn Nagrela (Cordoba 993–Granada 1056)

The following *muwaššaḥ* (Sáenz-Badillos and Targarona 1998, 202), with prelude (*tāmm*), has six verses of five segments, i.e., *muḫammas* form. The segments consist of three *aġṣān* and two *asmāṭ*, each of one stich (*mušaṭṭar*), without internal rhymes (*sādiğ*). The poem's *ḫarğa* is in Arabic.

The poem uses *madīd* metre (*muğarrad*) in *manhūk* verse, the *ḍarb* being modified with *ḥadf* (פַאעִלַאתֻן → פַאעִלֻן). According to the classical rules, in *manhūk* verse, *ḥadf* can also be applied to the same foot a second time (פַאעִלֻן → פַעִלֻן), which is, moreover, the model proposed by the *ḫarğa*. The filling foot can be modified with *ḫabn* (פַאעִלַאתֻן → פַעִלַאתֻן).

The poem's metrical structure is as follows: *ḥašw ḍarb*, i.e., פַאעִלַאתֻן פַאעִלֻן. I follow Corriente's reading (1997, 197).

פַאעִלַאתֻן פַאעִלֻן / פַאעִלַאתֻן פַאעִלֻן
אֵשׁ אֲהָבִים נִשְׂקָה / בִּי וְאֵיךְ אֶתְאַפְּקָה
אֵשְׁאֲהָאבִם נִשְׂשְׂקָה / בִּיוְאֵכְאֶת אַפְּפְּקָה

פַּאעְלַאתֻן פַּעְלֻן / פַּאעְלַאתֻן פַאעְלֻן / פַּאעְלַאתֻן פַּאעְלֻן | פַּאעְלַאתֻן פַּאעְלֻן / פַּאעְלַאתֻן פַּאעְלֻן

צִמְּתַתְנִי אַהֲבָה / כִּי לְיָדִי אָרְבָה / נֶפְלָה כִּנְפֹל שְׁבָא | בָּחֲרִי אַף דָּלְקָה / אֶת לְבָבִי בִתְּקָה

פַּאעְלַאתֻן פַּאעְלֻן / פַּאעְלַאתֻן פַּעְלֻן / פַּאעְלַאתֻן פַּאעְלֻן | פַּאעְלַאתֻן פַּאעְלֻן / פַּאעְלַאתֻן פַּאעְלֻן

יוֹם דְּמָעַי נִגְּרוּ / סוֹד לְבָבִי הֶעֱרוּ / מַה לְּדוֹדִי תֹּאמְרוּ | אֵין בְּדִמְעָה צַדְקָה / לִי בְּמָה אֶצְטַדְּקָה

פַּאעְלַאתֻן פַּאעְלֻן / פַּאעְלַאתֻן פַּאעְלֻן / פַּאעְלַאתֻן פַּאעְלֻן | פַּאעְלַאתֻן פַּעְלֻן / פַּעְלַאתֻן פַּאעְלֻן

דַּבְּרוּ לוֹ עַל שְׁמִי / אֶת אֲרֶשֶׁת נָאֳמִי / אַל דֳּמִי לָךְ אַל דֳּמִי | מִדְוֵה לֵב רַחֲקָה / אַחֲוָה שֶׁנִּתְּקָה

פַּעְלַאתֻן פַּעְלֻן / פַּאעְלַאתֻן פַּעְלֻן / פַּאעְלַאתֻן פַּאעְלֻן | פַּעְלַאתֻן פַּאעְלֻן / פַּאעְלַאתֻן פַּאעְלֻן

נַחֲמוּנִי נַחֲמוּ / כִּי קְרָבַי יֶהֱמוּ / עַל כְּאֵבִים עִצְמוּ | וְשְׁנָתִי רֻתְּקָה / נָדְדָה גַּם עֻתְּקָה

פַּאעְלַאתֻן פַּאעְלֻן / פַּאעְלַאתֻן פַּאעְלֻן / פַּעְלַאתֻן פַּאעְלֻן | פַּעְלַאתֻן פַּאעְלֻן / פַּאעְלַאתֻן פַּאעְלֻן

הַלְּבָבוֹת נִתְּקוּ / יִזְעֲקוּ יִתְחַבְּקוּ / וְלְבָבִי דָחֲקוּ | לַחֲבֹק נִתְחַבְּקָה / נִדְבְּקָה נִתְנַשְּׁקָה

פַּאעְלַאתֻן פַּעְלֻן / [... ...] / פַּאעְלַאתֻן פַּעְלֻן || פַּאעְלַאתֻן פַּעְלֻן / פַּאעְלַאתֻן פַּעְלֻן

שִׁיר אֲהוּבִי מַעֲנֶה / [... ..נֶה] / שִׁיר יְדִידוּת תַּעֲנֶה || עַאשִׁקַן אעְתַנִקַא / רַבִּ לַא תַפְתַרִקַא

'The fire of passion has been lit / in me, how can I contain myself?
I am consumed by a love / that ensconced itself by my side / it attacked me like the Sabaeans | it ignited fervently / and rent my heart.
My tears, upon spilling one day, / revealed the secret of my heart. / What will you say to the beloved? | There is no reason for my tears / how can I prove my innocence?

Tell them in my name / my pleading words: / Give yourself no rest, no! | Give a heart that suffers apart / the friendship that has broken!
Console me, console me, / my bowels groan, / from intense pains | sleep has left me / it has escaped, it has gone.
Broken hearts / call out, they embrace, / they urge my heart | to embrace: let us embrace, / let us join together, let us kiss each other!
A song, my beloved, sings / [... ...] / with a love song he responds: | LOVERS, EMBRACE EACH OTHER, / MY GOD, DO NOT SEPARATE.'

2.2. Solomon ibn Gabirol (Malaga 1021–Valencia 1058)

The following *muwaššaḥ* (Jarden 1975, 24), with prelude (*tāmm*), has five verses of four segments, i.e., *murabbaʿ* form. The segments are three *aġṣān* and one *simṭ*, each of two stichs (*muzdawiğ*), with internal rhymes (*muraṣṣaʿ*), in both the *ḍarb* of the rounds (*dawr*) and that of the refrains (*qufl*). The poem's *ḫarğa* is in Arabic.

The poem uses *basīṭ* metre (*muğarrad*) in *manhūk* verse, with two types of *ḍarb*, both modified with *qaṭʿ* (פַאעֻלֻן → פַאעֻל and מֻסְתַפְעֻלֻן → מַפְעֻולֻן). The filling foot (מֻסְתַפְעֻלֻן) does not undergo any modifications throughout the composition.

The poem's metrical structure is as follows: *ḍarb ḍarb* / *ḥašw ḍarb ḍarb*, i.e., מַפְעֻולֻן פַאעֻל / מֻסְתַפְעֻלֻן פַאעֻל מַפְעֻולֻן. I follow Corriente's reading (1997, 176).

מַפְעֻולֻן פַאעֻל / מֻסְתַפְעֻלֻן פַאעֻל מַפְעֻולֻן
מַה לָּךְ תֵלֵךְ מַר / דוֹדִי וְעִמִּי יַיִן חָמַר
מַלְלָכְתֵי לֵכְמַר / דוֹדִיוֻעֻם מִיַא יִנְחָאמַר

מַפְעֻולֻן פַאעִל מֻסְתַפְעִלֻן פַאעִל מַפְעֻולֻן
יִתְהַפֵּךְ עֵינוֹ בַּכּוֹס אֱלֵי שִׁבְעָה עֵינַיִם
מַפְעֻולֻן פַאעִל מֻסְתַפְעִלֻן פַאעִל מַפְעֻולֻן
חַלָּשׁ דִּמְיוֹנוֹ כִּכְפִיר בְּבוֹאוֹ תוֹךְ מֵעַיִם
מַפְעֻולֻן פַאעִל מֻסְתַפְעִלֻן פַאעִל מַפְעֻולֻן
נִלְעָג וּבְעֵינוֹ יִלְעַג לְחַרְטֻמֵּי מִצְרַיִם
מַפְעֻולֻן פַאעִל / מֻסְתַפְעִלֻן פַאעִל מַפְעֻולֻן
כִּלְיוֹ לֹא הוּמַר / עַל כֵּן צְבִי רֵיחוֹ לֹא נָמַר

מַפְעֻולֻן פַאעִל מֻסְתַפְעִלֻן פַאעִל מַפְעֻולֻן
יֵעוֹר מֵחֶבְיוֹן כַּדּוֹ וְלַהַב מָשׂוֹשׂ יָעִיר
מַפְעֻולֻן פַאעִל מֻסְתַפְעִלֻן פַאעִל מַפְעֻולֻן
נַפְשִׁי לוֹ פִּדְיוֹן מִיקוֹד יְגוֹנִים מִלֵּב יַבְעִיר
מַפְעֻולֻן פַאעִל מֻסְתַפְעִלֻן פַאעִל מַפְעֻולֻן
יָעֹז לֵב אֶבְיוֹן אַחַר שְׁתוֹתוֹ מִלּוֹכֵד עִיר
מַפְעֻולֻן פַאעִל / מֻסְתַפְעִלֻן פַאעִל מַפְעֻולֻן
אַךְ בּוֹ תִתְיַמַּר / כָּל עוֹד אֱלֹהִים רוּחֲךָ שָׁמַר

מַפְעֻולֻן פַאעִל מֻסְתַפְעִלֻן פַאעִל מַפְעֻולֻן
בִּימֵי שַׂר אוֹתוֹ בָחַר אֱלֹהִים מִכָּל עַמִּים
מַפְעֻולֻן פַאעִל מֻסְתַפְעִלֻן פַאעִל מַפְעֻולֻן
תֵּאוֹר מִשְׂרָתוֹ שִׁבְעָה כְּאוֹר שִׁבְעַת הַיָּמִים
מַפְעֻולֻן פַאעִל מֻסְתַפְעִלֻן פַאעִל מַפְעֻולֻן
הִבְדִּיל אֵל בֵּיתוֹ לִהְיוֹת לְפָנָיו בֵּית עוֹלָמִים
מַפְעֻולֻן פַאעִל / מֻסְתַפְעִלֻן פַאעִל מַפְעֻולֻן
חָסִיד אִם אָמַר / חֶסֶד מְהֵרָה אֹמֶר גָּמַר

מַפְעֻולֻן פַאעִל מֻסְתַפְעִלֻן פַאעִל מַפְעֻולֻן
הוּא יִצְחָק הַשָּׂר אַגַּן אֲשֶׁר מֶזֶג לֹא יֶחְסַר

מַפְעֻולֻן פַאעִל מֻסְתַפְעִלֻן פַאעִל מַפְעֻולֻן
אַךְ מָזַג מוּסַר הַשְׂכֵּל לְחַיּוֹת בּוֹ כָּל בָּשָׂר
מַפְעֻולֻן פַאעִל מֻסְתַפְעִלֻן פַאעִל מַפְעֻולֻן
הַהוּא שֶׁנִּמְסַר לָאֵל לְבַדּוֹ לִהְיוֹת טִפְסָר
מַפְעֻולֻן פַאעִל / מֻסְתַפְעִלֻן פַאעִל מַפְעֻולֻן
וּבְחַרְבּוֹ זָמַר / כָּל זֵד עֲלֵי עַמּוֹ יִתְאַמָּר

מַפְעֻולֻן פַאעִל מֻסְתַפְעִלֻן פַאעִל מַפְעֻולֻן
הָאָרֶץ כֻּלָּם נֶגְדּוֹ בְּקוֹל רִנָּה יִצְהָלוּ
מַפְעֻולֻן פַאעִל מֻסְתַפְעִלֻן פַאעִל מַפְעֻולֻן
וּנְזִירֵי עוֹלָם מִגִּיל נְזִירוּתָם יִגְעָלוּ
מַפְעֻולֻן פַאעִל מֻסְתַפְעִלֻן פַאעִל מַפְעֻולֻן
וּכְסֹבְאִים קוֹלָם יִשְׂאוּ וְעַל שִׁכֹּר יִשְׁאָלוּ
מַפְעֻולֻן פַאעִל / מֻסְתַפְעִלֻן פַאעִל מַפְעֻולֻן
סִכְרַאן יַא עַיַּאר / וַאיְן אַלטַרִיק לִי דַאר אַלְכַּמַּאר

'What affects you, that you walk in bitterness, / my beloved, if I have red wine?
Its appearance changes in the glass in seven colours. / It looks weak, but it is like a lion cub when it enters your bowels. / It stutters, but with its colour it mocks the sages of Egypt. | It has not changed its cask, / hence, oh gazelle, its aroma has not grown weak.
When it is awakened from its hiding place from its jug, a joyful flame is stoked. / For it I would give my life as ransom for the fire that enflames the sorrows of the heart. / The heart of the poor one, after having drunk it, becomes stronger than he who takes a city. | With it you will rejoice / while God preserves your spirit.
In the days of the prince, he was chosen by God from amongst all the peoples; / radiantly shines his reign seven times, like the light of the seven days. / God has distin-

guished his house so that it will be, before Him, an eternal abode. | He is compassionate, and if He says / that He will show mercy, He will promptly keep his word.
He is Isaac, the prince, a jug in which wine is never wanting, / but it is a wine of prudent science so as to give life to all men. / Only he has been recruited by God to be the captain; | with his sword he sunders / all the haughty ones who have boasted of their people.
The entire land before him, with a voice of joy, gladdens. / The forever consecrated, on account of joy annul their vows, / and like drunks, their voices rise, calling for wine: | DRUNKARD, HEY, YOU RASCAL / WHERE IS THE ROAD TO THE INNKEEPER'S HOUSE?'

2.3. Moses ibn Ǧiqatila (Cordoba c. 1000–Zaragoza c. 1060)

The following *muwaššaḥ* (Brody 1936, 3), with prelude (*tāmm*), has four verses of four segments, i.e., *murabbaʿ* form. The segments are three *aġṣān*, each of one stich (*mušaṭṭar*), and one *qufl aʿraǧ* (called 'lame' due to the loss of its filling foot), without internal rhymes (*sāḏiǧ*). The poem's *ḫarǧa* is in Hebrew.

The poem uses *kāmil* metre (*muǧarrad*) in *manhūk* verse, its *ḍarb* being modified with *ḫazl* and *tarfīl* (מֻפְתַעְלַאתֻן). The *ḍarb* can alternatively appear modified with *waqṣ* and *tarfīl* (מֻפַאעְלַאתֻן), or with *iḍmār* and *tarfīl* (מֻסְתַפְעְלַאתֻן). The filling foot can be modified with *iḍmār* (מֻתַפַאעִלֻן → מֻסְתַפְעִלֻן), and augmented with *ḫazl* and *tarfīl* (מֻתַפַאעִלֻן → פַאעִלַתֻן → מֻפְתַעְלַאתֻן), or with *iḍmār* and *tarfīl* (מֻתַפַאעִלֻן → מֻסְתַפְעִלֻן → מֻסְתַפְעְלַאתֻן).

The poem's metrical structure is as follows: *ḥašw ḍarb* (+ *ḍarb* in refrains), i.e., מֻתַפַאעִלֻן מֻפְתַעְלַאתֻן / מֻפְתַעְלַאתֻן.

מִתְפָּאעִלְן מֻסְתַפְעִלָאתֻן / מֻסְתַפְעִלָאתֻן

מַעֲשֵׂי אֲדֹנָי הַדְּרוּשִׁים / בִּקְהַל קְדוֹשִׁים

מַעֲשֵׂיאֲד נָיהַדְדְרוּשִׁם / בִּקְהַלְקְדוֹשִׁם

מֻסְתַפְעִלָאתֻן מֻפָאעִלָאתֻן / מֻסְתַפְעִלָאתֻן מֻפָאעִלָאתֻן / מֻסְתַפְעִלָאתֻן מֻפָאעִלָאתֻן

שִׁפְּרָה בְרוּחוֹ שְׁמֵי שְׁחָקִים / כִּרְאִי יְצוּקִים וְצֹר חֲזָקִים / מִבְטַח קְצָווֹת וְיָם רְחוֹקִים

מִתְפָּאעִלְן מֻסְתַפְעִלָאתֻן / מֻסְתַפְעִלָאתֻן

רַחֲמָיו עֲלֵי כָל הַנְּפָשִׁים / כָּל יוֹם חֲדָשִׁים

מֻסְתַפְעִלָאתֻן מֻפָאעִלָאתֻן / מֻסְתַפְעִלָאתֻן מֻפָאעִלָאתֻן / מֻסְתַפְעִלָאתֻן מֻפָאעִלָאתֻן

הָאֵל גְּדָל עֹז תְּמִים תְּבוּנָה / מֵאֵין דְּמוּת לוֹ וְלֹא תְמוּנָה / מֵחֵקֶר פְּלָאָיו וְהַתְּכוּנָה

מֻסְתַפְעִלְן מֻפְתַעִלָאתֻן / מֻסְתַפְעִלָאתֻן

חַכְמֵי חֲרָשִׁים מַחֲרִישִׁים / וּנְבוֹן לְחָשִׁים

מֻסְתַפְעִלָאתֻן מֻפָאעִלָאתֻן / מֻסְתַפְעִלָאתֻן מֻפָאעִלָאתֻן / מֻפְתַעִלָאתֻן מֻפָאעִלָאתֻן

הוֹדוֹ יְתַנֶּה הֲמוֹן שְׂרָפִים / כֻּלָּם לְמֵאוֹת וְלַאֲלָפִים / הַנֶּאֱמָנִים וְלֹא חֲנֵפִים

מֻסְתַפְעִלְן מֻפְתַעִלָאתֻן / מֻפְתַעִלָאתֻן

כִּי לֹא יְגֵעִים כָּאֲנָשִׁים / הַנֶּחֱלָשִׁים

מֻסְתַפְעִלָאתֻן מֻפָאעִלָאתֻן / מֻסְתַפְעִלָאתֻן מֻפָאעִלָאתֻן / מֻפְתַעִלָאתֻן מֻפָאעִלָאתֻן

נֶגְדָּם כְּרוּבִים בְּרוּם מְרוֹמִים / לִשְׁמוֹ מְבָרְכִים בְּחִיל וְאֵימִים / דָּבָר מְדַבֵּר אֱמֶת וְתָמִים

מֻסְתַפְעִלְן מֻפְתַעִלָאתֻן / מֻסְתַפְעִלָאתֻן

כִּי לֹא לְלֶכְתָּם כַּאֲנוּשִׁים / לִקְרַאת נְחָשִׁים

'The works of God are sought / in the congregation of the holy.
With His puff he clears the Heavens, / like a burnished mirror and resistant rock, / hope of the remotest parts and far-off seas. | His compassion with all souls / is renewed every day.
The Lord is stunningly strong, perfect knowledge, / with no parallel nor form, / unfathomable are His wonders

and qualities. | Master craftsmen are struck dumb / and the skilled charmers.
His Glory is sung by a multitude of Seraphim / all together, in the hundreds and thousands / unconditionally faithful | for they do not tire like humans, / who are weak.
Against them, the cherubim, raised on high / in His name forcefully and fearfully / only they proffer truth and integrity | WITHOUT BEHAVING LIKE PEOPLE, / WHO TURN TO SORCERESSES.'

2.4. Moses ibn Ezra (Granada c. 1055–Estella a. 1138)

The following *muwaššaḥ* (Brody 1936, 249), with prelude (*tāmm*), has five verses of five segments, i.e., *muḫammas* form. The segments are three *aġṣān* and two *asmāṭ*, each of one stich (*mušaṭṭar*), without internal rhymes (*sāḏiǧ*). The poem's *ḫarǧa* is in Hebrew.

The poem uses *basīṭ* metre (*muǧarrad*) in *maǧzūʾ* verse, its *ḍarb* being modified with *ḫabn* (מֻסְתַפְעִלֻן → מַפְעֻולֻן). The filling feet can be modified with *ṭayy* (מֻסְתַפְעִלֻן → מֻפְתַעִלֻן) and with *ḫabn* (פַאעִלֻן → פַעִלֻן). The poet plays with the reader in the prelude (תַּאֲוַת לְבָבִי) and at the beginning of the fourth strophe (כַּאֲשֶׁר לְבָבִי), confusing him with the scansion by forcing him to make the gutturals quiescent, so that the metre is not confused with *kāmil* (מֻתַפַאעִלֻן). In the first *simṭ* of the second *qufl*, the guttural in מַעְנֵנִי must also be quiescent to meet the demands of the metre.

The poem's metrical structure is as follows: *ḥašw ḥašw ḍarb*, i.e., מֻסְתַפְעִלֻן פַאעִלֻן מַפְעֻולֻן.

מֻסְתַפְעִלֻן פַאעִלֻן מַפְעוּלֻן / מֻסְתַפְעִלֻן פַאעִלֻן מַפְעוּלֻן
תַּאְוַת לְבָבִי וּמַחְמַד עֵינִי / עֹפֶר לְצִדִּי וְכוֹס בִּימִינִי
תַאְוַתלְבָא בִיוּמַח מַדְעֵינִי / עוֹפֶרְלְצִד דִיוְכֹס בִימִינִי

מֻסְתַפְעִלֻן פַאעִלֻן מַפְעוּלֻן / מֻסְתַפְעִלֻן פַעִלֻן מַפְעוּלֻן / מֻסְתַפְעִלֻן פַאעִלֻן מַפְעוּלֻן
רַבּוּ מְרִיבַי וְלֹא אֶשְׁמָעֵם / בּוֹא הַצְּבִי וַאֲנִי אַכְנִיעֵם / וּזְמָן יְכַלֵּם וּמָוֶת יִרְעֵם
מֻסְתַפְעִלֻן פַאעִלֻן מַפְעוּלֻן / מֻסְתַפְעִלֻן פַאעִלֻן מַפְעוּלֻן
בּוֹא הַצְּבִי קוּם וְהַבְרִיאֵנִי / מִצּוּף שְׂפָתְךָ וְהַשְׂבִּיעֵנִי

מֻסְתַפְעִלֻן פַאעִלֻן מַפְעוּלֻן / מֻפְתַעִלֻן פַאעִלֻן מַפְעוּלֻן / מֻסְתַפְעִלֻן פַאעִלֻן מַפְעוּלֻן
לָמָּה יְנִיאוּן לְבָבִי לָמָּה / אִם בַּעֲבוּר חֵטְא וּבִגְלַל אַשְׁמָה / אֶשְׁגֶּה בְיָפְיָךְ אֲדֹנָי שָׁמָּה
מֻסְתַפְעִלֻן פַאעִלֻן מַפְעוּלֻן / מֻסְתַפְעִלֻן פַאעִלֻן מַפְעוּלֻן
אַל יֵט לְבָבְךָ בְּנִיב מַעְנֵנִי / אִישׁ מַעֲקַשִּׁים וּבוֹא נַסֵּנִי

מֻסְתַפְעִלֻן פַאעִלֻן מַפְעוּלֻן / מֻסְתַפְעִלֻן פַאעִלֻן מַפְעוּלֻן / מֻסְתַפְעִלֻן פַאעִלֻן מַפְעוּלֻן
נִפְתָּה וְקַמְנוּ אֱלֵי בֵית אִמּוֹ / וַיֵּט לְעֹל סֻבֳּלִי אֶת שִׁכְמוֹ / לַיְלָה וְיוֹמָם אֲנִי רַק עִמּוֹ
מֻסְתַפְעִלֻן פַאעִלֻן מַפְעוּלֻן / מֻסְתַפְעִלֻן פַאעִלֻן מַפְעוּלֻן
אֶפְשַׁט בְּגָדָיו וְיַפְשִׁיטֵנִי / אִינַק שְׂפָתָיו וְיֵינִיקֵנִי

מֻסְתַפְעִלֻן פַאעִלֻן מַפְעוּלֻן / מֻסְתַפְעִלֻן פַאעִלֻן מַפְעוּלֻן / מֻסְתַפְעִלֻן פַאעִלֻן מַפְעוּלֻן
כַּאְשֶׁר לְבָבִי בְּעֵינָיו נִפְקַד / גַּם עֹל פְּשָׁעַי בְּיָדוֹ נִשְׂקַד / דָּרַשׁ תְּנוּאוֹת וְאַפּוֹ פָּקַד
מֻסְתַפְעִלֻן פַאעִלֻן מַפְעוּלֻן / מֻסְתַפְעִלֻן פַאעִלֻן מַפְעוּלֻן
צָעַק בְּאַף רַב לְךָ עָזְבֵנִי / אַל תֶּהְדָּפֵנִי וְאַל תַּתְעֵנִי

מֻפְתַעִלֻן פַאעִלֻן מַפְעוּלֻן / מֻסְתַפְעִלֻן פַאעִלֻן מַפְעוּלֻן / מֻסְתַפְעִלֻן פַאעִלֻן מַפְעוּלֻן
אַל תֶּאֱנַף בִּי צְבִי עַד כַּלֵּה / הַפְלֵא רְצוֹנְךָ יְדִידִי הַפְלֵא / וּנְשַׁק יְדִידְךָ וְחֶפְצוֹ מַלֵּא
מֻסְתַפְעִלֻן פַאעִלֻן מַפְעוּלֻן / מֻסְתַפְעִלֻן פַעִלֻן מַפְעוּלֻן
אִם יֵשׁ בְּנַפְשְׁךָ חֲיוֹת חַיֵּינִי / אוֹ חֶפְצְךָ לַהֲרֹג הָרְגֵנִי

'The desire of my heart and my eyes / is a fawn by my side and a glass at my right hand.
Many are my censors, but I do not listen to them / come, oh roe! and I will crush them / Destiny consumes them,

death grazes on them! | Come, oh roe! Rise up and cure me / with the nectar of your lips, satiate me.
Why do they make my heart giddy, why? / If it is on account of sin and my fault, / I err due to your beauty, the Lord is there. | Heed not the words of my rebuker, / he is an obstinate one, come and try me!
He let himself be seduced, and we went to his mother's house, / he leaned his shoulder against the yoke of my burden; / night and day alone, I with him, | I relieved him of his clothing, and he undressed me; / I sucked his lips, and he sucked mine.
When my heart was snatched through his eyes, / he found the yoke of my fault cumbersome, / he devised rebukes, his wrath was inflamed, | he yelled enraged: that's enough, leave me! / Do not push me, do not mislead me!
Do not consume me with your anger, oh roe!, / astonish me with your love, my friend, astonish me, / kiss your beloved and fulfil his wish: | IF YOU WANT TO GIVE LIFE, GIVE ME LIFE, / IF YOU WANT TO KILL, GIVE ME DEATH.'

2.5. Joseph ibn Saddik (Cordoba c. 1075–Zaragoza 1141)

The following *muwaššaḥ* (David 1982, 1), with prelude (*tāmm*), has five verses of five segments, i.e., *muḫammas* form. The segments are three *aġṣān* and two *asmāṭ*, each of two stichs (*muzdawiğ*), with internal rhymes (*muraṣṣaʿ*). The poem's *ḫarğa* is in Arabic.

The poem uses *basīṭ* metre (*muğarrad*) in *manhūk* verse, its *ḍarb* being modified with *qaṭʿ* (פַאעִלֻן → פַאעִל). However, in the second *simṭ* of the last *qufl* before the *ḫarğa*, it seems to have been modified with *ḫabn* (פַאעִלֻן → פַעִלֻן). The filling foot can be modified with *ṭayy* (מֻסְתַפְעִלֻן → מֻפְתַעִלֻן). In the first segment of the *ḫarǧa*, the filling foot has been modified with *ḫabn* (מֻסְתַפְעִלֻן → מֻפַאעִלֻן).

The poem's metrical structure is as follows: *ḥašw ḍarb* / *ḥašw ḍarb* + *ḥašw*, i.e., מֻסְתַפְעִלֻן פַאעִל / מֻסְתַפְעִלֻן פַאעִל מֻסְתַפְעִלֻן. I follow Corriente's reading (1997, 206).

מֻסְתַפְעִלֻן פַאעִל / מֻסְתַפְעִלֻן פַאעִל מֻסְתַפְעִלֻן / מֻסְתַפְעִלֻן פַאעִל / מֻסְתַפְעִלֻן פַאעִל מֻסְתַפְעִלֻן

נוּמִי אֲהָהּ נִגְזַל / בָּרַח אֲהָהּ גּוֹזָל מֵאָהֳלִי / דִּמְעִי אֲהָהּ יִזַּל / עָפְרִי אֲהָהּ אָזַל מִי גוֹאֲלִי

נֻומִיאֲהָהּ נִגְזַל / בָּארַחְאֲהָהּ גּוֹזָל מֵיאָאהֳלִי / דִּמְעִיאֲהָהּ יִזַּל / עָפְרִיאֲהָהּ אָאזַל מִיגוֹאֲלִי

מֻסְתַפְעִלֻן פַאעִל / מֻסְתַפְעִלֻן פַאעִל מֻפַתַעִלֻן
נוֹגֵן שְׁלַח אֶצְבַּע / לָעוּת חֲלִילְךָ טוּב מַעֲנֶה
מֻסְתַפְעִלֻן פַאעִל / מֻסְתַפְעִלֻן פַאעִל מֻפַתַעִלֻן
אִלֵּם אֲבָל יַבִּעַ / צַחוֹת כְּקוֹלְךָ כֵּן יַעֲנֶה
מֻסְתַפְעִלֻן פַאעִל / מֻסְתַפְעִלֻן פַאעִל מֻסְתַפְעִלֻן
שָׁלֹשׁ וְגַם אַרְבַּע / עַל פִּי נְבָלֶיךָ בִשְׂמֹאל מְנֵה

מֻסְתַפְעִלֻן פַאעִל / מֻסְתַפְעִלֻן פַאעִל מֻסְתַפְעִלֻן / מֻסְתַפְעִלֻן פַאעִל / מֻסְתַפְעִלֻן פַאעִל מֻסְתַפְעִלֻן

שִׁירִים נְצֹר עַל דַּל / שָׂפָה וְאַל יֶחְדַּל מִפִּי כְלִי / שִׁיר קוֹל אֲשֶׁר יִגְדַּל / עִתִּים וְעֵת יִדַּל לֹא מֵחֳלִי

מֻסְתַפְעִלֻן פַאעִל / מֻפַתַעִלֻן פַאעִל מֻסְתַפְעִלֻן
בּוֹ כָל כְּאֵב נִכְחָד / בּוֹ יַעֲבָר זַעַם כִּי הוּא בְרֹאשׁ
מֻסְתַפְעִלֻן פַאעִל / מֻפַתַעִלֻן פַאעִל מֻסְתַפְעִלֻן
כָּל גִּיל וְרֹן יַחַד / אָמְנָם נְדִיב הָעָם הֵיטִיב חֲרֹשׁ
מֻסְתַפְעִלֻן פַאעִל / מֻסְתַפְעִלֻן פַאעִל מֻסְתַפְעִלֻן
אוֹתוֹ דְמוּת פַּחַד / דָּבֵק אֱלֵי פַּעַם גִּזְרַת בְּרוֹשׁ

מֻסְתַפְעִלֻן פַאעִל / מֻסְתַפְעִלֻן פַאעִל מֻסְתַפְעִלֻן / מֻסְתַפְעִלֻן פַאעִל / מֻסְתַפְעִלֻן
פַאעִל מֻסְתַפְעִלֻן

גָמוּל בְּחֵיק יוּבַל / אָמַר הֲכִי יוּבַל הוּא פוֹעֲלִי / יָפִיק לְלֵב אָבַל / עַל הַנְּדוֹד סָבַל
מָשׂוֹשׂ וְלִי

מֻסְתַפְעִלֻן פַאעִל / מֻסְתַפְעִלֻן פַאעִל מֻפְתַעִלֻן

קָרְבָה וְאַל תִּרְחַק / וּבְצֵל נְוֵה עֹפֶר בּוֹא לַחֲסוֹת

מֻסְתַפְעִלֻן פַאעִל / מֻסְתַפְעִלֻן פַאעִל מֻסְתַפְעִלֻן

יָד נוֹפֲפָה וּדְחַק / יֶתֶר בְּנִיב שֶׁפֶר הַפְלֵא עֲשׂוֹת

מֻסְתַפְעִלֻן פַאעִל / מֻסְתַפְעִלֻן פַאעִל מֻסְתַפְעִלֻן

וּכְאֶצְבְּעוֹת יִצְחָק / הַשַּׂר בְּעֵט סוֹפֵר עֵת תּוֹפְשׂוֹת

מֻסְתַפְעִלֻן פַאעִל / מֻסְתַפְעִלֻן פַאעִל מֻסְתַפְעִלֻן / מֻסְתַפְעִלֻן פַאעִל / מֻסְתַפְעִלֻן
פַאעִל מֻסְתַפְעִלֻן

מַה דַּל וּמַה נִּדְגָּל / עֵטוֹ כְּרוּץ גַּלְגַּל רָץ עַל גְּלִי / לֵי פָּז שְׁאֹב מִגַּל / הוֹדוֹ עֲדֵי יִגַּל
כִּשְׁאֹב דְּלִי

מֻסְתַפְעִלֻן פַאעִל / מֻסְתַפְעִלֻן פַאעִל מֻסְתַפְעִלֻן

הָעֵט כְּחֵץ קִלְקַל / פָּנָיו בְּפִיו יֶאְטַר פִּי מוֹשְׁלִים

מֻסְתַפְעִלֻן פַאעִל / מֻסְתַפְעִלֻן פַאעִל מֻפְתַעִלֻן

מֵשִׂים בְּכַף מִשְׁקָל / מִלִּין לְדָת מִשְׁטָר בּוֹ נַעֲלִים

מֻסְתַפְעִלֻן פַאעִל / מֻסְתַפְעִלֻן פַאעִל מֻסְתַפְעִלֻן

רִכְבּוֹ כְּנֶשֶׁר קַל / לִקְחוֹ כְּמוֹ מָטָר לַשּׁוֹאֲלִים

מֻסְתַפְעִלֻן פַאעִל / מֻסְתַפְעִלֻן פַאעִל מֻסְתַפְעִלֻן / מֻסְתַפְעִלֻן פַאעִל / מֻסְתַפְעִלֻן
פַעִלֻן מֻסְתַפְעִלֻן

גֹּבַהּ עֲדֵה בִגְלַל / כִּי כָלֲלָךְ מִכְלַל יֹפִי בְּלִי / דֹפִי וְתִתְהַלַּל / כִּי עַל גְּרוֹן מַהֲלָל שִׁמְךָ
חֲלִי

מֻסְתַפְעִלֻן פַאעִל / מֻסְתַפְעִלֻן פַאעִל מֻסְתַפְעִלֻן

בָּךְ חֶשְׁקָה מִשְׂרָה / לְדַרְכְּךָ מְרוֹם רִכְבָּהּ בָּךְ אִוְּתָה

מֻסְתַפְעִלֻן פַאעִל / מֻסְתַפְעִלֻן פַאעִל מֻסְתַפְעִלֻן

חָכְמָה וְיוֹם תִּקְרָא / לָהּ כָּל צְפוּן לִבָּהּ לָךְ גִּלְּתָה

מֻפְתַעִלֻן פַאעִל / מֻסְתַפְעִלֻן פַאעִל מֻסְתַפְעִלֻן

לֹא כַחֲשֹׁק עָפְרָה / יוֹם דּוֹד יְדַבֵּר בָּהּ שָׁוְא עִנְּתָה

מֻפַאעִלֻן פַאעִל / מֻפַאעִלֻן פַאעִל מֻסְתַפְעִלֻן / מֻסְתַפְעִלֻן פַאעִל / מֻסְתַפְעִלֻן פַאעִל מֻסְתַפְעִלֻן

חַבִּיבִּי קַד יִרְחַל / וַעַאדֶ לַם יַנְזַל וַאי צַבְּרִ לִי / לַא בֻּד לִי אַן אַחְמַל / אַו אַיש עַסַא יַעְמַל מַן קַד בְּלִי

'My sleep, Oh! was stolen from me. / The sparrȯw in my tent, Oh! flew away. / My tears, Oh! spill. / My fawn, Oh! disappeared. Who will save me?

Music, stretch your fingers out / so that your flute will rouse sweet harmony; / although silent, it will send out / clear sounds, as if it were your voice, it will sing. / Press (chords) of three and four (notes) / with your left hand on the mouth of your lyre. | Save the songs on your lips, / so that the sound does not cease from the mouth of the instrument / at times it intensifies / and other times it subsides, and not from weakness.

With it all pain is forgotten; / with it anger passes; it holds sway over / all joy and cheering. / No doubt a nobleman from the town skilfully built / it, like a thigh / attached to the foot, with a cypress branch. | Like a baby at the breast, / it says: "Yes, Jubal is my maker". / It gladdens the mourning heart, / which groans under the yoke of exile, and me as well.

Come near and do not go away, / and in the shade of the abode of the fawn come protect yourself. / Move your hand and press the chords; / make beautiful melodies brilliantly, / like the fingers of the prince Isaac / who with the writing quill captures the moments. | How light and noble / is his quill! With the speed of a wheel it glides over golden fi/elds, it drinks from the fountain of / its splendour until it shines as the well drinks.

The quill, like a dart, sharpens its point; / with its mouth it shuts the mouth of the powerful; / it places words on the plate of the scale / that rise on it as bound by law. / Its slide is light like that of an eagle; / its message is like rain for those who clamour for it. | Adorn yourself with greatness, / because you have crowned the pinnacle of beauty without / an edit, and be proud, / because your name is a jewel on a splendid throat.
Power singled you out / to set foot in the loftiness of his chariot; for you he wished / wisdom, when you called / for her, everything hidden in her heart was revealed to you. / Not like the love of a gazelle who, / when the lover spoke to her, responded in vain: | "MY BELOVED LEAVES / WHEN HE HAS HARDLY SAT DOWN: WHAT PATIENCE AM I GOING TO HAVE? / I MUST ENDURE SO MUCH, / BUT WHAT IS THERE TO DO FOR A PERSON WHO HAS FALLEN IN LOVE".'

2.6. Judah Halevi (Tudela c. 1075–Alexandria 1141)

The following *muwaššaḥ* (Brody 1894, I:111), with prelude (*tāmm*), has five verses of five segments, i.e., *muḫammas* form. The segments are three *aġṣān* and two *asmāṭ*, each of one stich (*mušaṭṭar*), without internal rhymes (*sāḏiğ*). The poem's *ḫarğa* is in Romance.

The poem uses *basīṭ* metre (*muğarrad*) in *mağzū'* verse, its *ḍarb* being modified with *qaṭ*ʿ (מֻסְתַפְעִלֻן → מַפְעֻולֻן). Both filling feet can be modified with *ḫabn* (מֻסְתַפְעִלֻן → מַפָאעִלֻן and פָאעִלֻן → פַעִלֻן).

The poem's metrical structure is as follows: *ḥašw ḥašw ḍarb*, i.e., מֻסְתַפְעִלֻן פָאעִלֻן מַפְעֻולֻן. I follow Corriente's reading (1997, 283).

מֻסְתַפְעִלֻן פָּאעִלֻן מַפְעוּלֻן / מֻסְתַפְעִלֻן פַּאעִלֻן מַפְעוּלֻן
שָׁלוֹם לְגֶבֶר שְׁשׁוֹנָיו הָגְלוּ / חָדְלוּ מְנַחְמָיו אֲהָהּ חָדֵלוּ
שָׁאלֻמְלְגֶא בֶרְשְׁשׁוֹ נָוְהָגְלֻו / חָדְלֻומְנַחְ מָוֹאֲהָהּ חָאדֵילֻו

מֻסְתַפְעִלֻן פָּאעִלֻן מַפְעוּלֻן / מֻסְתַפְעִלֻן פָּאעִלֻן מַפְעוּלֻן / מֻסְתַפְעִלֻן פַּאעִלֻן מַפְעוּלֻן
לְבִּי כְתַנּוּר לְפֵרוּד יוֹסֵף / גַּם שֹׁד יְהוּדָה כְּבֵדִי שֹׁסֵף / וּכְאֵב שְׁלִישָׁם בְּאֶבְלִי יֹסֵף
מֻסְתַפְעִלֻן פָּאעִלֻן מַפְעוּלֻן / מֻסְתַפְעִלֻן פַּאעִלֻן מַפְעוּלֻן
כִּי מַמְרֹרָיו בְּנַפְשִׁי נִתְלוּ / קִירוֹת לְבָבִי כְּמוֹהֶם חָלוּ

מֻסְתַפְעִלֻן פָּאעִלֻן מַפְעוּלֻן / מֻסְתַפְעִלֻן פָּאעִלֻן מַפְעוּלֻן / מֻסְתַפְעִלֻן פַּאעִלֻן מַפְעוּלֻן
נַפְשִׁי פְדוּתְךָ גְּבִירִי מֹשֶׁה / כִּי גַם אֲנִי מִבְּכִי לֹא אֶחְשֶׁה / עַד בֹּא תְלָאוֹת בְּחֶזְיוֹן קָשֶׁה
מֻסְתַפְעִלֻן פָּאעִלֻן מַפְעוּלֻן / מֻסְתַפְעִלֻן פַּאעִלֻן מַפְעוּלֻן
לֹא בִצְעוּ יוֹם כְּנֶשֶׁר קַלּוּ / עַד כִּי בְנַפְשִׁי יְדִידְךָ כִּלּוּ

מֻסְתַפְעִלֻן פָּאעִלֻן מַפְעוּלֻן / מַפַּאעִלֻן פָּאעִלֻן מַפְעוּלֻן / מֻסְתַפְעִלֻן פַּאעִלֻן מַפְעוּלֻן
חַד נוֹאֲשׁוּ הַלְּבָבוֹת מֶנּוּ / וְחַד בְּמַרְאֶה חֲלוֹם אֶרְאֶנּוּ / זֶה אֶזְכְּרֶנּוּ וְזֶה אֵינֶנּוּ
מֻסְתַפְעִלֻן פָּאעִלֻן מַפְעוּלֻן / מֻסְתַפְעִלֻן פָּאעִלֻן מַפְעוּלֻן
עֵינַי עֲדֵי אָן לְמָרוֹם דַּלּוּ / אַךְ בּוֹ אֱלֹהִים לְפָנַי נִגְלוּ

מֻסְתַפְעִלֻן פָּאעִלֻן מַפְעוּלֻן / מֻסְתַפְעִלֻן פָּאעִלֻן מַפְעוּלֻן / מֻסְתַפְעִלֻן פַּאעִלֻן מַפְעוּלֻן
הָהּ אִישׁ חֲמֻדוֹת בְּעָפָר נֶעְצַר / אַחְרֵי אֲשֶׁר הַמְּאֹרוֹת עָצַר / חָדְלוּ חֲסָדִים כְּאִלּוּ אָצַר
מֻסְתַפְעִלֻן פָּאעִלֻן מַפְעוּלֻן / מֻסְתַפְעִלֻן פַּאעִלֻן מַפְעוּלֻן
גֶּשֶׁם נְדָבוֹת וְלֹא נָזְלוּ / לִרְאוֹת מְאוֹרָיו וְלֹא יָהֵלּוּ

מֻסְתַפְעִלֻן פָּאעִלֻן מַפְעוּלֻן / מֻסְתַפְעִלֻן פָּאעִלֻן מַפְעוּלֻן / מֻסְתַפְעִלֻן פַּאעִלֻן מַפְעוּלֻן
שִׁיר אָח מְפֹרָד בְּלִבִּי כִידוֹד / יָשִׁיר כְּעַלְמָה לְבָבָהּ יִדּוֹד / כִּי מוֹעֲדָהּ בָּא וְלֹא בָא הַדּוֹד
מֻסְתַפְעִלֻן פָּאעִלֻן מַפְעוּלֻן / מֻסְתַפְעִלֻן פַּעִלֻן מַפְעוּלֻן
בֵּנִיד לַפִּשְׁכָה אַיּוֹן שְׁנְאֵלוּ / כֹּם כַּנְדְ מֵו קְרַזוֹן פִּרְאֵלוּ

'Greetings to the man whose joy was exiled / there is no one to console him, Oh! there is not.
The departure of Joseph turned my heart in a furnace / but the dispossession of Judah runs through my bowels / and the pain of the third brother increases my sorrow | for their griefs hang from my soul, / my heart is pierced, just like theirs.
Moses, my lord, for you I would give my soul; / neither must I silence my cry / for in a harsh vision misfortune reached me: | when like an eagle it flew lightly, it did not back down / until it consumed my soul that loves you.
The first has already been renounced by the hearts, / the image of the second I only see in dreams; / one I remember and the other escapes me. | How high can my eyes lift up? / It is there that God reveals Himself to me.
Woe unto the beloved man buried in the dust, / he held amongst the celestial bodies! / Their favours ceased, as if they contained | generous rains, and stopped flowing / when they saw that his lights were not shining.
The song of the separated brother is in my heart, it calls; / it sings like the maiden whose heart is restless, / because it is ready, but her beloved is not coming: | PASSOVER IS BUT A FAST WITHOUT HIM / HOW MY HEART BURNS FOR HIM.'

3.0. *Muʿāraḍa*

This literary device was common amongst the Andalusi Hebrew poets. One poet would dedicate or send a composition to another, and the recipient had to reproduce the metre and rhyme of the original composition in his response. In the case of a *muwaššaḥ*, the entire metrical and rhythmic structure had to be imitated, using the same *ḫarǧa*.

The following examples are a pair of compositions that follow this technique. The first (David 1982, 8) is by Joseph ibn Saddik, and the second (Brody 1894, I:93) is the corresponding response by Judah Halevi, who took advantage of the opportunity to make technical improvements, and dedicated it to Moses ibn Ezra.

Both are examples of a bald *muwaššaḥ* (*aqraʿ*), with five verses of six segments, i.e., *musaddas* form. The segments are four *aġṣān* and two *asmāṭ*. The rounds (*dawr*) have one stich (*mušaṭṭar*) and the refrains (*qufl*) have two (*muzdawiǧ*), in addition to being thoroughly inlaid (*muraṣṣaʿ*) with all sorts of internal rhymes. The *ḫarǧa* is in Arabic.

The poems use *sarīʿ* metre (*muǧarrad*) in *tāmm* verse, the *ḍarb* being modified with *ṣalm* (מַפְעֻולַאתֻ → פַּאעַל). The *ʿarūḍ* may be modified either with *ṭayy* and *kašf* (מַפְעֻולַאתֻ → פַּאעִלֻן), or with *ḫabl* and *kašf* (מַפְעֻולַאתֻ → פַּעִלֻן), since, according to the classical rules, this type of *ḍarb* can accept either variant. The filling foot can be modified with *ḫabn* (מֻסְתַפְעִלֻן → מַפַאעִלֻן) or with *ṭayy* (מֻסְתַפְעִלֻן → מֻפְתַעִלֻן).

The poems' metrical structure is as follows: *ḥašw ʿarūḍ ḍarb* in the rounds, i.e., מֻסְתַפְעִלֻן פַּאעִל פַּאעַל, and *ḥašw ḥašw ḥašw ʿarūḍ ḍarb* in the refrains, i.e., מֻסְתַפְעִלֻן מֻסְתַפְעִלֻן מֻסְתַפְעִלֻן פַּעִלֻן פַּאעַל. I follow Corriente's reading (1997, 157).

מֻסְתַפְעִלֻן פַּאעִל פַּאעַל / מֻסְתַפְעִלֻן פַּאעִל פַּאעַל / מֻסְתַפְעִלֻן פַּאעִל פַּאעַל /
מֻסְתַפְעִלֻן פַּאעִל פַּאעַל

לֵיל מַחְשְׁבוֹת לֵב אָעִירָה / וּנְדֹד אֲהוּבִים אַזְכִּירָה / אֶרְעַד בְּחִילֵי מַבְכִּירָה / אוּלַי
פְּנֵיהֶם אַבִּירָה

מֻסְתַפְעִלֻן / מֻסְתַפְעִלֻן / מֻסְתַפְעִלֻן / פַעִלֻן פָאעִל

עָשׁ עִם כְּסִיל / וּבְרִיב כְּסִיל / לִנְבִיא פְּסִיל / יַעֲרֹךְ נֶגְדִּי

מֻסְתַפְעִלֻן / מֻסְתַפְעִלֻן / מֻסְתַפְעִלֻן / פָאעִלֻן פָאעִל

עָצְבִּי יְבַל / לִבִּי וּבַל / נִרְפָּא אֲבָל / רִפְאִי כַדִּי

מֻסְתַפְעִלֻן פָאעִל פָאעִל / מֻסְתַפְעִלֻן פָאעִל פָאעִל / מֻסְתַפְעִלֻן פָאעִל פָאעִל /

מֻסְתַפְעִלֻן פָאעִל פָאעִל

הָבָה אֲכַבֶּה אֵשׁ כֹּסֶף / בִּי נִשְׂקָה בִּגְלַל יוֹסֵף / נִכְבָּד לְכָל מַחְמָד אֹסֵף / אֶדֶר יְקָר

וּצְרוֹר כֶּסֶף

מֻפְתַעִלֻן / מֻסְתַפְעִלֻן / מֻסְתַפְעִלֻן / פָאעִלֻן פָאעִל

בּוֹר בַּעֲלִיל / צָרוּף פְּלִיל / צֶדֶק כְּלִיל / כֹּל מְתֵי חֶלְדִּי

מֻפְתַעִלֻן / מֻסְתַפְעִלֻן / מֻפְתַעִלֻן / פָאעִלֻן פָאעִל

זַךְ מַעֲלָל / אֶשָּׂא שְׁלַל / רֹן מַהֲלָל / לוֹ יְמֵי חֶלְדִּי

מֻסְתַפְעִלֻן פָאעִל פָאעִל / מֻסְתַפְעִלֻן פָאעִל פָאעִל / מַפָאעִלֻן פָאעִל פָאעִל /

מֻסְתַפְעִלֻן פָאעִל פָאעִל

מֵאָז אֲבוֹתָיו נִקְרָאוּ / רִבֵּי תְעוּדוֹת נִפְלָאוּ / שְׁאַל כְּתֵפוֹת נָשָׂאוּ / הֵן עַל לְבָבוֹ

נִמְצָאוּ

מֻסְתַפְעִלֻן / מֻסְתַפְעִלֻן / מֻסְתַפְעִלֻן / פָאעִלֻן פָאעִל

עֹפֶר בְּגִיל / שֶׁמֶשׁ כְּגִיל / דַּת בּוֹ אֲגִיל / הֵן וְהוֹד תַּעְדִּי

מֻסְתַפְעִלֻן / מֻסְתַפְעִלֻן / מֻסְתַפְעִלֻן / פָאעִלֻן פָאעִל

מַטִּים גְּאַל / חֶפְצַךְ שְׁאַל / אֶתֵּן וְאַל / יַרְפְּךָ חַסְדִּי

מֻסְתַפְעִלֻן פָאעִל פָאעִל / מֻסְתַפְעִלֻן פָאעִל פָאעִל / מֻסְתַפְעִלֻן פָאעִל פָאעִל /

מֻסְתַפְעִלֻן פָאעִל פָאעִל

טוֹב אָהֳלוֹ מִגַּן בִּיתָן / וּזְמָן בְּיָמָיו כֶּחָתָן / אֵל קוֹל בְּחֵן עָלָיו נָתָן / לִהְיוֹת בְּחָכְמָה

יָם אֵיתָן

מֻסְתַפְעִלֻן / מֻסְתַפְעִלֻן / מֻסְתַפְעִלֻן / פָאעִלֻן פָאעִל

מֵאֵין גְּבוּל / אָז עַב זְבוּל / תַּפְרֶה יְבוּל / כָּל עֲצֵי מִגְדִּי

מֻפְתַעִלֻן / מֻסְתַפְעִלֻן / מֻסְתַפְעִלֻן / פָאעִלֻן פָאעִל

תֹּם יֶאֱהַל / דּוֹד עִם קְהַל / עַמִּי צְהַל / לִין בְּמַרְבַדִּי

מְסְתַפְעִלֻן פַאעִל פַאעִל / מֻסְתַפְעִלֻן פַאעִל פַאעִל / מֻסְתַפְעִלֻן פַאעִל פַאעִל /
מֻסְתַפְעִלֻן פַאעִל פַאעִל
חָכְמָה אֲהָבָיו תַּבִּיעַ / בַּשִּׁיר מְעַנֶּה תוֹדִיעַ / בַּעֲבוּר יְדִידָה תַשְׂבִּיעַ / צִיר שֶׁלְּחָה לוֹ
מַפְגִּיעַ
מֻסְתַפְעִלֻן / מֻסְתַפְעִלֻן / מֻסְתַפְעִלֻן / פַעִלֻן פַאעִל
בַּאללַה רַסוּל / קֻל לַלְכַּלִיל / כִּיף אַלסַבִּיל / וַיִבִּית עִנְדִי
מֻסְתַפְעִלֻן / מֻסְתַפְעִלֻן / מֻסְתַפְעִלֻן / פַעִלֻן פַאעִל
כַּלְף אַלְחַגַּאל / נַעְטִיה דַלַאל / עַלַי אלנַּכַּאל / וַנְזִיד נַהְדִי

'The night thinking, I am going to awaken the heart / remembering the departure of my loved ones / I would writhe with the pain of a new mother / if I did not recognize their faces. | The Bear and Canopus / in a fruitless dispute / over a false prophet / argues against me. / My affliction corrodes / my heart without / fail, certainly / my physician is my jug.
I am going to extinguish the fire of passion. / It invades me on account of Joseph. / Esteemed by all who collect delicacies. / A substantial crop, pouch of silver | cleaned, in crucibles / purified, judge of / unabridged justice / amongst all those who I regard highly. / Pure in action / I will intone, spoils of / blessing, praise / for him throughout my life.
Since the days of old his ancestors have been convened / most are astonishing testimonies / who loaded [the Ark of the Covenant] on shoulders / they find them in their heart. | Merry fawn, / rotating sun, / religion is with him, the tendril / of mercy and majesty adorns him. / Redeem the unjust / ask whatever you please / I will grant it and / my virtue will never desert you.
His tent is better than an inner courtyard. / Fate during his life is like a bridegroom. / God has granted him the

gift of the word / so that in wisdom he will be an imposing | and limitless sea. / Now a great house / increases the harvest of / all my fruit trees / the beloved fully lives / with the community of / my people, he screams with joy, / he passes the night where my necklace lies. Wisdom has its loves / with a cantabile poem it gives witness / so that his friend is satisfied / he sent him an emissary pleading: | FOR GOD'S SAKE, MESSENGER, / SHOW THE FRIEND / HOW TO ARRIVE / SO THAT HE CAN SLEEP WITH ME! / BEHIND THE CURTAINS / I WILL GIVE HIM MY HAIR / DESPITE THE TORMENT [IT CAUSES ME] / AND I WILL ADD MY BREAST.'

מְסְתַפְעִלְן פַּאעִל פַּאעִל / מְסְתַפְעִלְן פַּאעִל פַּאעִל / מְסְתַפְעִלְן פַּאעִל פַּעִלְן / מְסְתַפְעִלְן פַּאעִל פַּאעִל

אַחַר גְּלוֹת סוֹד מָה אַטְמִין / כּוֹס מִשְּׂמֹאל דּוֹד מְיַמִּין / אִישׁ רִיב חֲדַל בָּךְ לֹא אַאֲמִין / רַק אַשְׂמְאִילָה אִם תֵּימִין

מְסְתַפְעִלְן מְסְתַפְעִלְן פַּאעִלְן פַּאעִל / מְפְתַעִלְן מַפַאעִלְן פַּאעִלְן פַּאעִל

אִם אַתְּ רְגִיל שִׂמְחָה וְגִיל עֵדֶן וְגִלְעָד רְאֵה נֶגְדִּי / לֹא אֶאֱבַל בְּיוֹם אֲבָל בְּטוֹב אֲבַל כָּל יְמֵי חֶלְדִּי

מְסְתַפְעִלְן פַּאעִל פַּאעִל / מְסְתַפְעִלְן פַּאעִל פַּאעִל / מְסְתַפְעִלְן פַּאעִל פַּאעִל / מְסְתַפְעִלְן פַּאעִל פַּאעִל

פִּי כוֹס בְּפִי עֹפֶר צַפֵּה / יֵינִי וּמִגְדּוֹ פֶּה אֶל פֶּה / אֵין לִי בְּמוּסָרְךָ מַרְפֵּא / נָא קָט מְעַט מִנִּי הַרְפֵּה

מְסְתַפְעִלְן מְסְתַפְעִלְן פַּאעִלְן פַּאעִל / מְסְתַפְעִלְן מְסְתַפְעִלְן פַּאעִלְן פַּאעִל

רוֹפֵא אֱלִיל אֶשְׁמַע חֲלִיל רֹן עַל צְלִיל יַיִן בְּפִי כַדִּי / מֵרִיב גְּדָל מַכְאוֹב חֲדָל אֶשְׁאַל כְּדָל מִצְּבִי נִרְדִּי

מֻפְתַעִלֻן פַאעִל פַאעִל / מֻסְתַפְעִלֻן פַאעִל פַאעִל / מֻפְתַעִלֻן פַאעִל פַאעִל / מֻסְתַפְעִלֻן פַאעִל פַאעִל

שִׁיר נֶעֱלָם גִּלָּה סוֹדוֹ / נֹפֶשׁ בְּשֵׁם שַׂר וּכְבוֹדוֹ / זֶה פַּעֲמוֹן לִמְעִיל הוֹדוֹ / חֵלֶף כְּתָב רִקְמַת יָדוֹ

מֻסְתַפְעִלֻן מֻסְתַפְעִלֻן פַעִלֻן פַאעִל / מֻסְתַפְעִלֻן מֻסְתַפְעִלֻן פַאעִלֻן פַאעִל

רִקְמַת כְּלִיל זָהָב כְּלִיל שִׁיר מִגְּלִיל מַעֲרָב תַּעְדִּי / זֶה הַכְּלָל מְמַהֲלָל שׁוֹלֵל שְׁלַל כָּל יְקַר חֶמְדִּי

מֻסְתַפְעִלֻן פַאעִל פַאעִל / מֻסְתַפְעִלֻן פַאעִל פַעִלֻן / מֻפְתַעִלֻן פַאעִל פַאעִל / מֻסְתַפְעִלֻן פַאעִל פַאעִל

חָכְמָה קְרָאַתְהוּ הֵימָן / מֹשֶׁה בְּכָל בֵּיתִי נֶאֱמָן / לָךְ תַּעֲנוּג שָׂדַי זְמָּן / עִם חוּט שְׂפַת שָׁנִי כַּמָּן

מֻסְתַפְעִלֻן מֻסְתַפְעִלֻן פַאעִלֻן פַאעִל / מֻסְתַפְעִלֻן מֻסְתַפְעִלֻן פַאעִלֻן פַאעִל

רָקִיק בְּלִיל נֹפֶת כְּלִיל יֹפִי וְלֶלְאוֹת שְׂפַת מַדִּי / הַתֵּר וְגַל שַׁד קָם כְּגַל כְּשְׁדֵי שְׁגַל חֵן וְעַשׂ דַּדִּי

מֻפְתַעִלֻן פַאעִל פַאעִל / מֻפְתַעִלֻן פַאעִל פַאעִל / מֻסְתַפְעִלֻן פַאעִל פַאעִל / מֻפְתַעִלֻן פַאעִל פַאעִל

מֵאַהֲבָתָהּ בָּהּ תִּגְמֹר / שִׁיר אַהֲבָה וָשִׁיר מִזְמוֹר / לָלִין בְּחֵיקָהּ כִּצְרוֹר מֹר / צִיר נֶאֱמָן נִשְׁבַּע לֵאמֹר

מֻסְתַפְעִלֻן מֻסְתַפְעִלֻן פַעִלֻן פַאעִל / מֻסְתַפְעִלֻן מֻסְתַפְעִלֻן פַעִלֻן פַאעִל

בַּאללַה רַסוּל קֻל לַלְכַּלִיל כַּיף אַלסַבִּיל וַיבִית עִנְדִי / כַּלְף אַלְחַגַּאל נַעְטִיה דַלַאל עַלִי אלנַּכַּאל וַנְזִיד נַהְדִי

‘Discovered the secret, what I am going to hide. / A glass on the left, a lover on the right / Rebuker, stop! I don’t believe in you / I will turn left if you turn right. | If you are used to / joy and happiness, / Eden and Gile/ad I see

before me. / I am not going to mourn / for the time being but / on happiness I will spend / what I have left.
My mouth is a glass in the mouth of a fawn, observe / my wine and my fruit mouth to mouth. / I do not find help in your advice. / Please, argue less, give me a break. | Quack physician / I hear the kettledrum / joyous at the rhythm of the / wine on the lip of my jug. / The fault-finder increases / sorrows, stop! / I ask, like a pauper / for tuberose from my roe
A poem with a soft melody, discover its secret. / My soul, dedicated to the prince and his honour. / It is a rattle for the cloak of its splendour. / Renew the embroidered writing in your hand. | Wholly embroidered / out of gold, perfection of / the song, the Galilee / of the west adorns you. / This is the culmination / of the praise / taking as spoils / my dearest longing.
Wisdom has called Heman, / called Moses, the most faithful of all my close friends, / you are the recipient of the pleasure of my breast, / with the filament of a crimson lip like manna. | Biscuit soaked / in honey, the height of / beauty. The / laces from the edge of my clothing / untie and discover / a breast raised like a wave / like the breasts of the concubine / beautiful, and nibble at my bosom.
By virtue of his love for him / this love poem concludes with a poem of praise / to pass the night at his breast like a pouch of myrrh / promise the faithful messenger that: | FOR GOD'S SAKE, MESSENGER, SHOW THE FRIEND HOW TO ARRIVE SO THAT HE CAN SLEEP WITH ME! / BEHIND THE CURTAINS I WILL GIVE HIM MY HAIR DESPITE THE TORMENT [IT CAUSES ME] AND I WILL ADD MY BREAST.'

4.0. Ambiguous Metres (*Muštabih*)

At times, especially with strophic compositions, it is difficult to identify the metre. There are many possible reasons for this, ranging from a challenge presented to the reader by the author to the inclusion of biblical citations or improper use of the metre. The following composition by Moses ibn Ezra (Brody 1935, 259) is a clear example of *mutadārak* modified with *qaṭʿ* (פאעל פאעל פאעל פאעל), but it contains the occasional *mutaqārib* foot (פעולן). This unexpected element is really the result of the free use of the *ḫazm* modification, which is here applied without restriction, rather than exclusively at the beginning of the verse, as prescribed by the classical rules.

I follow Corriente's reading (1997, 233).

פאעל פאעל פאעל / פאעל פאעל פאעל פאעל
מֵאַהֵב יָדַי תִּרְפֶּינָה / וּלְפֵרוּד עֵינַי תִּבְכֶּינָה

פאעל פאעל פאעל פאעל / פאעל פאעל פאעל פאעל / פאעל פאעל פאעל פאעל
מִשֹּׁד חֵשֶׁק לִבִּי נִשְׁבָּר / אַךְ צִיר פֵּרוּד עָלַי יִגְבָּר / וּבְרוֹאוֹתַי נַחַל עָבָר
פאעל פאעל פאעל / פאעל פעולן פאעל פאעל
כִּי מִדַּם לֵבָב תִּדְלֶינָה / עַל כֵּן לְרֶגַע לֹא תִדְמֶינָה

פאעל פאעל פאעל פאעל / פאעל פאעל פאעל פאעל / פאעל פאעל פאעל פאעל
דֶּמַע יַשְׁחֶה אֶת מִשְׁכָּבִי / הִפְלָא לִמְאֹד אֶת מַכְאוֹבִי / וּלְנוֹד יִצְחָק רַב וּלְבָבִי
פאעל פאעל פאעל / פעולן פאעל פאעל
קִירוֹתָיו תּוּגוֹת תִּקְרֶינָה / וְתָבֹאנָה אֶל קִרְבֶּינָה

פאעל פאעל פאעל פאעל / פאעל פאעל פאעל פאעל / פעולן פאעל פאעל
מִיּוֹם נָדַד גָּלוּ גִילַי / וּבְעֵת רָחַק חָלוּ חִילַי / וְאֵימוֹת מָוֶת נָפְלוּ עָלַי

פאעל פאעל פאעל / פאעל פאעל פאעל

עַצְמוֹתַי כָּעַשׁ תִּכְלֶינָה / וּבְאֵשׁ אַהַב תִּכָּוֶינָה

פאעל פאעל פאעל / פאעל פאעל פעולן פאעל / פאעל פאעל פאעל פאעל

עֹפֶר מַדֵּי יֹפִי לָבָשׁ / וּפְאֵר הַחֵן לְבַדּוֹ חָבָשׁ / חִכּוֹ מָתוֹק מִצּוּף וּדְבָשׁ

פאעל פאעל פאעל / פאעל פאעל פאעל

עֵינַיִם אוֹתוֹ תִּרְאֶינָה / מֵרְאוֹת לָעַד לֹא תִכְהֶינָה

פאעל פאעל פעולן פאעל / פאעל פעולן פאעל פאעל / פאעל פאעל פעולן פאעל

יוֹם מִפְּרָדוֹ לְאֵל בִּגְלָלָיו / אֶקְרָא לְכוֹנֵן אֶת מַעְגָּלָיו / וּבְאֶבְרָתוֹ יָסֵךְ עָלָיו

פעולן פאעל פאעל / פעולן פאעל פאעל

חַפַּט אַלְלַה כְּלַא בַּאןֿ / וַרַעַאהֻ אַיְןֿ מַא כַּאןֿ

'On account of love my hands lose strength, / and because of separation my eyes cry.
From so much love my heart is broken, / but the pain of absence overwhelms me, / and through my eyes a torrent passes, | from the blood of my heart its waters are drawn, / and hence they never quiet.
Tears bathe my bed, / my pains have expanded so, / more so with the departure of Isaac, and the walls of my heart | are covered by sorrows, / that come deep into the core.
Since the day he left, my bliss has been exiled; / as he went away pains overcame me, / fears of death fell upon me, | my bones like a woodworm eaten away, / and burn with the fire of love.
The fawn is attired in precious robes, / he alone is cloaked in gracious beauty; / sweeter is his palate than nectar and honey | the eyes that gaze upon him, / never grow dim from watching.

> The day of his separation to God on his behalf / I pray that his steps be firm / and under His wings he is sheltered: | MAY GOD KEEP THE FRIEND WHO LEAVES / PROTECT HIM WHEREVER HE MAY BE.'

This phenomenon is not exclusive to strophic poetry, but can also occur in classical pieces. For example, the following composition (Jarden 1992, 60.1) has two possible scansions:

פַאעִל פַעֻולֻן פַעֻולֻן	פַאעִל פַעֻולֻן פַעֻולֻן
מֻסְתַפְעִ לֻן פַאעִלַאתֻן	מֻסְתַפְעִ לֻן פַאעִלַאתֻן
אִם תִּפְגְּשֶׁךְּ תְּלָאָה	תָּשֵׂם בִּלְבָבְךְּ כְּוִיָּה

> 'When sorrow reaches you / it leaves a scar on your heart.' (Samuel ibn Nagrela Hanagid)

This verse and its analogues can be scanned as the *maǧzūʾ* form of *mutaqārib* (פַעֻולֻן פַעֻולֻן פַעֻולֻן → אִמְתִּף גְשֶׁאכָא תְּלָאָה תָּאשֵׂם בִּלְבָבָךְ כְּוִיָּה), the first foot being modified with *ṯalm* (פַעֻולֻן → פַאעִל); or it can be scanned as *muǧtat* (מֻסְתַפְעִ לֻן פַאעִלַאתֻן → אִמְתִּפְגְ שֶׁא כָאתְלָאאָה תָּאשֵׂמְבְ לִבְ בְּכְּוִייָּה). However, scanning it as *mutaqārib* involves the use of a *maǧzūʾ* form that is not used in the classical catalogue, and *muǧtat* therefore strikes me as the more suitable option.

In this context, the *ḫarm* modification—which, according to the classical rules, can only be applied to the beginning of each hemistich—can in fact appear in any instance of the פַעֻולֻן foot in *ṭawīl* metre, even those that do not come first in their hemistichs. Similarly free use of *ḫarm* occurs in *musammaṭ* form, as discussed above. This use of *ḫarm* can create a new fixed sequence devoid of even the slightest remains of the original foot (Pagis 1967, 1.1–2; Brody 1894, I:20.2):

פַאעַל מַפַאעִילֻן פַאעַל מַפַאעִילֻן   פַאעַל מַפַאעִילֻן פַאעַל מַפַאעִילֻן
לִקְרַאת מְקוֹר חַיַּי אֶתֵּן מְגַמָּתִי   טֶרֶם יְשִׁיבוּנִי יָמִים לְאַדְמָתִי
לוּ חָכְמָה נֶפֶשׁ רוּחַ מְרַדֶּפֶת   כִּי הִיא לְבַדָּהּ מִתֵּבֵל תְּרוּמָתִי

‘Having found the source of my life I will dedicate my purpose / before the days return me to the ground
If it were wise, my soul pursues the wind / because it is alone, this would be my earthly reward.’ (Levi ibn Altabban)

פַאעַל מַפַאעִילֻן פַאעַל מַפַאעִילֻן   פַאעַל מַפַאעִילֻן פַאעַל מַפַאעִילֻן
וּצְבִי בְּיָדוֹ כּוֹס יַיִן וּבִשְׁתוֹתוֹ   אֶרְאֶה דְּמוּת שֶׁמֶשׁ נֹשֵׁק לְיָרֵחַ

‘And a roe in his hand a glass of wine and when he drinks it / it looks to me as if the sun kissed the moon.’ (Judah Halevi)

One of the most famous examples of this free use of the *ḫarm* modification is the poem that Ibn Gabirol dedicated to Samuel ibn Nagrela, in *ṭawīl* metre with *peʾ* rhyme (Brody and Schirmann 1974, 4):

פַאעַל מַפַאעִילֻן פַאעַל מַפַאעִילֻן   פַאעַל מַפַאעִילֻן פַאעַל מַפַאעִילֻן
מִי זֹאת כְּמוֹ שַׁחַר עוֹלָה וְנִשְׁקָפָה   תָּאִיר כְּאוֹר חַמָּה בָּרָה מְאֹד יָפָה
פַעוּלֻן מַפַאעִילֻן פַעוּלֻן מַפַאעִילֻן   פַאעַל מַפַאעִילֻן פַאעַל מַפַאעִילֻן
כְּבוּדָּה כְּבַת מֶלֶךְ עֲדִינָה מְעֻנָּגָה   רֵיחָהּ כְּרֵיחַ מֹר מֻקְטָר וְכִשְׂרֵפָה
פַאעַל מַפַאעִילֻן פַאעַל מַפַאעִילֻן   פַאעַל מַפַאעִילֻן פַעוּלֻן מַפַאעִילֻן
לֶחְיָהּ כְּשׁוֹשַׁנָּה בַּדָּם מְאָדֶּמֶת   אֶרְאֶה כְשָׁפִים בָּהּ וְאֵינָהּ מְכַשֵּׁפָה
פַאעַל מַפַאעִילֻן פַעוּלֻן מַפַאעִילֻן   פַאעַל מַפַאעִילֻן פַאעַל מַפַאעִילֻן
תַּעְדֶּה עֲדִי זָהָב וּמִינֵי בְדֹלָחִים   וּבְכָל יְקָר אֶבֶן סַפִּיר מְעֻלָּפָה
פַעוּלֻן מַפַאעִילֻן פַאעַל מַפַאעִילֻן   פַאעַל מַפַאעִילֻן פַאעַל מַפַאעִילֻן
כְּסַהַר בְּמוֹלָדוֹ כִּתְרָהּ עֲלֵי רֹאשָׁהּ   שֶׁהִיא מְשֹׁהֶמֶת כֻּלָּהּ מְיֻשָּׁפָה
פַאעַל מַפַאעִילֻן פַאעַל מַפַאעִילֻן   פַאעַל מַפַאעִילֻן פַאעַל מַפַאעִילֻן

כִּי נִרְאֲתָה לִי מֵרָחוֹק חֲשַׁבְתִּיהָ   יוֹנָה תְדַלֵּג עַל שָׂדֶה וְהִיא עָפָה
פָּאעֵל מַפָּאעִילֻן פָּאעֵל מַפָּאעִילֻן   פָּאעֵל מַפָּאעִילֻן פָּאעֵל מַפָּאעִילֻן
רַצְתִּי לְקִרְבָתָהּ עֵת שֶׁרְאִיתִיהָ   עֵת רָאֲתָה אוֹתִי אָז כִּסְּתָה אַפָּהּ
פָּאעֵל מַפָּאעִילֻן פְּעוּלֻן מַפָּאעִילֻן   פְּעוּלֻן מַפָּאעִילֻן פָּאעֵל מַפָּאעִילֻן
אָנָא פְנוֹתֵךְ אַתְּ וְהַיּוֹם מְאֹד פָּנָה   וְתֵבֵל רְאִי לוּלֵא אוֹרֵךְ כְּמוֹ עֵיפָה
פָּאעֵל מַפָּאעִילֻן פְּעֵל מַפָּאעִילֻן   פְּעוּלֻן מַפָּאעִילֻן פָּאעֵל מַפָּאעִילֻן
תָּנִיד שְׂפָתֶיהָ אָז לְהֲשִׁיבֵנִי   כְּאִלּוּ מְרִיקָה צוּף בָּהֶם וּמַטִּיפָה
פָּאעֵל מַפָּאעִילֻן פָּאעֵל מַפָּאעִילֻן   פָּאעֵל מַפָּאעִילֻן פָּאעֵל מַפָּאעִילֻן
לִרְאוֹת שְׁמוּאֵל הָרוֹאֶה אֲנִי עוֹלָה   לִהְיוֹת לְבֵיתוֹ סוֹבֶבֶת וּמַקִּיפָה
פָּאעֵל מַפָּאעִילֻן פָּאעֵל מַפָּאעִילֻן   פָּאעֵל מַפָּאעִילֻן פָּאעֵל מַפָּאעִילֻן
וָאַזַי עֲנִיתִיהָ אַל תֵּלְכִי אַל כִּי   אוֹתוֹ בְחַיָּתֵךְ לֹא תֶהְיִי צוֹפָה
פָּאעֵל מַפָּאעִילֻן פָּאעֵל מַפָּאעִילֻן   פָּאעֵל מַפָּאעִילֻן פָּאעֵל מַפָּאעִילֻן
כִּי מֵת וְגַם יָרַד לִשְׁאוֹל בְּרֹב חֵשֶׁק   כָּלָה בְּאַהֲבָתוֹ אוֹתָךְ וְגַם נִסְפָּה
פְּעוּלֻן מַפָּאעִילֻן פָּאעֵל מַפָּאעִילֻן   פָּאעֵל מַפָּאעִילֻן פָּאעֵל מַפָּאעִילֻן
לְכִי אֶל שְׁמוּאֵל שֶׁעָלָה בְּאַרְצֵנוּ   כַּעְלוֹת שְׁמוּאֵל בָּרָמָה וּבַמִּצְפָּה
פָּאעֵל מַפָּאעִילֻן פָּאעֵל מַפָּאעִילֻן   פָּאעֵל מַפָּאעִילֻן פָּאעֵל מַפָּאעִילֻן
חָקַר תְּבוּנָה שָׂכַל סוֹד סְתָרֶיהָ   גּוֹלָה וְנִפְזֶרֶת שָׁמָּה מְאֻסָּפָה
פָּאעֵל מַפָּאעִילֻן פְּעוּלֻן מַפָּאעִילֻן   פְּעוּלֻן מַפָּאעִילֻן פְּעוּלֻן מַפָּאעִילֻן
שָׁלַל שְׁלָלֶיהָ וְכָמַס בְּאֹצְרוֹתָיו   וּבָטַח בְּמַחְמַדֵּי זְהָבָהּ וְגַם כַּסְפָּהּ
פָּאעֵל מַפָּאעִילֻן פָּאעֵל מַפָּאעִילֻן   פָּאעֵל מַפָּאעִילֻן פְּעוּלֻן מַפָּאעִילֻן
דּוֹדִי יְדִיד נַפְשִׁי אַתָּה צֳרִי מַכְאוֹב   וּלְכָל חֳלִי אַתְּ כְּתְעָלָה וְכִתְרוּפָה
פָּאעֵל מַפָּאעִילֻן פָּאעֵל מַפָּאעִילֻן   פָּאעֵל מַפָּאעִילֻן פְּעוּלֻן מַפָּאעִילֻן
לִמְאֹד אֲהַבְתִּיךְ אֵין קֵץ לְאַהֲבָתָךְ   הִנְנִי בְּחָנֵנִי וְלִבִּי בְּזֹאת צָרְפָה
פְּעוּלֻן מַפָּאעִילֻן פָּאעֵל מַפָּאעִילֻן   פָּאעֵל מַפָּאעִילֻן פְּעֵל מַפָּאעִילֻן
וּמֵאַהֲבָתִי בָךְ שִׁירֵי יְהוֹדֶךְ   יַרְבֶּה דְבַר צַחוֹת לֹא לַעֲגֵי שָׂפָה
פְּעֵל מַפָּאעִילֻן פָּאעֵל מַפָּאעִילֻן   פְּעֵל מַפָּאעִילֻן פָּאעֵל מַפָּאעִילֻן
כָּל בַּעֲלֵי הַשִּׁיר חָרְדוּ לְעֻמָּתוֹ   אַף יַעֲטוּ בֹשֶׁת כֻּלָּם וְגַם חֶרְפָּה

'Who is she who like the dawn rises and reveals herself? /
She shines like the sun, pure and beautiful.

Noble like the king's daughter, tender, delicate, / her scent is like burnt myrrh and incense.
Her cheek is like a rose flushed with blood; / I see her spells although she is not a sorceress.
She adorns herself with jewels of gold and pearls, / and is covered with sapphire gems.
Like the crescent moon is the crown above her head, / everything she is, is onyx and jasper.
If she revealed herself in the distance, I would think / it is a dove leaping and flitting about the field.
When I saw her, I ran to her, / and upon seeing me she hid her face.
Where are you going, where? The day is far spent, / look at the world that without light would be like the darkness.
She moved her lips to answer me, / it was as if honey spilled and dripped over them:
I rise to see Samuel the seer, / to circle his house.
Then I responded: Don't go, no, for / while you live you will not be able to see him,
for he has died and descended to Sheol; because of his deep affection, / his love for you he became spent and died.
Go to that Samuel who has set up in our land, / as did the other one in Ramah and Mizpah.
He studied science, he understood the secret of the arcane. / That which was exiled and scattered he knew how to gather;
he took its spoils and placed them in his treasuries, / trusting in its gold and silver gems.
My beloved, my soulmate, you are the balm for pain, / for every illness you are the cure and remedy.

> Much have I loved you, there is no end to my love for you. / Here I am, appraise me and my heart, with this, endeavours.
> Out of love for you it praises you / with many pure words.
> All words tremble before it, / they all blush and cover themselves in shame.'

Finally, the following example (Brody and Albrecht 1906, 5), is a *musammaṭ murabbaʿ* that tries to maintain the *mustaṭīl* metre, but unsuccessfully. At first glance, it seems to be a clear example of bad verse. It is a very early composition, signed in an acrostic by Isaac ibn Kapron (or Qafrūn, Cordoba, 10th century), who inserts and metrically integrates biblical citations here and there, including their scansion in brackets:

[מַפְעוּלֻן פְעְלֻן]   מַפְעוּלֻן פַעְלֻן   מַפָאעִילֻן פַעְלֻן   מַפָאעִילֻ פַעוּלֻן
יָגֹרְתִּי מִפְּנֵי   שָׁמַיִם קָנֵה   וְלֹא־אֶמְצָא מַעֲנֶה   שְׂפָתַי נֶאֱלָמִים
מֻסְתַפְעִלֻן פַעוּלֻן   פַאעִלַאתֻן פַעְלֻן   מַפָאעִילֻן פַעְלֻן   מַפָאעִילֻן פַעְלֻן
צָעִיר אֲנִי וְנִכְאֶה   חַסְדְּךָ אָז אֶרְאֶה   כְּמוֹ־זָקֵן גֵּאֶה   יְשַׁר־דֶּרֶךְ תָּמִים
פַאעִלֻן פַעוּלֻן   מַפָאעִילֻן פַעְלֻן   מַפָאעִילֻ פַעְלֻן   [מֻסְתַפְעִלֻן פַעוּלֻן]
חַסְדְּךָ אֲשַׁבֵּר   בְּלֵבָב מִתְגַּבֵּר   וְלֹא־עוֹד אֲדַבֵּר   צָעִיר אֲנִי לְיָמִים
מֻסְתַפְעִלֻן פַעוּלֻן   מַפְעוּלֻן פַעוּלֻן   מֻסְתַפְעִלֻן פַעְלֻן   מַפָאעִילֻן פַעְלֻן
קַמְתִּי אֲנִי וְאָעִיד   בִּרְשׁוּת רַב וְצָעִיר   יָהּ פִּי בְחִין אַפְעִיר   וְתַעַל לִי רַחֲמִים
מַפָאעִילֻן פַעְלֻן   מַפָאעִילֻן פַעְלֻן   פַעְלַאתֻן פַעְלֻן   מַפְעוּלֻן פַעְלֻן
בְּקָרְאִי אֵלֶיךָ   שְׁמַע כִּי עָלֶיךָ   יַעֲזֹב חֵלֶךָ   יָהּ צוּר עֹלָמִים
מַפְעוּלֻן מַפָאעִלֻן   מֻפְתַעִלֻן פַאעִלֻן   מַפְעוּלֻן פַאעִלֻן   מַפְעוּלֻן פַאעִלֻן
נָאוֹר מִמְּעוֹנְךָ   אַל תַּעֲלֵם עֵינְךָ   וּנְקֹם בִּימִינְךָ   אֵל מִמִּתְקוֹמְמִים
פַאעִלֻן פַעְלַאתֻן   מַפָאעִילֻן פַעְלֻן   מַפָאעִילֻן פַעְלֻן   [מַפָאעִילֻ פַעוּלֻן]
קָדְשְׁךָ הֶחֱרִיבוּ   וְאֹתִי הִסְחִיבוּ   לְרַגְלִי הִצִּיבוּ   מְצוֹדִים וַחֲרָמִים

פַעֻולֻן פַעְלֻן	פַעֻולֻן פַעְלֻן	מַפְעֻולֻן פַעְלֻן	מַפְעֻולֻן פַעֻולֻן
פְּאֵרְנוּ נִתְעָב	וְלִבֵּנוּ נִכְאָב	כִּי אֵין לָנוּ אָב	הָיִינוּ יְתֹמִים
מַפְעֻול פַעֻולֻן	מַפַאעִילֻן פַעְלֻן	[פַעֻולֻן מַפַאעִילֻן]	מֻסְתַפְעִלֻן פַאעִלֻן
רַדְנוּ לַחֲרָפוֹת	וְנֶהִי לִשְׂרֵפוֹת	בְּכַשִּׁיל וְכֵילַפּוֹת	בֵּית קָדְשְׁךָ הָלְמִים
מַפַאעִילֻן פַעְלֻן	מַפַאעִילֻן פַעְלֻן	מַפַאעִילֻן פַעְלֻן	[מַפַאעִילֻן פַעֻולֻן]
וְנֶהִי בָאִיִּים	נְפוּצִים וּבְזוּיִים	וּמָשָׁל בַּגּוֹיִם	מְנוֹד רֹאשׁ בַּלְאֻמִּים
פַאעִלֻן מַפְעֻולֻן	מַפַאעִילֻן פַעְלֻן	מַפַאעִילֻן פַעְלֻן	מֻסְתַפְעִלֻן פַעְלֻן
נוֹעֲצוּ גַּם רָגְשׁוּ	וְעַל גַּבִּי חָרְשׁוּ	וְעָלַי יִתְלַחֲשׁוּ	לֵילוֹת וְגַם יָמִים
מַפַאעִלֻן פַעְלֻן	מַפַאעִילֻן פַעְלֻן	מַפְעֻולֻן פַעְלֻן	מַפְעֻולֻן פַעְלֻן
שְׂשְׂנְךָ לִי הָשֵׁב	וְשַׁוְעָתִי הָקְשֵׁב	אֵל מֶלֶךְ יֹשֵׁב	עַל כִּסֵּא רַחֲמִים

'I remain afraid of (Deut. 9.19) / the Creator of the heavens / I cannot find words / my lips are mute;
Young and dejected / I will benefit from Your favour / like the friendly old man / upright in his ways;
I hope for Your mercy / with a firm heart / I will not keep talking / for I am young in years (Job 32.6).
I begin my prayer / with the permission of the great and small / Lord! I open my pleading mouth / take pity on me
When I beseech You / listen to me, because in You / the poor commit themselves unto You / Lord, eternal Rock!
Full of light! from Your abode / do not hide Your eyes / avenge Yourself with Your right hand / God! of Your adversaries.
They have destroyed Your Sanctuary / they have dragged me / on my feet they have put / snares and nets (Eccl. 7.26).
Our honour is sullied / our heart, ill / because we have no father / we have been orphaned.
They distress and humiliate us / they take us to the bonfire / with axes and hammers (Ps. 74.6) / they tear down Your Sanctuary.

In every country / scattered and scorned / they mock us /
a shaking of the head amongst the people (Ps. 44.15);
They conspire and lash out / they plough over my sword
/ night and day / they whisper against me.
Return Your joy to me / and hear my prayer! / God!,
King seated / upon the throne of mercy.'

5.0. Hybrid Compositions

In the field of religious poetry, the Hebrew poets developed hybrid strophic forms in which they combined all the free uses of modifications associated with *musammaṭ* with some strophic structures that changed in each segment. This technique appears to have been prompted by the insertion of biblical citations that spawned the composition and gave it its theme, as if they were a biblical *ḫarǧa*.

The following example (Brody and Albrecht 1906, 52) is one of the most famous religious poems by any Andalusi Hebrew poet and is in fact still recited to this day. It is a strophic composition by the poet Judah ibn Bilʿam (with an acrostic signature), in *hazaǧ maǧzūʾ* metre, in which both the two types of *ḍarb* accepted by this metre (מַפַאעִילֻן and פַעוּלֻן) are used. The filling feet appear with all the modifications permitted by the classical rules: *kaff* (מַפַאעִילֻן → מַפַאעִילֻ), *qabḍ* (מַפַאעִילֻן → מַפַאעִלֻן), *ḫarm* (מַפַאעִילֻן → מַפְעוּלֻן), *ḫarb* (מַפַאעִילֻן → מַפְעוּלֻ), and *šitr* (מַפַאעִילֻן → פַאעִלֻן). The introduction of the biblical passage at the end of the last strophe (*pizmon*) can produce alterations in the metre. I have not scanned the biblical citations.

In any event, what is important in this case is the strophic structure. The poem is made up of five verses of four segments whose rhyme appears to be *aaaa bbba ccca ddda eeea*; as can be seen, the first original monorhyme verse gives rise to four others with a *musammaṭ* form. In the second and third verses, furthermore, the poet even seems to be trying out a type of internal rhyme between the first hemistichs.

מַפָאעִילֻן מַפְעוּלֻן   מַפָאעִילֻן פַעוּלֻן
בְּזָכְרִי עַל מִשְׁכָּבִי   זְדוֹן לִבִּי וְאַשְׁמָיו
מַפָאעִילֻן מַפָאעִילֻן   מַפָאעִילֻן מַפְעוּלֻן
וְאָקוּמָה וְאָבוֹאָה   לְבֵית אֵלִי וַהֲדֹמָיו
מַפָאעֲלֻן מַפָאעֲלֻן מַפְעוּלֻ מַפְעוּלֻן מַפָאעִילֻן
וְאֹמְרָה בְּנֶשְׂאִי עַיִן בְּתַחֲנוּנִים אֱלֵי שָׁמָיו   נִפְּלָה־נָּא בְיַד־יי כִּי־רַבִּים רַחֲמָיו

מַפָאעִילֻן מַפָאעִילֻן   מַפָאעִילֻן מַפָאעִילֻן
לְךָ אֵלִי [וְ]צוּר חֵילִי   מְנֻסָתִי בְּצָרָתִי
מַפָאעִילֻן מַפָאעִילֻן   מַפָאעִילֻן מַפָאעִילֻן
בְּךָ שִׂבְרִי וְתִקְוָתִי   אֱיָלוּתִי בְּגָלוּתִי
מַפָאעִילֻן מַפָאעִילֻן   מַפָאעִילֻן מַפְעוּלֻן
לְךָ כָּל מִשְׁאֲלוֹת לִבִּי   וְעֶרֶךְ כָּל תַּאֲוָתִי
מַפָאעִילֻן מַפָאעִילֻן
פְּדֵה עֶבֶד לְךָ צֹעֵק מִיַּד רֹדְיו וְקָמָיו   נִפְּלָה־נָּא בְיַד־יי כִּי־רַבִּים רַחֲמָיו

מַפָאעִילֻן מַפְעוּלֻן
עֲנֵנִי יי עֲנֵנִי   בְּקָרְאִי מִן הַמֵּצַר
מַפָאעִילֻן מַפָאעִילֻן   מַפְעוּלֻן מַפְעוּלֻן
וְאַל תִּבְזֶה עֱנוּת עָנִי   צֹעֵק מִתְּגְרַת צָר
מַפָאעִילֻן מַפָאעִילֻן   פַאעֲלֻן מַפְעוּלֻן
וְיִוָּדַע בְּעַמִּים כִּי   יָדְךָ לֹא תִקְצַר

מַפָאעִיל מַפָאעִילֻן מַפָאעִילֻן

וְיִשַּׁר מַעֲוֶה מוֹדֶה וּמִתְוַדֶּה עַל עֲלָמָיו   נִפְּלָה־נָּא בְיַד־יי כִּי־רַבִּים רַחֲמָיו

מַפָאעִילֻן   פְעוּלֻן מַפָאעִילֻן

מַה־יִּתְאוֹנֵן וְיֹאמַר   מַה יְדַבֵּר וְיִצְטַדָּק

מַפָאעִילֻן מַפָאעִילֻן   מַפָאעִילֻן מַפָאעִילֻן

יְצִיר חֹמֶר אֲשֶׁר נֶחְשָׁב   גְּוִיָּתוֹ כְּאָבָק דַּק

מַפְעוּלֻן   פָאעִלֻן מַפָאעִילֻן

מַה־יִּתֵּן לְךָ אָדָם אִם   יִרְשַׁע וְאִם יִצְדַּק

מַפָאעִילֻן מַפָאעִילֻן מַפָאעִילֻן מַפ

הֲלֹא מִלָּיו וּמִפְעָלָיו כְּתוּבִים בְּמִסְפַּר יָמָיו   נִפְּלָה־נָּא בְיַד־יי כִּי־רַבִּים רַחֲמָיו

מַפָאעִילֻן מַפָאעִילֻן   מַפָאעִילֻן מַפָאעִילֻן

חֲצוֹת לַיְלָה לְךָ קָמוּ   עֲבָדֶיךָ בְּמַהֲלָלָם

מַפָאעִילֻן מַפָאעִילֻן   מַפָאעִילֻן מַפָאעִילֻן

זְכוּת אָבוֹת זְכֹר לָהֶם   וְאַל תֵּפֶן לְמַעְלָלָם

מַפָאעִילֻן מַפָאעִילֻן   מַפָאעִילֻן מַפָאעִילֻן

קְדוֹשׁ יַעְקֹב רְאֵה עָנְיָם   וְאַל תַּמוֹד כְּמִפְעָלָם

מַפָאעִילֻן מַפְעוּלֻן מַפְעוּלֻן מַפְעוּלֻן

וְהִנָּשֵׂא אֵל עֹשֶׂה הַשָּׁלוֹם בִּמְרוֹמָיו   נִפְּלָה־נָּא בְיַד־יי כִּי־רַבִּים רַחֲמָיו

'Upon remembering on my bed / the arrogance of my heart and its sins / I rise and go / to the temple of my Lord and his chambers. / I say when I lift my eyes in prayer to the heavens || *let us now fall into the hands of the Lord, for his mercies are great* (2 Sam. 24.14).

To You, my God, Rock of my strength / my refuge in my anguish. / In You, my trust, my hope / my energy in my exile / To You, all the requests of my heart / and all my desires are presented. / Redeem your servant who yells out from his accusers and enemies soon || *let us now fall into the hands of the Lord, for his mercies are great* (2 Sam. 24.14).

> Hear me, Oh Lord, hear me (1 Kgs 18.37) / when I plead from my predicament. / Do not scorn the wretchedness of the wretched / who yells from the fury of anguish. / The peoples know that / Your hand is not short / and he who wrested justice, recognizes and accepts his faults || *let us now fall into the hands of the Lord, for his mercies are great* (2 Sam. 24.14).
> Wherefore doth a living man complain (Lam. 3.39) and affirm, / what he is going to say and justify. / Mud work lacking value, / his body is like fine dust. / What shall be given unto thee (Ps. 120.3), man / if the work is bad or it is just. / Perhaps these are not his words and acts recorded in the count of his days || *let us now fall into the hands of the Lord, for his mercies are great* (2 Sam. 24.14).
> At midnight / your servants arose with their praise. / The purity of the patriarchs, remember them, / and do not look at their bad deeds. / Holy One of Jacob, look at his misery / and do not judge them by their acts. / Exalted be God who makes peace on high || *let us now fall into the hands of the Lord, for his mercies are great* (2 Sam. 24.14).

Something similar occurs in the poem by Judah Halevi, *musammaṭ murrabaʿ* in *mutaqārib* metre, discussed earlier in the section on *musammaṭ* (Brody 1894, II:176). The poet describes a storm at sea, closing every strophe (or verse) with Psalm 139.7. This verse may even determine the metre of the poem, since it can be scanned correctly as *mutaqārib*, with modifications characteristic of the metre, which the poet applies throughout the composition (אָנָה אֵלֵךְ מֵרוּחֶךָ וְאָנָה מִפָּנֶיךָ אֶבְרָח: → פַאעֻל פַאעִל פַאעֻל פַאעִל פַעֻולֻן פַאעֻל). The metre is ambiguous, because it also uses modifications typical of *mutadārak*, but the predominance of the פַעֻולֻן foot confirms that this is indeed *mutaqārib*. The filling feet are modified with *qabḍ* (פַעֻולֻן → פַעֻולֻ) and *ṯalm* (פַעֻולֻן →

פַאעְל), as in *mutaqārib*. However, they also appear modified with *ḫabn* (פַאעִלֻן → פַעִלֻן), and even, at the end of the poem, with syllables added to the beginning using *ḫazm* (פַאעְל → מַפְעוּלֻן), both modifications that are characteristic of *mutadārak*. Nevertheless, it does not seem that the high number of פַעוּלֻן feet is the result of extending the modified *mutadārak* foot with *ḫazm* (פַאעְל → פַעוּלֻן); rather, this foot marks the poem's metre.

Altogether, this composition is made up of five large blocks that are structured and rhymed in an unusual and experimental way. Each block begins with a letter of the name of the author (יְהוּדָה) and each is made up of six verses plus a refrain, or *pizmon*, which always finishes with the biblical citation (Psalm 139.7). The first strophe maintains the rhyme of the passage in Psalms, i.e., /aaaaaa a/, while the others have their own internal rhyme, only recovering the rhyme of the biblical citation at the end, as if this were *musammaṭ*, i.e., /bbbbbb aa/, /cccccc aa/, /dddddd aa/, /eeeeee aa/:

פַאעְל פַעוּלֻן   פַאעְל פַעוּלֻן   פַעוּלֻן פַעוּלֻן   פַאעְל פַאעְל
יוֹעֵץ וּמֵקִים   בִּמְרוֹם שְׁחָקִים   וְעַל יָם רְחוֹקִים   צִדְקוֹ סָרָח
פַעוּלֻן פַאעְל   פַעוּלֻן פַעוּלֻן   פַאעְל פַאעְל   פַעוּלֻן פַאעְל
לֹא לְאִישׁ דַּרְכּוֹ   וְאִם אֵין כְּמִלְכּוֹ   שֶׁקֶר נִסְכּוֹ   וְלָרִיק יִטְרָח
פַאעְל פַאעְל   פַאעְל פַעְלֻן   פַעְלֻן פַעוּלֻן   פַאעְל פַאעְל
עוֹלֶה מִבּוֹר   יוֹם רָץ לַעֲבֹר   יָם וְשָׂשׂ כְּגִבּוֹר   לָרוּץ אֹרַח
פַאעְל פַאעְל   פַאעְל פַעוּלֻן   פַעוּלֻן פַאעְל   פַעוּלֻן פַאעְל
חֶטְאוֹ עִקֵּשׁ   דַּרְכּוֹ בְּמוֹקֵשׁ   וּמַעֲרָב בִּקֵּשׁ   וְהִנֵּה מִזְרַח
פַאעְל פַאעְל   פַעוּלֻן פַעוּלֻן   פַעוּלֻן פַאעְל   פַעוּלֻן פַעוּלֻן
יָדַע כִּי לֹא   בְּכֹחוֹ וְשִׂכְלוֹ   יַעֲמִיד דִּגְלוֹ   וְיִסַּע וְיֶאֱרַח

פַאעֵל פַעוּלֵן   פַעוּלֵן פַעוּלֵן   פַעוּלֵן פַעוּלֵן   פַאעֵל פַאעֵל
אָז שָׁב וְהוֹדָה   בְּנֶפֶשׁ חֲרֵדָה   וּמֵרֹב עֲבוֹדָה   קוֹל מַר יִצְרַח
אָנָה אֵלֵךְ מֵרוּחֶךָ וְאָנָה מִפָּנֶיךָ אֶבְרָח:

פַאעֵל פַאעֵל   פַעוּלֵן פַאעֵל   פַעוּלֵן פַעוּלֵן   פַאעֲלֵן פַאעֵל
הָמוּ גַּלִּים   בְּרוּץ גַּלְגַּלִּים   וְעָבִים וְקַלִּים   עַל פְּנֵי הַיָּם
פַאעֵל פַאעֵל   פַאעֲלֵן פַאעֵל   פַעוּלֵן פַעוּלֵן   פַעוּלֵן פַאעֵל
קָדְרוּ שָׁמָיו   יֶחְמְרוּ מֵימָיו   וְעָלוּ תְהוֹמָיו   וְנָשְׂאוּ דָכְיָם
פַעוּלֵן פַאעֵל   פַעוּלֵן פַאעֵל   פַעוּלֵן פַאעֵל   פַעֲלֵן פַאעֵל
וְסִיר יַרְתִּיחַ   וְקוֹל יַצְרִיחַ   וְאֵין מַשְׁבִּיחַ   לַהֲמוֹן קָשְׁיָם
פַעוּלֵ פַאעֵל   פַאעֲלֵן פַעוּלֵן   פַאעֵל פַעוּלֵן   פַעוּלֵן פַאעֵל
וְרָפוּ חֲזָקִים   נֶחְלְקוּ אֲפִיקִים   חֶצְיָם עֲמֻקִּים   וְהָרִים חֶצְיָם
פַאעֲלֵן פַאעֵל   פַאעֵל פַעוּלֵן   פַעוּלֵן פַאעֵל   פַעוּלֵן פַאעֵל
הַאֲנִי חוֹלָה   יֹרְדָה וְעוֹלָה   וְעַיִן תּוֹלָה   לְחֹבְלִים אַיָּם
פַעוּלֵן פַאעֵל   פַעוּלֵן פַעוּלֵן   פַעוּלֵן פַאעֵל   פַעֲלֵן פַעוּלֵן
וְלִבִּי מַחְשֶׁה   אֲקַוֶּה לְמַמְשֶׁה   כְּבַעַל יַד מֹשֶׁה   אַהֲרֹן וּמִרְיָם
פַאעֵל פַעוּלֵן   פַאעֵל פַעוּלֵן   פַאעֵל פַעוּלֵן   פַאעֵל פַאעֵל
אֶקְרָא אֲדֹנָי   אִירָא עֲוֹנָי   פֶּן תַּחֲנוּנַי   יִהְיוּ טֹרַח
אָנָה אֵלֵךְ מֵרוּחֶךָ וְאָנָה מִפָּנֶיךָ אֶבְרָח:

פַעוּלֵן פַאעֵל   פַעוּלֵן פַעוּלֵן   פַעוּלֵן פַעוּלֵן   פַאעֵל פַעוּלֵן
וְיָם מִתְרוֹצֵץ   וְקָדִים יְפוֹצֵץ   אֲרָזִים וְיָפֵץ   רוּחַ קְצָפָיו
פַאעֵל פַעוּלֵן   פַעוּלֵן פַאעֵל   פַעוּלֵן פַאעֵל   פַאעֵל פַעוּלֵן
שָׁחָה קַרְנָם   וְנִבְהַל סַרְנָם   וְנִלְאָה תָרְנָם   לִפְרֹשׂ כְּנָפָיו
פַאעֵל פַעוּלֵן   פַעוּלֵן פַאעֵל   פַעוּלֵן פַאעֵל   פַעוּלֵן פַעוּלֵן
יִרְתַּח בְּלִי אֵשׁ   וְלֵב מִתְיָאֵשׁ   בְּעֵת הִתְבָּאֵשׁ   בְּמָשׁוֹט מְנִיפָיו
פַאעֵל פַאעֵל   פַעוּלֵן פַאעֵל   פַעוּלֵן פַאעֵל   פַעוּלֵן פַאעֵל
דַּלִּים מֹשְׁלָיו   וְנִרְפִּים סֹבְלָיו   וּבֹעֲרִים חֹבְלָיו   וְעִוְרִים צוֹפָיו
פַאעֲלֵן פַעוּלֵן   פַעוּלֵן פַעוּלֵן   פַעוּלֵן פַאעֵל   פַאעֵל פַעוּלֵן
הַאֲנִי כְּשִׁכּוֹר   יִתְעַתַּע וְיַחְכֹּר   בְּלִי הוֹן יִמְכּוֹר   שִׁכְנִי כְּתֵפָיו

פְּעוּלְן פְּאעַל   פְּעוּלְן פְּאעַל   פְּאעַל פְּעוּלְן   פְּעוּלְן פְּעוּלְן
וְזֶה לִוְיָתָן   בְּעַד יָם אֵיתָן   יַקְדִּישׁ כְּחָתָן   לְמִשְׁתֶּה אֲסוּפָיו
פְּעוּלְן פְּאעַל   פְּעַלְן פְּאעַל   פְּעוּלְן פְּאעַל   פְּעוּלְן פְּאעַל
וְיָד אֶקְיָנוֹס   תְּאֱהַב לִכְנוֹס   וְאָבַד מָנוֹס   וְאֶפֶס מִבְרָח
אָנָה אֵלֵךְ מֵרוּחֶךָ וְאָנָה מִפָּנֶיךָ אֶבְרָח:

פְּאעַל פְּאעַל   פְּאעַל פְּעוּלְן   פְּעוּל פְּעוּלְן   פְּאעַל פְּאעַל
דַּלּוּ עֵינַי   נֶגְדְּךָ אֲדֹנָי   וְאֶת תַּחֲנוּנַי   שַׁי אָשִׁיבָה
פְּעַלְן פְּעוּלְן   פְּעוּלְן פְּאעַל   פְּעוּלְן פְּעוּלְן   פְּעוּלְן פְּאעַל
אֶחֱרַד לְעִתַּי   וְאֶרְגַּז תַּחְתַּי   וְקוֹל בֶּן אֲמִתַּי   לְךָ אַקְרִיבָה
פְּעוּלְן פְּאעַל   פְּעוּלְן פְּאעַל   פְּאעַל פְּעוּלְן   פְּאעַל פְּאעַל
בְּזָכְרִי יָם סוּף   אֲשֶׁר לֹא יָסוּף   עָרֵב וְכָסוּף   שִׁיר אֵיטִיבָה
פְּעוּלְן פְּאעַל   פְּאעַל פְּאעַל   פְּאעַל פְּעוּלְן   פְּאעַל פְּאעַל
וְנוֹרְאוֹת יַרְדֵּן   בָּם אֶתְעַדֵּן   וּכְמוֹ בְעֵדֶן   לֵב אַרְחִיבָה
פְּעוּלְן פְּאעַל   פְּעוּלְן פְּעוּלְן   פְּאעַל פְּעוּלְן   פְּעוּלְן פְּעוּלְן
לְמַמְתִּיק מָרָה   וְהוֹפֵךְ לְעֶזְרָה   יוֹם אַף וְעֶבְרָה   וְיוֹם מֵי מְרִיבָה
פְּעוּלְן פְּאעַל   פְּעוּלְן פְּאעַל   פְּאעַל פְּעוּלְן   פְּאעַל פְּעוּלְן
וְהָעֵינַיִם   לְאֵל שָׁמַיִם   נוֹתֵן בְּמַיִם   עַזִּים נְתִיבָה
פְּאעַל פְּאעַל   פְּאעַל פְּאעַל   פְּעוּלְן פְּאעַל   פְּאעַל פְּאעַל
חֹם אַדְמָתוֹ   מֵחַמָּתוֹ   וּמִנִּשְׁמָתוֹ   יִתֵּן קָרַח
אָנָה אֵלֵךְ מֵרוּחֶךָ וְאָנָה מִפָּנֶיךָ אֶבְרָח:

פְּאעַל פְּעוּלְן   פְּאעַל פְּעוּלְן   פְּעוּלְן פְּאעַל   פְּאעַלְן פְּאעַל
הֵשִׁיב חֲמָתוֹ   מִבֶּן אֲמָתוֹ   וְאֶת נִשְׁמָתוֹ   מִשְּׁאוֹל פָּדָה
פְּעוּלְן פְּעוּלְן   פְּעַלְן פְּעוּלְן   פְּאעַל פְּעוּלְן   פְּעוּלְן פְּעוּלְן
וְרָצוּ מְרוֹמוֹת   לַעֲשׂוֹת שְׁלוֹמוֹת   בֵּין הַתְּהוֹמוֹת   וְאֵין קוֹל חֲרָדָה
פְּעוּלְן פְּאעַל   פְּאעַל פְּעוּלְן   פְּעוּלְן פְּאעַל   פְּעוּלְן פְּעוּלְן
וּמֵימֵי קִנְאָה   הָפַךְ לְחֶמְאָה   וְסָרָה יִרְאָה   וְנָסָה קְפָדָה
פְּעוּלְן פְּעוּלְן   פְּעוּלְן פְּעַלְן   פְּאעַל פְּעוּלְן   פְּאעַל פְּעוּלְן
וְשָׁמְעוּ עֲגוּמִים   לְמַלְאַךְ רַחֲמִים   מִן הַמְּרוֹמִים   קוֹל הַצְּעָדָה

פַאעִל פַעוּלֻן   פַאעִל פַעוּלֻן   פַעוּלֻן פַעוּלֻן   פַאעִל פַאעִל
כָּכָה יְבֻשַּׂר   עִם קֵץ בְּמַאְסָר   וְיַד צָר וּמוּסָר   עָלָיו כָּבְדָה
פַעוּלֻן פַעוּלֻן   פַאעִל פַעוּלֻן   פַאעִל פַעוּלֻן   פַאעִל פַעוּלֻן
וְסֹעֲרָה עֲנִיָּה   דָּמְתָה אֳנִיָּה   תִּשְׁמַע שְׁנִיָּה   מִזְמוֹר לְתוֹדָה
פַעוּלֻן פַעוּלֻן   מַפְעוּלֻן פַעוּלֻן   פַאעִלֻן פַעוּלֻן   מַפְעוּלֻן פַאעִל
צְאִי בַּת אֱמוּנַי   מֵאֹפֶל עֲנָנַי   כִּי כְבוֹד יְיָ   עָלַיִךְ זָרַח
אָנָה אֵלֵךְ מֵרוּחֶךָ וְאָנָה מִפָּנֶיךָ אֶבְרָח:

'Whoever decides and executes / is in the highest Heavens / and over the faraway sea / His justice shines. | Man is not the master of his route, / rather it is by His rules, / his molten image is a lie / and he endeavours in vain. | From the well he rises / one day, he hastens to cross / the seas, he is pleased like an athlete / running his race. | His sin twists him; / there are traps along the way; / he asks for a west wind, / and the east wind blows on him. | He knows he will never / with his strengths and his understanding / raise his standard, / nor will he depart, nor follow his path. | He turns to give thanks / with a trembling soul / but out of exhaustion / he screams in a bitter voice: || *Whither shall I go from thy spirit? Whither shall I flee from thy presence?* (Ps. 139.7)
The waves roar / with the turning of wheels; / they are thick and insignificant / on the surface of the sea. | The heavens darken, / the waters redden, / the depths rise up, / their crests mount; | the eddies boil, / the clamour resounds, / with no one to subdue / the fierce din. | The strong weaken, / the waters cleave in two, / half are valleys, / the other half mountains. | The vessel, aching, / goes up and down, / eyes search for / the helmsmen, where are they. | My heart is at peace, / I wait upon the Saviour, / as in the hands of Moses, / Aaron and Miriam.

| I invoke my Lord, / I fear for my faults, / that my entreaties will not / be a burden. || *Whither shall I go from thy spirit? Whither shall I flee from thy presence?* (Ps. 139.7)
The sea grows rough / and intensifies, it creaks / the masts and / the wind splatters its foam. | Their pride is vanquished, / their captain panics, / the mast is sapped / from unfurling the sails. | It boils without fire, / the heart despairs, / while irritated by / the oar of its rowers. | Its pilots falter, / the crew is drained, / its sailors dazed, / the watch blinded. | The boat, like a drunkard / who staggers and sneers / peddles for free / to those who dwell inside. | There is Leviathan, / powerful in the boundless seas / reciting the Kaddish like a bridegroom / to the banquet guests. | The hand of the ocean / wants to bring them in. / No refuge remains / nor escape route. || *Whither shall I go from thy spirit? Whither shall I flee from thy presence?* (Ps. 139.7)
My eyes blur / before You, Lord / my supplications / like an offering I present. | I fear for my life, / I tremble underfoot. / The cry of the son of Amittai / I offer to You. | Remembering the Red Sea / which is never forgotten, / with pleasure and passion / I write a poem; | the miracles of the Jordan / with them I am satisfied / and as in Eden / I widen my heart | to whoever sweetens the bitterness, / who comes to the aid / on a day of rage and irritation / and the day of the waters of Meribah. | Both eyes / on the God of the Heavens / who opens a way / in the rough waters. | The heat of His Earth / comes from His rage / and with His breath / He gives us ice. || *Whither shall I go from thy spirit? Whither shall I flee from thy presence?* (Ps. 139.7)
He withdrew his rage / from the son of His slave girl / and his soul / saved from Sheol. | The heights wanted / to make peace / with the abysses / and the terrified

scream ceased. | The jealous waters / He made tallow / the fear dispersed / and the anguish concluded. | The afflicted heard / the angel of mercy, / from on high, / the sound of footfalls. | Thus the good news shall be given / to the people oppressed in captivity / with the hostile hand and castigation / weighing on them. | She who is roughed up and humiliated / is like the vessel, / she will once again hear / a song of thanksgiving. | Go out, daughter of my faithful, / of my tenebrous clouds, / because the glory of the Lord / towers over you. || *Whither shall I go from thy spirit? Whither shall I flee from thy presence?* (Ps. 139.7)'

REFERENCES

ʿAbbās, Iḥsān (ed.). 1968–1972. *Wafayāt alʾaʿyān waʾanbāʾ abnāʿ azzamān*. Beirut: Dār ṣādir.

——— (ed.). 1978. *Aḏḏaḫīra fī maḥasin ahl alğazīrah taʾalīf Abīlḥasan ʿAlī ibn Bassām aššantarīnī*. Beirut: Dār aṯṯaqāfah.

——— (ed.). 1993. *Muʿğam alʾudabāʾ taʾlif Yāqūt Alḥamawī Arrūmī*. Beirut: Dār alġarb alʾislāmī.

ʿAbdallāh, Alḥassānī Ḥasan (ed.). 1966. *Kitāb Alkāfī fī alʿarūḍ walqawāfī lilḫaṭīb Attibrīzī*. Cairo: Maktabat alkhānjī.

Alahmad Alkhalaf, Ahmad, and José Martínez Delgado (eds and trans). 2018. *Risālat al-taqrīb wa-l-tashīl de Abū l-Walīd Marwān ibn Ğanāḥ de Córdoba*. Madrid: Editorial Sindéresis.

Alhāšimī, Aḥmad. 2006. *Mīzān aḏḏahab fī ṣināʿat šiʿr alʿArab yaštamil ʿalā funūn aššiʿr alḫamsat ʿašar*. Edited by ʿAlāʾ Addīn ʿAṭīyah. Damascus: Dār albayrūtī.

Almarzubānī, Abū ʿUbaidallāh—see Sellheim 1964.

Álvarez Sanz y Tubau, Emilio. 1919. *Tratado de la Poesía Árabe*. Tetuán: La Papelera Africana.

Alyaġmūrī, Ḥāfiẓ—see Sellheim 1964.

Amīn, Aḥmad, Aḥmad Zayn, and Ibrāhīm Ibyārī (eds). 1948. *Ibn ʿAbdrabbihi, Kitāb alʿiqd alfarīd*, vol. 5. Cairo: Lağnat attaʾlīf wat-tarğama wannašr.

Arrabaʿī Annaḥwī, Abī Alḥasan ʿAlī ibn ʿĪsā—see Badrān 2000.

Arrūmī, Yāqūt Alḥamawī—see ʿAbbās 1993.

ʿAtīq, ʿAbd Alʿazīz. 1987. *ʿIlm alʿarūḍ walqāfiya*. Beirut: Dār an-nahḍa alʿarabīya.

Badrān, Muḥammad Abū Alfaḍl (ed.). 2000. *Kitāb Alʿarūḍ taʾlīf Abī Alḥasan ʿAlī ibn ʿĪsā Arrabaʿī Annaḥwī*. Beirut: Almaʿhad Alʾalmānī lilʾabḥāṯ Aššarqīyah; Berlin: Alkitāb alʿArab.

Baḥrāwī, Sayyid (ed.). 2007?. *Alaḫfaš Alawsaṭ, Kitāb alʿarūḍ lilʾAḫfaš*. Cairo.

Ben Labrat, Dunaš—see Sáenz-Badillos 1980.

Ben Othman, Muḥammad ben Ḥasan. 2004. *Almuršid Alwāfī fi-lʿurūḍ walqawāfī*. Beirut: Dār alkutub alʿilmīya.

Brody, Ḥayyim (ed.). 1894. דיואן והוא ספר כולל כל שירי יהודה בן שמואל הלוי. Berlin: Itzkowski.

———. 1895. *Studien zu den Dichtungen Jehuda ha-Levis. i. Über die Metra der Versgedichte*. Berlin: Itzkowski.

——— (ed.). 1935. משה אבן עזרא שירי החול. Berlin: Schocken Institute.

———. 1936. 'משירי משה הכהן אבן ג̇קטילה'. *Studies of the Research Institute for Hebrew Poetry* 3: 66–90.

———. 1937. 'על משקל הערבי בשירת העברית'. In ספר היובל לשמואל קראוס, edited by S. Klein, 117–26. Jerusalem: Rubin Mass.

Brody, Ḥayyim, and Karl Albrecht (eds.). 1906. שער השיר: *The New-Hebrew School of Poets of the Spanish-Arabian Epoch*. London: Williams & Norgate; New York: Lemcke & Buechner.

Brody, Ḥayyim, and Ḥayyim Schirmann. 1974. שירי החול שלמה אבן גבירול. Jerusalem: Schocken Institute.

Cano Pérez, María José. 1987. *Selomoh ibn Gabirol, Poemas*. Granada: Universidad de Granada.

Cohen, Mark R. 1999. 'What was the Pact of ʿUmar? A Literary-Historical Study'. *Jerusalem Studies in Arabic and Islam* 23: 100–57.

Corriente, Federico. 1982. 'The Metres of the Muwaššaḥ, an Andalusian Adaptation of ʿArūḍ (a Bridging Hypothesis)'. *Journal of Arabic Literature* 13: 76–82.

———. 1986. 'Again on the Metrical System of Muwaššaḥ and Zajal'. *Journal of Arabic Literature* 17: 34–49.

———. 1997. *Poesía dialectal árabe y romance en Alandalús: cejeles y xarajāt de muwaššaḥāt*. Madrid: Gredos.

——— (ed.). 2013. *Dīwān Ibn Quzmān Alqurṭubī (iṣābat alʾaġrāḍ fī ḏikr alʾarāḍ)*. Rabat: Dār Abī Raqrāq lit-tibāʿah wan-našr.

David, Jonah (ed.). 1982. שירי יוסף אבן צדיק. New York: American Academy for Jewish Research.

Delgado León, Feliciano. 1996. *Álvaro de Córdoba y la polémica contra el Islam: El indiculus luminosus*. Córdoba: Cajasur, Obra Social y Cultural.

Elizur, Shulamit. 2010. 'חידושים בחקר השירה והפיוט. ב. שירת החול העברית בספרד'. In *The Cairo Geniza Collection in Geneva: Catalogue and Studies*, edited by David Rosenthal, 176–207. Jerusalem: Magnes Press.

Farhūd, Ḥasan Shādhilī (ed.). 1972. *Kitāb alʿarūḍ taʾlīf ʾAbī Alfatḥ ʿUṯmān ibn Ǧinnī*. Beirut: Maṭābīʿ dār alqalam.

Farraǧ, ʿAbdassitār Aḥmad (ed.). 1968. *Ṭabaqāt aššuʿarāʾ*. Cairo: Dār almaʿarif.

Fleischer, Ezra. 1980. 'Contributions hébraïques à une meilleure compréhension de quelques aspects de la poésie européenne du haut moyen age'. *Settimane di Studio del Centro Italiano di Studi sull'Alto Medio Evo* 26: 815–66.

———. 1988. 'לקדמוניות שירתנו בספרד: עיון בשירים של רבי מנחם בן סרוק'. *Asufot* 2: 227–269. Reedited in Ezra Fleischer. 2010. *Hebrew Poetry in Spain and Communities under its Influence*. Edited by Shulamit Elizur and Tova Beeri, I:33–46. Jerusalem: Ben-Zvi Institute and Hebrew University of Jerusalem.

Frolov, Dimitry. 2000. *Classical Arabic Verse: History and Theory of ʿArūḍ*. Leiden, Boston, Köln: Brill.

Ghazi, Sayyid. 1979. *Fī uṣūl attawšīḥ*. Alexandria: Dār alma'ārif.

Halevi, Judah—see Brody 1894.

Hanagid, Samuel—see Jarden 1982; 1992; Sáenz-Badillos and Targarona 1988; 1998.

Ḫaṭīb Attibrīzī—see ʿAbdallāh 1966.

Iamblichus—see Taylor, Thomas 2020.

Ibn ʿAbdrabbihi—see Amīn et al. 1948.

Ibn Almuʿtazz—see Farrağ 1968.

Ibn Altabban, Levi—see Pagis 1967.

Ibn Bassām, Abīlḥasan ʿAlī—see ʿAbbās 1978.

Ibn Ezra, Moses—see Brody 1935.

Ibn Gabirol, Solomon—see Brody and Schirmann 1974; Jarden 1975; 1984.

Ibn Ğanāḥ, Abū l-Walīd Marwān—see Alahmad Alkhalaf and Martínez Delgado 2018.

Ibn Ğinnī, ʾAbī Alfatḥ ʿUṯmān—see Farhūd 1972.

Ibn Ḫallikān, Aḥmad—see ʿAbbās 1968–1972.

Ibn Ḥayyān, Ḥayyān—see Makkī and Corriente 2001.

Ibn Khalfun, Isaac—see Mirsky 1961.

Ibn Quzmān Alqurṭubī—see Corriente 2013.

Ibn Saddik, Joseph—see David 1982.

Jarden, Dov (ed.). 1975. *The Secular Poetry of Rabbi Solomon ibn Gabirol, Volume One*. Jerusalem: Jarden.

——— (ed.). 1982. *The Collected Poetry of Samuel the Prince, 993–1056, Volume Two: The Son of Proverbs*. Jerusalem: Jarden.

——— (ed.). 1984. *The Secular Poetry of Rabbi Solomon ibn Gabirol, Volume Two*. Jerusalem: Jarden.

——— (ed.). 1992. *The Collected Poetry of Samuel the Prince, 993–1056, Volume Three: The Son of Ecclesiastes*. Jerusalem: Jarden.

Jones, William. 1777. *Poeseos asiaticae commentariorum libri sex*. Leipzig: Haeredes Weidmanni et Reichium.

Jones, Alan. 1981–1982. 'Sunbeams from Cucumbers? An Arabist's Assessment of the State of Kharja Studies'. *La Corónica* 10: 38–53.

Lirola Delgado, Jorge, and José Miguel Puerta Vílchez (eds). 2004–2013. *Enciclopedia de la Cultura Andalusí: Biblioteca de al-Andalus*. Almería: Fundación Ibn Tufayl de estudios árabes.

Makkī, Maḥmūd ʿAlī, and Federico Corriente (trans). 2001. *Ibn Ḥayyān: Crónica de los emires Alḥakam I y Abderraḥmān II entre los años 796 y 847 (Almuqtabis II-1)*. Zaragoza: Instituto de Estudios Islámicos y del Oriente Próximo.

Martínez Delgado, José. 2017. *Un manual judeo-árabe de métrica hebrea andalusí (Kitāb ʿarūḍ al-šiʿr al-ʿibrī) de la Genizah de*

El Cairo: Fragmentos de las colecciones Firkovich y Taylor-Schechter. Córdoba: UCO Press CNERU-CSIC.

———. 2020. 'The Prosodic Models of Andalusi Hebrew Metrics'. In *Studies in Semitic Vocalisation and Reading Traditions*, edited by Aaron D. Hornkohl and Geoffrey Khan, 617–56. Cambridge: Open Book Publishers.

———. Forthcoming. 'The Use of Fāṣila among Andalusi Hebrew Poets: A Proposed Scansion'. *Festschriften Prof. Joshua Blau*.

Mirsky, Aharon. 1961. *Šire R. Yiṣḥaq ibn Ḵalfun*. Jersualem: Bialik Institute.

Monroe, James T. 1985–1986. 'On Re-reading Ibn Bassām: "Lírica Románica" after the Arab Conquest'. *Revista del Instituto Egipcio de Estudios Islámicos en Madrid* 23: 121–47.

Qimḥi, Moše. 1546. מהלך שבילי הדעת. Venice: Bomberg.

Neubauer, Adolf (ed.). 1865. מלאכת השיר. Frankfurt am Main: Brönners Druckerei.

Pagis, Dan (ed.). 1967. *Poems of Levi ibn Altabban*. Jerusalem: Publications of the Israel Academy of Sciences and Humanities, Section of Humanities.

Sáenz-Badillos, Ángel (ed. and trans.). 1980. *Tešubot de Dunaš ben Labrat*. Granada: Universidad de Granada.

Sáenz-Badillos, Ángel, and Judit Targarona (eds and trans). 1988. *Semuel ha-Nagid: Poemas, I—Desde el Campo de Batalla, Granada 1038–1056*. Córdoba: Ediciones el Almendro.

——— (eds and trans). 1998. *Semuel ha-Nagid: Poemas, II—En la Corte de Granada*. Córdoba: Ediciones el Almendro.

Sánchez Sancha, Alcaén. 1984–1985. 'Introducción exegética a la métrica tradicional árabe'. *Awraq Yadida* 7–8: 47–173.

Schirmann, Jefim. 1954. השירה העברית בספרד ובפרובאנס. 2 vols. Jerusalem and Tel Aviv: Bialik Institute and Dvir.

Schoeler, Gregor. 1983. 'Ibn Quzmān's Metrik'. *Bibliotheca Orientalis* 40 (3–4): 311–22.

Sellheim, Rudolf (ed.). 1964. *Die Gelehrtenbiographien des Abū ʿUbaidallāh al-Marzubānī in der Rezension des Ḥāfiẓ al-Yaġmūrī, Teil 1: Text.* Wiesbaden: F. Steiner.

Stern, Samuel M. 1974. *Hispano-Arabic Strophic Poetry.* Edited by Leonard P. Harvey. Oxford: Clarendon Press.

Sobh, Mahmud. 2002. *Historia de la literatura árabe clásica.* Madrid: Cátedra.

Taylor, Thomas (trans.). 2020. *Iamblichus' Life of Pythagoras.* Project Gutenberg Ebook. https://www.gutenberg.org/files/63300/63300-h/63300-h.htm, accessed 20 November 2022.

Wright, William (trans. and ed.). 1995. *A Grammar of Arabic Language, Translated from the German of Caspari.* Cambridge: Cambridge University Press.

Yahalom, Yosef. 2001. *Judaeo-Arabic Poetics: Fragments of a Lost Treatise by Elazar ben Jacob of Baghdad.* Jerusalem: Ben Zvi Institute.

Yaʿqūb, Imīl. 1991. *Almuʿǧam almufaṣṣal fī ʿilm alʿarūḍ walqāfiya wafunūn aššiʿr.* Beirut: Dār alkutub alʿilmīya.

Yellin, David. 1939. 'The Metrical Forms in the Poetry of Shemuʾel Hannagid'. *Studies of the Research Institute for Hebrew Poetry in Jerusalem* 5: 181–208.

———. 1940. *Introduction to the Hebrew Poetry of the Spanish Period.* Jerusalem: Hebrew University.

TRANSCRIPTION GUIDE

Arabic

No hyphen is used between the definite article and name.

Consonants

Arabic	Judaeo-Arabic	Transcription
أ	א	’*
ب	ב	b
ت	ת	t
ث	ת̇	ṯ
ج	ג	ǧ
ح	ח	ḥ
خ	כ̇	ḫ
د	ד	d
ذ	ד̇	ḏ
ر	ר	r
ز	ז	z
س	ס	s
ش	ש	š
ص	צ	ṣ
ض	צ̇	ḍ
ط	ט	ṭ
ظ	ט̇	ẓ
ع	ע	‘
غ	ג	g
ف	פ	f
ق	ק	q
ك	כ	k
ل	ל	l
م	מ	m

ن	נ	n
ه	ה	h
و	ו	w
ي	י	y

*Initial *alif* is not represented.

Long Vowels

Arabic	Judaeo-Arabic	Transcription
ا	א	ā
و	ו	ū
ي	י	ī

Short Vowels

ḍamma	u
fatḥa	a
kasra	i

Hebrew

Consonants

א	ʾ*
בּ	b
ב	ḇ
ג	g
ד	d
ה	h
ו	w
ז	z
ח	ḥ
ט	ṭ
י	y
כּ	k

כ	ḵ
ל	l
מ	m
נ	n
ס	ś
ע	ʿ
פּ	p
פ	f
צ	ṣ
ק	q
ר	r
ש	š
ת	t

*Initial *alef* is not represented.

Of the *bgd kpt* set, only the fricatives *bkp* are distinguished with diacritics.

Vowels

Vowel length is only represented in the case of the simple vocalic *šĕwa'* and its compounds.

qameṣ, pataḥ	a
ṣere, segol	e
ḥireq	i
ḥolem	o
šureq, qibbuṣ	u
vocalic *šĕwa'*	ĕ
ḥaṭef pataḥ	ă
ḥaṭef segol	ĕ
ḥaṭef qameṣ	ŏ

GLOSSARY

ʿaḍb: the first letter of the *watid* is eliminated in the foot מַפַאעְלַתֻן.

ʿaǧz: last hemistich of the classical verse, traditionally known as *soger* in Hebrew.

ʿaql: the fifth consonant of the foot is eliminated when it is vocalised.

aqraʿ: ‘bald’—a *muwaššaḥ* is ‘bald’ when lacks a prelude (*maṭlaʿ*).

ʿaqṣ: *qaṣm* + *kaff*.

aʿraǧ: ‘lame’—one *qufl* segment of the *muwaššaḥ* is double, while the other is single.

ʿarūḍ: 1. the science that distinguishes good verses from bad, and identifies what modifications and irregularities affect them. 2. the last foot of the first hemistich (*ṣadr*) in a classical verse.

ʿaṣb: the vocalised fifth consonant of the foot remains quiescent.

baḥr (pl. *buḥūr*): metres (‘seas’), the specific measures to which a poet conforms his creation. The classical system attributes the following 15 metres to Alḫalīl: *ṭawīl, madīd, basīṭ, wāfir, kāmil, hazaǧ, raǧaz, ramal, sarīʿ, munsariḥ, ḫafīf, muḍāriʿ, muqtaḍab, muǧtaṯ*, and *mutaqārib*.

basīṭ: classical metre consisting of מֻסְתַפְעִלֻן פַאעִלֻן $\times 2$ in each hemistich.

batr: at the end of the foot, the *sabab ḫafīf* is eliminated (*ḥaḏf*), then the final quiescent consonant is eliminated, and the final vocalised consonant is left quiescent (*qaṭʿ*).

bayt (pl. *abyāt*): verse, or sequence of feet closing with a rhyme that must be repeated throughout the entire composition.

daff annafūs: variant of *mutadārak* consisting of פָּאעַל ×4 in each hemistich, also known in Arabic as *fiṭr almīzāb*, *muḥdaṯ*, *muḫtaraʿ*, *qarīb mutadārif*, or *šaqīq*, and in Hebrew as *mišqal hatĕnuʿot*.

daḫīl: vocalised letter placed between *taʾsīs* and *rawā*.

ḍarb: last foot of the last hemistich (*ʿağz*) in a classical verse.

dawr: 'round'—the first section of a *muwaššaḥ* verse.

delet: *ṣadr*.

dīwān: collection of poetry by a particular writer.

ḏū bayit: innovated metre consisting of פָּאעַל פְּעוּלִן מִתְפָּאעֲלִן פָּאעַל.

fāṣila ṣuġrā: sequence of three vocalised letters followed by a quiescent.

fāṣila kubrā: sequence of four vocalised letters followed by a quiescent.

fiṭr almīzāb: *daff annafūs*.

ğamm: *ʿaḍb* + *ʿaql*.

ġarīb: *mutaʾʾid*.

ġuṣn (pl. *aġṣān*): segments of the *muwaššaḥ* rounds (*dawr*), which have a variable rhyme throughout the composition.

ğuzʾ (pl. *ağzāʾ*): 1. metrical feet. 2. segments of a *muwaššaḥ* verse (both *ġuṣn* and *simṭ*).

ḫabb: variant of *mutadārak* consisting of פְּעָלִן ×4 in each hemistich.

ḫabl: *ḫabn* + *ṭayy*.

ḫabn: the second consonant of the foot is eliminated when it is quiescent.

ḥaḏḏ: the *watid mağmūʿ* is eliminated from the end of the foot.

ḥaḏf: the *sabab ḫafīf* is eliminated at the end of the foot.

ḥadw: the vowel that precedes *ridf*.

ḫafīf: classical metre consisting of פַאעִלַאתֻן מֻסְתַפְעִ לֻן פַאעִלַאתֻן × 1 in each hemistich.

ḫarğa (pl. *ḫarağāt*): a final refrain that closed and governed the structure of the *muwaššaḥ*, which can be found in dialectal Arabic, classical Arabic, Hebrew, or Romance.

ḫarb: *ḫarm* + *kaff*.

ḫarm: the first letter of the first foot is eliminated from each hemistich.

ḥašw: the 'filling feet' that precede the *ʿarūḍ* and *ḍarb* in a classical verse.

hazağ: classical metre consisting of מַפַאעִילֻן × 3 per hemistich.

ḫazl: *iḍmār* + *ṭayy*.

ḫazm: one letter—and in some cases even two—are added to the beginning of the verse.

ḫurūğ: a vocalised lengthening letter that follows a vocalised *heʾ waṣl*.

iḍmār: the second vocalised consonant of the foot remains quiescent.

iğāza: *rawī* is replaced by a corresponding consonant in the alphabet.

ikfāʾ: *rawī* is replaced by a consonant with the same articulation point.

ʿilāl: the feet that occupy the position corresponding to the *ʿarūḍ* and *ḍarb* undergo specific modifications, which must be preserved throughout the entire poem.

iqʿād: in one part of the *qasida*, one *ʿarūḍ* is used, and in another part, a different *ʿarūḍ* from the same metre (only occurs in the *kāmil* metre).

iqwāʾ: a *rawā* vowel (*mağrā*) that alternates between /u/ and /i/ in the same *qasida* is changed.

išbāʿ: the vowel of *daḫīl*.

iṣrāf: a *rawā* vowel (*mağrā*) that alternates between /a/ and /u/ in the same *qasida* is changed.

īṭāʾ: the word that carries the rhyme is repeated, retaining its form and meaning, throughout the *qasida*.

kāmil: classical metre consisting of מְתַפַאעִלֻן × 3 per hemistich.

kaff: the seventh consonant of the foot is eliminated when it is quiescent.

kašf: the seventh vocalised consonant of the foot is eliminated.

madīd: classical metre consisting of פַאעִלַאתֻן פַאעִלֻן × 2 in each hemistich.

mafrūq: infixes are added to the verses of a *muwaššaḥ* as metrical extensions.

mağrā: the vowel of *rawā*.

mağzūʾ: a verse that eliminates the final foot from both hemistichs.

makbūl: when the *ḍarb* in *rağaz* metre accepts the *ḫabn* modification.

manhūk: a verse that eliminates four feet and preserves only two, or four, depending on the metre.

marʾūs: prefixes are added to the verses of a *muwaššaḥ* as metrical extensions.

mašṭūr: a verse that eliminates a complete hemistich.

maṭlaʿ: prelude of a complete (*tāmm*) *muwaššaḥ*.

maʾutalaf: second metrical circle or sphere, which includes the classical *wāfir* and *kāmil* metres and the innovated *mutawafir* metre.

mišqal Dunaš: *mustaṭīl*.

mišqal hatĕnuʿot: *daff annafūs*.

muʿāraḍa: literary device consisting of sending a composition to another writer, who had to reproduce the metre and rhyme of the original composition in his response; in the case of a *muwaššaḥ*, the recipient had to use the same *ẖarǧa*.

muḍaffar: two stichs of a *muwaššaḥ* with at least one internal rhyme.

muḍāriʿ: classical metre consisting of מַפַאעִילֻן פַאעִ לַאתֻן מַפַאעִילֻן × 1 in each hemistich.

mudawwar: a verse that consists of a single foot.

muḏayyal: suffixes are added to the verses of a *muwaššaḥ* as metrical extensions.

muḍmar: all the feet of *kāmil* metre are modified with *iḍmār*; in this case, the original form of the foot (מֻתַפַאעִלֻן) must appear in the poem at least once, so that the metre is not confused with *raǧaz*.

mufrad: two stichs of a *muwaššaḥ* with a single final rhyme.

muǧannaḥ: both prefixes and infixes are added to the verses of a *muwaššaḥ* as metrical extensions.

muǧarrad: 'stripped'—the verses of a *muwaššaḥ* conform to the metre chosen by the poet, without metrical extensions.

muǧtalab: third metrical circle or sphere, which includes the classical *hazaǧ*, *raǧaz*, and *ramal* metres.

muǧtaṯ: classical metre consisting of מֻסְתַפְּעִ לֻן פַאעִלַאתֻן פַאעִלַאתֻן ×1 in each hemistich.

*muḫalla*ʿ: *ḍarb* and *ʿarūḍ* are both modified by *ḫabn* and *qaṭ*ʿ in a *maǧzū*ʾ verse of the *basīṭ* metre.

muḫammas: the verse is divided into five segments.

muḥdaṯ: *daff annafūs*.

muhmal: metrical forms innovated after Alḫalīl.

muḫtalaf: first metrical circle or sphere, which includes the classical *ṭawīl*, *madīd*, and *basīṭ* metres and the innovated *mustaṭīl* and *mumtadd* metres.

*muḫtara*ʿ: *daff annafūs*.

mumtadd: innovated metre consisting of פַאעִלֻן פַאעִלַאתֻן ×2 in each hemistich.

munsarid: innovated metre consisting of מַפַאעִילֻן מַפַאעִילֻן פַאעִלַאתֻן ×1 in each hemistich, also known as *qarīb*.

munsariḥ: classical metre consisting of מֻסְתַפְּעִלֻן מַפְּעֻולַאתֻ מֻסְתַפְּעִלֻן ×1 in each hemistich.

muqayyada: rhyme with quiescent *rawā*.

*muqayyada mu*ʾ*asasa*: quiescent *rawā* that repeats *alef ta*ʾ*sīs* throughout the composition.

muqayyada muǧarrada: 'naked'—quiescent *rawā* that does not repeat either *ta*ʾ*sīs* or *ridf*.

muqayyada muradafa: quiescent *rawā* that repeats the consonant *ridf* throughout the composition.

muqtaḍab: classical metre consisting of מַפְּעֻולַאתֻ מֻסְתַפְּעִלֻן מֻסְתַפְּעִלֻן ×1 in each hemistich.

*murabba*ʿ: the verse is divided into four segments.

muraṣṣaʿ: all the segments of a *muwaššaḥ* verse have internal rhymes.

musabbaʿ: the verse is divided into seven segments.

musaddas: the verse is divided into six segments.

mušākil: *muṯṭarid*.

musammaṭ: use of internal rhymes within the verse but maintaining the final rhyme throughout the poem.

mušaṭṭar: the segments of a *muwaššaḥ* (*ġuṣn* or *simṭ*) have one stich.

mustaʿmal: metrical forms codified by Alḫalīl.

muštabah: fourth metrical circle or sphere, which includes the classical *sarīʿ*, *munsariḥ*, *ḫafīf*, *muḍāriʿ*, *muqtaḍab*, and *muǧtaṯ* metres, and the innovated *mutaʾʾid*, *munsarid*, and *muṭṭarid* metres.

muštabih: composition where it is difficult to identify the metre.

mustaṭīl: innovated metre consisting of מַפָאעִילֻן פַעֻולֻן $\times 2$ in each hemistich, which can be called *mišqal Dunaš* in Hebrew.

mutadārak: innovated metre consisting of פַאעִלֻן $\times 4$ in each hemistich.

mutaʾʾid: innovated metre consisting of לֻן פַאעִלַאתֻן פַאעִלַאתֻן מֻסְתַפְעִ $\times 1$ in each hemistich, also known as *ġarīb*.

muṯallaṯ: the verse is divided into three segments.

muʿtamad: *mutawafir*.

muṯamman: the verse is divided into eight segments.

mutaqārib: classical metre consisting of פַעֻולֻן $\times 4$ in each hemistich.

mutawafir: innovated metre consisting of פַאעִלַאתֻךְ $\times 3$ per hemistich, also known as *muʿtamad*.

mutawāfit: *ġuṣn* and *qufl* are symmetrical in the syllabic computation, i.e., both single or both double, as opposed to *aʿraǧ*.

muṭlaqa: rhyme with vocalised *rawā*.

muṭlaqa muʾasasa: vocalised *rawā* and *alef taʾsīs* repeats throughout the composition; can be closed by *heʾ*.

muṭlaqa muǧarrada: 'naked'—vocalised *rawā* that does not repeat either *taʾsīs* or *ridf*.

muṭlaqa muradafa: vocalised *rawā* and *ridf* repeats throughout the composition; can be closed by *heʾ*.

muttafaq: fifth metrical circle or sphere, which only includes the classical *mutaqārib* metre and the innovated *mutadārak* metre.

muṭṭarid: innovated metre consisting of פַּאעְלַאתֻן מַפַּאעִילֻן מַפַּאעִילֻן × 1 in each hemistich, also known as *mušākil*.

muwaffā: the first two hemistichs of the poem rhyme, but without the *ʿarūḍ* adopting the form of the *ḍarb*.

muwaššaḥ (pl. *muwaššaḥāt*): literary genre originating in Alandalus; these poems are generally made up of five strophes or verses written in classical Arabic, the last of which finishes with the *ḫarǧa*.

muzdawiǧ: the segments of a *muwaššaḥ* (*ġuṣn* or *simṭ*) have two stichs.

muzdūǧ: in *raǧaz* metre, the poet makes the *ʿarūḍ* and *ḍarb* in each verse rhyme independently.

naffād: the vowel of a *heʾ waṣl* that follows *rawā*.

naqṣ: *ʿaṣb* + *kaff*.

nutfa: a composition that consists of two verses.

pizmon: *qufl*.

qabḍ: the fifth consonant of the foot is eliminated when it is quiescent.

qarīb: *munsarid*.

qarīb mutadārif: *daff annafūs*.

qasida: any composition that consists of more than seven verses.

qaṣm: *ʿaḍb* + *ʿaṣb*.

qaṣr: in a foot ending in *sabab*, the final quiescent consonant is eliminated, and the vocalised consonant that precedes it is left quiescent.

qaṭʿ: in a foot ending in *watid*, the final quiescent consonant is eliminated, and the vocalised consonant that precedes it is left quiescent.

qaṭf: the *sabab ḫafīf* and the preceding vowel are eliminated at the end of the foot.

qifāya: rhyme, or group of consonants and vowels that closes a verse.

qiṭʿa: a short composition consisting of between three and six verses.

qufl (pl. *aqfāl*): 'refrain'—the last section of a *muwaššaḥ* verse.

rağaz: classical metre consisting of מְסְתַפְעִלֻן × 3 per hemistich.

ramal: classical metre consisting of פַאעִלַאתֻן × 3 per hemistich.

ras: the vowel that precedes *alef taʾsīs*.

rawā: the letter that ends the verse and repeats throughout the composition.

ridf: lengthening or weak letter that precedes *rawā*.

sabab ḫafīf: sequence of two letters, the first vocalised and the second quiescent, traditionally known as *tĕnuʿa* in Hebrew.

sabab ṯaqīl: sequence of two vocalised letters.

sāḏiǧ: all the segments of a *muwaššaḥ* verse have the same rhyme.

ṣadr: first hemistich of the classical verse, traditionally known as *delet* in Hebrew.

šakl: *ḫabn* + *kaff*.

salisa: innovated metre consisting of פַאעִל פַאעִלַאתֻן מֻסְתַפְעִלֻן פַעִלַאתַאן.

ṣalm: the *watid mafrūq* is eliminated from the end of the foot.

sammaṭāt: see *musammaṭ*.

šaqīq: *daff annafūs*.

*sarī*ʿ: classical metre consisting of מֻסְתַפְעִלֻן מֻסְתַפְעִלֻן מַפְעֻולַאתֻ × 1 in each hemistich.

šaṭr/šiṭr: the first letter of the first foot is eliminated from each hemistich, where this first foot is מַפַאעִילֻן and has already been affected by *qabḍ* (→ מַפַאעִלֻן).

simṭ (pl. *asmāṭ*): segments of the *muwaššaḥ* refrains (*qufl*), which preserve their rhyme throughout the composition.

sinād alḥaḏw: the vowel that precedes *ridf* changes; the change can be between /a/ and /i/ (*iqwāʾ*) or between /a/ and /u/ (*iṣrāf*).

sinād ališbāʿ: the vowel of the consonant *daḫīl* changes throughout the composition.

sinād arridf: one verse has lengthening before the rhyme (*ridf*) and the following one does not.

sinād attaʾsīs: one verse has *alef taʾsīs* and the following one does not.

sinād attawǧīh: vocalisation of quiescent *rawā* (*muqayyada*).

soger: *ʿaǧz*.

taʾsīs: a quiescent *alef* separated from *rawā* by a vocalised letter.

taḍmīn: the rhyme connects syntactically with the first stich of the following verse.

taḏyīl: a quiescent consonant is added to the end of a foot that ends with *watid*.

taḫrīd: in one part of the *qasida*, one *ḍarb* is used, and in another part, a different *ḍarb* from the same metre.

ṯalm: the first letter of the first foot פַּעֻולֻן in *mutaqārib* metre is eliminated from each hemistich.

tāmm: 1. a verse that preserves all its full feet. 2. a *muwaššaḥ* with prelude (*maṭlaʿ*).

tarfīl: two consonants, one vocalised and one quiescent, are added to the end of a foot that ends with *watid*.

ṯarm: *ḫarm* + *qabḍ*.

tašʿīṯ: the first letter of the *watid* is eliminated.

tasbīġ: a quiescent consonant is added to the end of a foot that ends with *sabab*.

taṣrīʿ: *ʿarūḍ* and *ḍarb* rhyme, sharing the same rhyme and foot type, in both hemistichs at the beginning of the poem; later, the metre adopts the expected form, beginning with the second or third verse.

tawǧīh: the vowel that precedes *rawā* when it is quiescent.

ṭawīl: classical metre consisting of פַּעֻולֻן מַפַּאעִילֻן ×2 in each hemistich.

ṭayy: the fourth consonant of the foot is eliminated when it is quiescent.

tĕnuʿa: *sabab ḫafīf*.

wāfī: a verse that preserves all its feet with modifications.

wāfir: classical metre consisting of מֻפַּאעַלַתֻן ×3 per hemistich.

waqf: the seventh vocalised consonant of the foot is left quiescent.

waqṣ: the second vocalised consonant of the foot is eliminated.

wasīṭ: *mustaṭīl*.

waṣl: a lengthening letter that follows *rawā*, by which its vowel is lengthened.

watid mafrūq: sequence of three letters, two vocalised separated by one quiescent.

watid maǧmūʿ: sequence of three letters, two vocalised and one quiescent, traditionally known as *yated* in Hebrew.

wazn (pl. *awzān*): measures or variants of the metres resulting from the application of modifications (*ʿilāl*).

yated: *watid maǧmūʿ*.

yatīm: a composition that consists of an isolated verse.

ziḥāf: modifications to the filling (*ḥašw*) feet.

SCANNED VERSES (ALPHABETICAL ORDER)

אֲבְקַת בְּשָׂמִים מַעֲשֵׂה רוֹקֵחַ אוֹ מִפְּאַת אָח מָר דְּרוֹר נוֹפֵחַ
אֲדוֹנֵי קְהִלּוֹת וְאַדְנֵי תְהִלּוֹת מְפִיצִים תְּהִלּוֹת לְכָל אוֹר מְבִישִׁים
אֶדְרֹשׁ יְדִידִים נוֹלְדוּ עִמִּי בְדוֹר אֶחָד וְאֵינָם
אֲהַלֵּל אֲשֶׁר אֵין לוֹ דְּמוּת וּתְמוּנָה
אָחוּס בְּנֹד דּוֹדִי וְאוֹכִיחוֹ בְשׁוּבוֹ אַהֲבָה מְסֻתֶּרֶת וְתוֹכַחַת חֲשׂוּפָה
אֲחַנֵּן וִיקַשֶּׁה וְאֹהַב וְיִשְׂנָא וְאַעַן אֱמֶת בּוֹ וְשָׁוְא יַעֲנֶה בִּי
אַחַר גְּלוֹת סוֹד מָה אַטְמִין כּוֹס מִשְּׂמֹאל דּוֹד מִיָּמִין אִישׁ רִיב חֲדַל בָּךְ לֹא אַאֲמִין רַק
אַשְׂמְאִילָה אִם תֵּימִין אִם אַתְּ רְגִיל שִׂמְחָה וְגִיל עֵדֶן וְגִלְעָד רְאֵה נֶגְדִּי לֹא אֶאֱבַל בְּיוֹם
אֲבָל בְּטוֹב אֲבַל כָּל יְמֵי חֶלְדִּי
אַחֲרֵי בְלוֹתָהּ הָיְתָה עֶדְנָה לְאֵם פֵּרוּד וְיַלְדֵי תַאֲוָה יֶעְגָּבוּ
אַיֵּה כְּבוֹד הָאֵל וּמוֹרָאוֹ כִּי אִם בְּיַד אַהֲרֹן מִקְרָאוֹ
אֵיךְ יְכַבֶּה מֵי דְמָעַי שְׁבִיבֵי אֵיךְ וְעֵינֵי הַצְּבִי נִלְחֲמוּ בִי
אֵיךְ תִּשְׁמְעוּ קוֹלָם בְּגִנַּת אֱגוֹז הוֹלֵךְ וְלֹא תִשְׁתּוּ וְלֹא תֶחֱדוּ
אֵיכָה אֲכַס מִמְּךָ חֶטְאִי וְהֵן עָרוּךְ שְׁאוֹל אַף זְבוּל נֶגְדֶּךָ
אָכֵן מְיֻדָּעַי זְנַחְתַּנִי מְאֹד עַד כִּי קְרָאתִיךָ אֲבִי זָנוֹחַ
אַל תְּאֱמַן לִבִּי בְּאַנְשֵׁי הַזְּמָן אַחַר בְּגֹד רֵעַ חֲשַׁבְתִּיו נֶאֱמָן
אַל תְּאֱנַף בִּי צְבִי עַד כַּלֵּה הַפְלֵא רְצוֹנְךָ יְדִידִי הַפְלֵא וּנְשַׁק יְדִידְךָ וְחֶפְצוֹ מַלֵּא אִם
יֵשׁ בְּנַפְשְׁךָ חֲיוֹת חַיֵּינִי אוֹ חֶפְצְךָ לַהֲרֹג הָרְגֵנִי
אֲלֵיכֶם אֱמוּנִים בְּחֵיק הָאֱמוּנִים מְתֵי רַעֲיוֹנִים כְּבָרָק לְטוּשִׁים
אִם אָהֳלֵי דוֹדַי בְּנַפְשִׁי צָעֲנוּ אֵיכָה בְתוֹחַלְתִּי בְעִירָם טָעֲנוּ
אִם סָגַר אֵל שַׁעֲרֵי פִלּוּל שַׁעֲרֵי דִמְעָה לֹא נִנְעָלוּ
אִם תַּעֲרִים אַל תֵּט מְאֹד כִּי אִם לְדַעַת תַּאֲוָתָךְ
אִם תִּפְגְּשֶׁךָ תְּלָאָה תָּשִׂים בְּלִבָּךְ כְּוִיָּה
אָמַר לְבָבִי הֲכִי עַל רְצוֹן אֵל נִבְרָא וְלֹא עַל רְצוֹנוֹ וְהוֹדָה

אֱנוֹשׁ יִרְאֶה בְּעֵין לִבּוֹ אֱמוּנָה בְּלִי יִלְדָיו וְהִשִּׂיג מַאֲוַיָּו
אָנָא פְּנוֹתֵךְ אַתְּ וְהַיּוֹם מְאֹד פָּנָה וְתֵבֵל רְאִי לוּלֵא אוֹרֵךְ כְּמוֹ עֵיפָה
אֲנִי אַרְאֵךְ עֹפֶר וְיָדִיב לְבָבָךְ בְּעֵינָיו כְּעֵינֶיךְ לְבָבִי מְדִיבוֹת
אֶרְאֶה לְךָ הֶדֶר כְּשֶׁמֶשׁ זָהֳרוֹ וִיקָר כְּרָקִיעַ יְהִלּוֹ סַהֲרוֹ
אָרַךְ גָּלוּתִי בְּעָנְיִי וְדַלּוּתִי וְהִנְנִי אֱיָלוּתִי מְגַלֶּה לְךָ רִיבִי
אֵשׁ אֲהָבִים נִשְּׂקָה בִּי וְאֵיךְ אֶתְאַפְּקָה
אֵשׁ נְדוּדִים לְנוּד יְדִידִים עֲצָמַי יְאַבְּלוּ
אֶשְׂבְּעָה מִדֵּי אֲדַבֵּר בָּם עֲדֵי נֶשֶׁף נְדוּדִים
אָשׁוּט כְּהֵלֶךְ עֲלֵי גִבְעַת לְבוֹנָה וְאַדְבִּיק אֶת לְחָיַי אֱלֵי מִדְרַךְ הֲלִיכָיִכִי
אֲשׁוּרֶנָּה וְאֶפְנֶה לַאֲחוֹרַי כְּאִלּוּ לֹא אֲנִי רֵעָהּ יְדִידָהּ

בָּאוּ חֲרוּזִים לֹא קְרָאָם רַעְיוֹן נִקְרֹה בְּפִי נִקְרוּ וְלֹא נִקְרָאוּ
בּוֹ כָּל כְּאֵב נִכְחָד בּוֹ יַעֲבָר זַעַם כִּי הוּא בְרֹאשׁ כָּל גִּיל וְרֹן יַחַד אָמְנָם נְדִיב הָעָם
הֵיטִיב חֲרֹשׁ אוֹתוֹ דְמוּת פַּחַד דָּבֵק אֱלֵי פַעַם גְּזֵרַת בְּרוֹשׁ גָּמוּל בְּחֵיק יוּבַל אָמַר הֲכִי
יוּבַל הוּא פוֹעֲלִי יָפִיק לְלֵב אָבַל עַל הַנְּדוֹד סָבַל מָשׁוֹשׁ וְלִי
בְּזֶה זְמָן בּוֹגֵד וְאַל תַּאֲמִין בְּשַׂחֲקוֹ לָךְ אוֹ בְעֵת יִבְכֶּה
בְּזָכְרִי עַל מִשְׁכָּבִי זְדוֹן לִבִּי וַאֲשָׁמָיו וְאָקוּמָה וְאָבוֹאָה לְבֵית אֵלִי וַהֲדֹמָיו וְאֹמְרָה
בְּנָשְׂאִי עַיִן בְּתַחֲנוּנִים אֱלֵי שָׁמָיו נִפְּלָה־נָּא בְיַד־יי כִּי־רַבִּים רַחֲמָיו
בַּחֲזוֹתִי בְּנֵי יְעֵנִים מְעוֹנִים יְחַבְּלוּ
בְּטוֹב אֲשֶׁר יָמִיר זְמָן רָע בְּטוֹב בְּטַח וְאִם יִתְמַהְמַהּ חַכֵּה
בְּיַד אֵל אַתָּה אָנָה תִפְנֶה וְאֵין לָךְ לִבְרֹחַ מִדִּינָיו
בְּכֹחַ חַכְמוֹתָיו וּמָעוֹז עָרְמוֹתָיו וְרַב תַּחְבֻּלָתָיו בְּחָלָק מַאֲמָרִים
בְּכָל לֵב אֲהָבִים לָךְ וְלִבֵּךְ כְּמוֹ צְרוֹר וְכָל פֶּה יְדַבֵּר בָּךְ וְאַתְּ תִּתְּנִי דֳמִי
בִּימֵי שַׂר אוֹתוֹ בָחַר אֱלֹהִים מִכָּל עַמִּים תֵּאוֹר מִשְׂרָתוֹ שִׁבְעָה כְּאוֹר שִׁבְעַת הַיָּמִים
הִבְדִּיל אֵל בֵּיתוֹ לִהְיוֹת לְפָנָיו בֵּית עוֹלָמִים חָסִיד אִם אָמַר חֶסֶד מְהֵרָה אֹמֶר גָּמַר
בָּךְ חֲשְׁקָה מִשְׂרָה לְדַרְךְּ מְרוֹם רִכְבָּהּ בָּךְ אִוְּתָה חָכְמָה וְיוֹם תִּקְרָא לָהּ כָּל צְפוּן לִבָּהּ
לָךְ גִּלְּתָה לֹא כַחֲשֹׁק עָפְרָה יוֹם דּוֹד יְדַבֵּר בָּהּ שָׁוְא עִנְּתָה חַבִּיבִי קַד יַרְחַל וַעאדֵ לַם
יַנְזַל וַאִי צַבְרִ לִי לַא בֻדֵ לִי אַן אַחְמַל אַו אִישׁ עַסַא יַעְמַל מַן קַד בְּלִי
בְּעֵת חֵשֶׁק יְעִירֵנִי אֲדַלֵּג כְּאַיָּל לַחֲזוֹת עֵינֵי כְבוּדָה

בְּקָרְאִי אֵלֶיךָ שְׁמַע כִּי עָלֶיךָ יַעֲזֹב חֵלֶךָ יָהּ צוּר עֹלָמִים

בְּקֶרֶב תְּפִלַּת מִנְחָה וַאֲנִי לְבַדִּי נִבְדָּל

בְּשֵׁם אֵל אֲשֶׁר אָמַר וְהָעֹז לְאִמְרוֹתָיו וְצִוָּה בְּלִי מוֹרֶה וּמוֹרֶה לְמִצְוֹתָיו

גְּבִיר גִּבּוֹר מֶלֶךְ הֱבִיאוֹ כְּהֵלֶךְ וּמַחֲזִיק בְּפֶלֶךְ לְעַם הֵם לוֹ צָרִים

גָּרֵשׁ מְגַלֶּה סוֹד חֲבֵרִים מִתּוֹךְ חֶבְרָה לְמֶרְחוֹק וְאָז תָּנוּחַ

דַּבְּרוּ לוֹ עַל שְׁמִי אֶת אֲרֶשֶׁת נָאֳמִי אַל דֳּמִי לָךְ אַל דֳּמִי מִדְוֵה לֵב רַחֲקָה אַחֲוָה שֶׁנִּתְּקָה

דַּבְּרוּ נָא לְבַת מְלָכִים כְּבוּדָה הָאֱמוּנָה עֲלֵי קְצִיעוֹת וְקִדָּה

דּוֹדִי אֲשֶׁר לִבִּי בְּעֵינָיו הֶחֱלִיא אֵיךְ הֶעֱבַדְתַּנִי וְאַתָּה גוֹאֲלִי

דּוֹדִי יְדִיד נַפְשִׁי אַתָּה צֳרִי מַכְאוֹב וּלְכָל חֳלִי אַתְּ כְּתְעָלָה וְכִתְרוּפָה

דַּלּוּ עֵינַי נֶגְדְּךָ אֲדֹנָי וְאֶת תַּחֲנוּנַי שַׁי אָשִׁיבָה אֶחֱרַד לְעִתִּי וְאֶרְגַּז תַּחְתַּי וְקוֹל בֶּן אֲמִתַּי לְךָ אַקְרִיבָה בְּזָכְרִי יָם סוּף אֲשֶׁר לֹא יָסוּף עֶרֶב וְבָסוּף שִׁיר אֵיטִיבָה וְנוֹרָאוֹת יַרְדֵּן בָּם אֶתְעַדֵּן וּכְמוֹ בְעֵדֶן לֵב אַרְחִיבָה לְמַמְתִּיק מָרָה וְהוֹפֵךְ לְעֶזְרָה יוֹם אַף וְעֶבְרָה וְיוֹם מֵי מְרִיבָה וְהָעֵינַיִם לְאֵל שָׁמַיִם נוֹתֵן בְּמַיִם עַזִּים נְתִיבָה חֹם אַדְמָתוֹ מֵחֲמָתוֹ וּמִנִּשְׁמָתוֹ יִתֵּן קֹרַח אָנָה אֵלֵךְ מֵרוּחֶךָ וְאָנָה מִפָּנֶיךָ אֶבְרָח:

דֶּמַע יַשְׁחֶה אֶת מִשְׁכְּבִי הִפְלָא לִמְאֹד אֶת מַכְאוֹבִי וּלְנוֹד יִצְחָק רַב וּלְבָבִי קִירוֹתָיו תּוּגוֹת תִּקְרֶינָה וְתָבֹאנָה אֶל קִרְבֶּינָה

דֵּעָה לִבִּי חָכְמָה וּבִינָה וּמְזִמָּה נְצֹר דַּרְכֵי עָרְמָה שְׁמַע הַמּוּסָרִים

הָאֵל גָּדֵל עֹז תְּמִים תְּבוּנָה מֵאֵין דְּמוּת לוֹ וְלֹא תְמוּנָה מֵחֵקֶר פְּלָאָיו וְהַתְּכוּנָה חַכְמֵי חֲרָשִׁים מַחֲרִישִׁים וּנְבוֹן לְחָשִׁים

הָאָרֶץ כֻּלָּם נֶגְדוֹ בְּקוֹל רִנָּה יִצְהָלוּ וּנְזִירֵי עוֹלָם מַגִּיל נְזִירוּתָם יִגְעָלוּ וּכְסַבְּאִים קוֹלָם יִשְׂאוּ וְעַל שֵׁכָר יִשְׁאָלוּ סַכְּרַאן יַא עַיַּאר וַאיְן אַלְטַרִיק לִי דַאר אַלְכַּמַּאר

הָבָה אֲכַבֶּה אֵשׁ כֶּסֶף בִּי נִשְּׁקָה בִּגְלַל יוֹסֵף נִכְבָּד לְכָל מַחְמָד אֹסֵף אֶדֶר יָקָר וּצְרוֹר כֶּסֶף בּוֹר בַּעֲלִיל צָרוּף פְּלִיל צֶדֶק כְּלִיל כֹּל מְתֵי חֶלְדִּי זַךְ מַעֲלָל אֶשָּׂא שְׁלַל רֹן מְהֻלָּל לוֹ יְמֵי חֶלְדִּי

הָהּ אִישׁ חֲמֻדוֹת בְּעָפָר נֶעְצַר אַחֲרֵי אֲשֶׁר הַמְּאֹרוֹת עָצַר חָדְלוּ חֲסָדִים כְּאִלּוּ אָצַר גֶּשֶׁם נְדָבוֹת וְלֹא נָזְלוּ לִרְאוֹת מְאוֹרָיו וְלֹא יָהֵלּוּ

הוּא יִצְחָק הַשָּׂר אַגָּן אֲשֶׁר מֶזֶג לֹא יֶחְסַר אַךְ מָזַג מוּסַר הַשֵּׂכֶל לְחַיּוֹת בּוֹ כָּל בָּשָׂר
הַהוּא שֶׁנִּמְסַר לָאֵל לְבַדּוֹ לִהְיוֹת טִפְסָר וּבְחַרְבּוֹ זָמַר כָּל זֵד עֲלֵי עַמּוֹ יִתְאַמָּר
הוֹדוֹ יְתַנֶּה הֲמוֹן שְׂרָפִים כֻּלָּם לְמֵאוֹת וְלַאֲלָפִים הַנֶּאֱמָנִים וְלֹא חֲנֵפִים כִּי לֹא יְגֵעִים
כָּאֲנָשִׁים הַנֶּחֱלָשִׁים
הַיְּדִידִים יִשְׁתְּיוּן לְךָ מִקְצֵה כוֹס לְקָצֵהוּ וְאַתָּה תֶּחֱצֶה
הָיָה לְבָבִי סְחַרְחַר מֵרֹב כְּאֵבִי וְאוֹנִי
הֲיִרְצֶה יְדִידִי וְהוּא יַחֲשֹׁב אֶת רְצוֹנִי כְּקִצְפִּי וְטוּבִי כְּחוֹבִי
הֲלֹא נִפְלָאת עֲלֵיכֶם הַשְּׁחוֹרָה אֲשֶׁר הָיוּ שְׁחֹרִים לָהּ לְבָנִים
הֲלֹא תַעֲנֵנִי בַּהֲמוֹתִי בְּלִי דָמִי בְּשֶׁלְמִי הֲרֵעוֹתָ לְעַבְדְּךָ בְּשֶׁלְמִי
הַלְּבָבוֹת נִתְּקוּ יִזְעֲקוּ יִתְחַבְּקוּ וּלְבָבִי דָחֲקוּ לַחֲבֹק נִתְחַבְּקָה נִדְבְּקָה נִתְנַשְּׁקָה
הֲלָעַד אֲנִי שׁוֹכֵן בְּאֹהֶל כְּמוֹ עֲרָב וְתַחַת יְרִיעָה כָּל יְמוֹתַי מְדוֹרִי
הָמוּ גַּלִּים בְּרוּץ גַּלְגַּלִּים וְעָבִים וְקַלִּים עַל פְּנֵי הַיָּם קָדְרוּ שָׁמָיו יֶחְמְרוּ מֵימָיו וְעָלוּ
תְהוֹמָיו וְנָשְׂאוּ דָּכְיָם וְסִיר יַרְתִּיחַ וְקוֹל יַצְרִיחַ וְאֵין מַשְׁבִּיחַ לַהֲמוֹן קָשְׁיָם וְרָפוּ חֲזָקִים
נֶחְלְקוּ אֲפִיקִים חֶצְיָם עֲמֻקִּים וְהָרִים חֶצְיָם הַאֲנִי חוֹלֶה יֹרְדָה וְעוֹלָה וְעַיִן תּוֹלָה
לְחֹבְלִים אַיָּם וְלִבִּי מַחְשֶׁה אֲקַוֶּה לְמַמְשֶׁה כְּבַעַל יַד מֹשֶׁה אַהֲרֹן וּמִרְיָם אֶקְרָא אֲדֹנָי
אִירָא עֲוֹנָי פֶּן תַּחֲנוּנַי יִהְיוּ טֹרַח אָנָה אֵלֵךְ מֵרוּחֶךָ וְאָנָה מִפָּנֶיךָ אֶבְרָח:
הֵן לְבָבִי סָר וְנִמְהַר אַחֲרֵימוֹ כִּי מְנַהֵג בָּם לְהַכְעִיס מִהֲרָמוֹ
הִנֵּה אֲדַבֵּר לוֹ שְׁתַּיִם וְלֹא אוֹסִיף אוּלַי יְשִׁיבֵנִי עֲלֵיהֶם בְּמוֹ אַחַת
הִנֵּה בְּנוֹת עָגוּר אֲשֶׁר נוֹעֲדוּ שָׁרוֹת עֲלֵי פֹארוֹת וְלֹא לֻמְּדוּ
הָסֵר לְבָבִי תַּאֲוָתְךָ כִּי עוֹד אֲמַלֵּא שֶׁאֱלָתְךָ
הָעֵט כְּחֵץ קִלְקַל פָּנָיו בְּפִיו יֶאְטַר פִּי מוֹשְׁלִים מֵשִׂים בְּכַף מִשְׁקָל מִלִּין לְדָת מִשְׁטָר
בּוֹ נַעֲלִים רִכְבּוֹ כְּנֶשֶׁר קַל לִקְחוֹ כְּמוֹ מָטָר לַשּׁוֹאֲלִים גֹּבַהּ עֵדֶה בִּגְלַל כִּי כָלֲלָךְ מִכְלַל
יֹפִי בְּלִי דֹפִי וְתִתְהַלַּל כִּי עַל גָּרוֹן מַהֲלָל שִׁמְךָ חֲלִי
הֵשִׁיב חֲמָתוֹ מִבֶּן אֲמָתוֹ וְאֶת נִשְׁמָתוֹ מִשְּׁאוֹל פָּדָה וְרָצוּ מְרוּמוֹת לַעֲשׂוֹת שְׁלוֹמוֹת
בֵּין הַתְּהוֹמוֹת וְאֵין קוֹל חֲרָדָה וּמֵימֵי קִנְאָה הָפַךְ לְחֶמְאָה וְשָׂרָה יִרְאָה וְנָסָה קְפָדָה
וְשָׁמְעוּ עֲגוּמִים לְמַלְאַךְ רַחֲמִים מִן הַמְּרוֹמִים קוֹל הַצְּעָדָה כָּכָה יְבַשֵּׂר עָם קָץ בְּמַאְסָר
וְיַד צַר וּמוּסָר עָלָיו כָּבְדָה וְסֹעֲרָה עֲנִיָּה דָּמְתָה אֳנִיָּה תִּשְׁמַע שְׁנִיָּה מִזְמוֹר לְתוֹדָה צְאִי
בַּת אֱמוּנַי מֵאֹפֶל עֲנָנַי כִּי כְבוֹד יְיָ עָלַיִךְ זָרַח אָנָה אֵלֵךְ מֵרוּחֶךָ וְאָנָה מִפָּנֶיךָ אֶבְרָח:

הֲתָכִין לְךָ חִצִּים שְׁנוּנִים בִּבְבוֹת עֲלֵי קַשְׁתוֹת עַפְעַף וְתוֹרֶה לְבָבוֹת

וְאָבֹאָה וְהֵן אִמָּהּ לְנֶגְדָּהּ וְאָבִיהָ וְאָחִיהָ וְדוֹדָהּ

וֶאֱהַב כְּבוֹד חָכְמָה וְאַל תֶּאֱהַב כְּבוֹד אֶדֶר כְּסוּתְךָ

וְאוֹמֵר אַל תִּישַׁן שְׁתֵה יַיִן יָשָׁן וְכֹפֶר עִם שׁוֹשָׁן וּמֹר עִם אֲהָלִים

וָאֲזַי עֲנִיתִיהָ אַל תֵּלְכִי אַל כִּי אוֹתוֹ בְחַיָּתֵךְ לֹא תֶהְיִי צוֹפָה

וֶאֱמֹר פְּתַח פִּיךָ לְכָל נִגָּשׁ וְכָל אִישׁ נַעֲנֶה

וּבִנְפֹל עֲלֵי עַיִן תְּנוּמָה וְתַרְדֵּמָה תְּעוֹפֵף שְׁנַת עֵינַי וְתִדַּר תְּנוּמָתִי

וּבְשִׁתִּי בְתוֹכַחְתִּי וְכַמֵּת נִשְׁכַּחְתִּי בְּעָזְבִי לְמִשְׁפַּחְתִּי וְאָחִי וּבֵית אָבִי

וְהֵם נִשְׁכִּים בְּשִׁנֵּיהֶם וְאָכֵן יִקְרְאוּ שָׁלוֹם

וְהַשְׂבִּיעוּם בְּאַהֲבַת דַּל וְחֹלֶה כְּרֶגַע לַעֲמֹד עָלַי בְּחַסְדָּם

וְיָם מִתְרוֹצֵץ וְקָדִים יְפוֹצֵץ אֲרָזִים וְיָפֵץ רוּחַ קְצָפָיו שָׁחָה קַרְנָם וְנִבְהַל סַרְנָם וְנִלְאָה תָרְנָם לִפְרֹשׂ כְּנָפָיו יִרְתַּח בְּלִי אֵשׁ וְלֵב מִתְיָאֵשׁ בְּעֵת הִתְבָּאֵשׁ בְּמָשׁוֹט מְנִיפָיו דַּלִּים מֹשְׁלָיו וְנִרְפִּים סֹבְלָיו וּבֹעֲרִים חֹבְלָיו וְעִוְרִים צוֹפָיו הָאֳנִי כְּשִׁכּוֹר יִתְעַתַּע וְיַחְכֹּר בְּלִי הוֹן יִמְכּוֹר שֹׁכְנֵי כְתֵפָיו וְזֶה לִוְיָתָן בְּעַד יָם אֵיתָן יַקְדִּישׁ כְּחָתָן לְמִשְׁתֶּה אֲסוּפָיו וְיָד אֲקִינוֹס תֶּאֱהַב לִכְנוֹס וְאָבַד מָנוֹס וְאֶפֶס מִבְרָח אָנָה אֵלֵךְ מֵרוּחֶךָ וְאָנָה מִפָּנֶיךָ אֶבְרָח:

וּכְרֹחַק פְּאַת מִזְרָח לְיַד מַעֲרָב רָחְקוּ מְאֹד מַחְשְׁבוֹת אִישׁ מֵעֱזוּז חִשְּׁבֹנוֹתָיו

וּכְרֹת בְּרִית עִם אוֹהֲבֵי שֵׂכֶל וְאַל תָּפֵר בְּרִיתְךָ

וְלֹא יִדְּמוּ תָּמִיד וְנוֹזְלֵיהֶם עֲלֵי לְחָיַי וְעַל פָּנַי כְּמוֹ נֵד נִצְּבוּ

וּמֵאַהֲבָתִי בָּךְ שִׁירֵי יְהוֹדֶךָ יַרְבֶּה דְבַר צַחוֹת לֹא לַעֲגֵי שָׂפָה

וּמִי יֵדַע הֲיִשְׂכַּל אוֹ הֲיִסְכַּל וְאִם יִחְיֶה וְאִם יָמוּת בְּחַיָּיו

וּמָשַׁךְ הַשּׁוֹטָה זְקֵנָתוֹ טוֹטָה אֲשֶׁר הָיְתָה עוֹטָה מְלוּכָה כַּגְּבָרִים

וֶהֱיִ בָאִיִּים נְפוּצִים וּבְזוּיִים וּמָשָׁל בַּגּוֹיִם מְנוֹד רֹאשׁ בַּלְאֻמִּים

וְעָלִית וְרָחַק מְקוֹמֵךְ עֲדֵי כִי חֲשָׁבוּךְ עֲלֵי רֹאשׁ שְׁחָקִים צְפִירָה

וַעֲמָלִי בְדָתְךָ לִי מְנוּחָה אֶזְכְּרָה חַסְדְּךָ וְאֶנְשֶׁה עֲמָלִי

וּפָעַל וְעָשָׂה כֹל אֲשֶׁר אִוְּתָה נַפְשׁוֹ וְהֵחֵל בְּלִי עֵזֶר וְכִלָּה פְעֻלּוֹתָיו

וּצְבִי בְיָדוֹ כֹּס יַיִן וּבִשְׁתוֹתוֹ אֶרְאֶה דְּמוּת שֶׁמֶשׁ נֹשֵׁק לְיָרֵחַ

וּשְׁפֹךְ בְּפִי בַעַר דְּמֵי שִׁנָּיו אִם יִשְׁפֹּךְ עֲלֵי שִׁנָּיו דְּמֵי תַפּוּחַ

וַתִּשְׁפְּכִי לִבֵּךְ כְּמוֹ מַיִם פְּנֵי עֶלְיוֹן וְעַד אָן מִכְּאֵב תִּשְׁתּוֹלְלִי

זָמַם אֲגָג לַעֲשׂוֹת שֵׁם לַעֲמָלֵק וְיָד עַל כֵּס כְּמוֹ שֵׁם חֲבֵרוֹ אֶת שְׁמוֹ מָחֲקָה

זְמָן יִקְרָא עֵדָיו רְאוֹת מַעֲשֵׂי יָדָיו אֲשֶׁר הֵמָּה עֹשִׂים

חַד נוֹאֲשׁוּ הַלְּבָבוֹת מֶנּוּ וְחַד בְּמַרְאֶה חֲלוֹם אֶרְאֶנּוּ זֶה אֶזְכְּרֶנּוּ וְזֶה אֵינֶנּוּ עֵינַי עֲדֵי אָן

חוֹלַת אֲהָבִים לַיְלָה בָּכֹה תִבְכֶּה וְדִמְעָתָהּ עֲלֵי לֶחְיָהּ

לְמָרוֹם דַּלּוּ אַךְ בּוֹ אֱלֹהִים לְפָנַי נִגְלוּ

חָכְמָה אֲהָבָיו תַּבִּיעַ בַּשִּׁיר מְעַנֶּה תּוֹדִיעַ בַּעֲבוּר יְדִידָהּ תַּשְׂבִּיעַ צִיר שְׁלָחָהּ לוֹ מַפְגִּיעַ בִּאלְלַהּ רַסוּל קֻל לַלְכַּלִיל כִּיף אַלְסַבִּיל וַיְבִית עִנְדִי כַּלְף אַלְחְגַּאל נַעְטִיה דַלַאל עַלַי אַלְנַכַּאל וַנְזִיד נַהְדִי

חָכְמָה קְרָאַתְהוּ הֵימָן מֹשֶׁה בְּכָל בֵּיתִי נֶאֱמָן לָךְ תַּעֲנוּג שָׁדַי זְמָן עִם חוּט שְׂפַת שָׁנִי כְּמָן רָקִיק בְּלִיל נֹפֶת כְּלִיל יֹפִי וְלֶאֱוֹת שְׂפַת מַדֵּי הַתֵּר וְגַל שַׁד קָם כְּגַל כִּשְׁדֵי שְׁגַל חֵן וְעַשׁ דַּדִּי

חַסְדְּךָ אֲשַׁבֵּר בְּלֵבָב מִתְגַּבֵּר וְלֹא־עוֹד אֲדַבֵּר צָעִיר אֲנִי לְיָמִים

חֲצוֹת לַיְלָה לְךָ קָמוּ עֲבָדֶיךָ בְּמַהֲלָלָם זְכוּת אָבוֹת זְכֹר לָהֶם וְאַל תֵּפֶן לְמַעֲלָלָם קְדוֹשׁ יַעְקֹב רְאֵה עָנְיָם וְאַל תַּמּוֹד כְּמִפְעָלָם וְהִנָּשֵׂא אֵל עֹשֶׂה הַשָּׁלוֹם בִּמְרוֹמָיו נִפְּלָה־נָּא בְיַד־יי כִּי־רַבִּים רַחֲמָיו

חָקַר תְּבוּנָה שֶׂכֶל סוֹד סְתָרֶיהָ גּוֹלָה וְנִפְזֶרֶת שָׁמָּה מְאֻסָּפָה

טוֹב אָהֳלוֹ מִגַּן בִּיתָן וּזְמָן בְּיָמָיו כֶּחָתָן אֵל קוֹל בְּחֵן עָלָיו נָתָן לִהְיוֹת בְּחָכְמָה יָם אֵיתָן מֵאֵין גְּבוּל אָז עַב זְבוּל תַּפְרֶה יְבוּל כָּל עֲצֵי מִגְדִי תֹּם יֶאֱהַל דּוֹד עִם קְהַל עַמִּי צְהַל לִין בְּמַרְבַדִּי

יָגֹרְתִּי מִפְּנֵי שָׁמַיִם קְנֵה וְלֹא־אֶמְצָא מַעֲנֶה שְׂפָתַי נֶאֱלָמִים

יְדִידוֹתָם כְּבָרָק אוֹ בְּתֵבֵל נֶחֱזֶה כַּחֲלוֹם

יְדִידַי בְּפֵרוּדָם לְבָבִי לִבְּבוּ וְנַפְשִׁי בְּהַרְחִיקָם וְעֵינַי דָּאֲבוּ

יוֹם דְּמָעַי נִגְּרוּ סוֹד לְבָבִי הֶעֱרוּ מַה לְּדוֹדִי תֹּאמְרוּ אֵין בְּדִמְעָה צְדָקָה לִי בְּמָה אֶצְטַדָּקָה

יוֹם מִפְרָדוֹ לְאֵל בְּגִלְלָיו אֶקְרָא לְכוֹנֵן אֶת מַעְגָּלָיו וּבְאֶבְרָתוֹ יָסֵךְ עָלָיו חַפַּט אַלְלַה כִּלַא בַּאן וַרַעַאהֻ אַיְן מַא כַאן

יוֹם מַרְכְּבוֹת פֵּרוּד לְמַסַּע רָתְמוּ עָשׂוּ לְנַפְשִׁי אֶת־אֲשֶׁר לֹא יָזְמוּ
יוֹנָה אֵיךְ תְּדַמִּי כִּי אֲיַבְתִּיךְ וַהֲלֹא אַהֲבַת עוֹלָם אֲהַבְתִּיךְ
יוֹנָה עֲלֵי בֶן הֲדַס מַה לָּךְ תְּקוֹנְנִי הַאַתְּ יְחִידָה בְּלֹא דוֹדֵךְ כְּמוֹ אָנִי
יוֹנָה תְקַנֵּן עַל אֲמִירֶיהָ יְמַר לְבָבִי לַאֲמָרֶיהָ
יוֹעֵץ וּמֵקִים בִּמְרוֹם שְׁחָקִים וְעַל יָם רְחוֹקִים צִדְקוֹ סָרָח לֹא לְאִישׁ דַּרְכּוֹ וְאִם אֵין
יַחֲדִי לֵב בּוֹ קְרֵיבִים לְיִרְאָה שֵׁם אֱלֹהֶיךָ וְעִמְדִי לְפָנָיו
יִחוּד שְׁמוֹ בֹּקֶר וְעֶרֶב צַלְצְלִיכֹל הַנְּשָׁמָה יָהּ תְּהַלֵּל הַלְלִי
כְּמִלְכּוֹ שֶׁקֶר נִסְכּוֹ וְלָרִיק יִטְרַח עוֹלֶה מִבּוֹר יוֹם רָץ לַעֲבֹר יָם וְשָׂשׂ כְּגִבּוֹר לָרוּץ אֹרַח
חֶטְאוֹ עִקֵּשׁ דַּרְכּוֹ בְּמוֹקֵשׁ וּמַעְרָב בִּקֵּשׁ וְהִנֵּה מִזְרָח יָדַע כִּי לֹא בְּכֹחוֹ וְשִׂכְלוֹ יַעֲמִיד
דִּגְלוֹ וְיִסַּע וְיֶאֱרַח אָז שָׁב וְהוֹדָה בְּנֶפֶשׁ חֲרֵדָה וּמֵרֹב עֲבוֹדָה קוֹל מַר יִצְרַח אָנָּה אֵלֵךְ
מֵרוּחֶךָ וְאָנָה מִפָּנֶיךָ אֶבְרָח:
יִיעֲפוּ בוֹעֲרִים וְנוֹקְשׁוּ חֲשֵׁכִים וַאֲנִי רַק דְּבָרְךָ נֵר לְרַגְלִי
יֵעוֹר מֵחֶבְיוֹן כַּדּוֹ וְלַהַב מָשׂוֹשׂ יָעִיר נַפְשִׁי לוֹ פִּדְיוֹן מִיקוֹד יְגוֹנִים מִלֵּב יַבְעִיר יָעֹז לֵב
אֶבְיוֹן אַחַר שְׁתוֹתוֹ מִלּוֹכֵד עִיר אַךְ בּוֹ תִתְיַמַּר כָּל עוֹד אֱלֹהִים רוּחָךְ שָׁמַר
יֵקַד בְּלִבִּי יְקוֹד אֵשׁ הַמְלַהֵט וְקָט לוּלֵי דְמָעוֹת עֲזָרוּנִי שְׂרָפַנִי
יְרֹא מֵהֶם וְעָלֶיהָ לְבָבִי כְּלֵב אִשָּׁה מְשַׁכֶּלֶת יְחִידָהּ
יֵשׁ בְּכוֹס פֶּלֶא וְסוֹד נִמְצָא בָהּ כְּמוֹ הָאוֹת וְהַמּוֹפֵת
יַשִּׁיא לְבָבוֹת בְּדָבָר רֵק וְנֹפֶת וְלֹא נָבִין הֲכִי חִישׁ בְּכַף קֶלַע יְשִׂימֵנוּ
יְשֵׁנָה בְּחֵיק יַלְדוּת לְמָתַי תִּשְׁכְּבִי דְּעִי כִּי נְעוּרִים כַּנְּעֹרֶת נִנְעֲרוּ
יִתְהַפֵּךְ עֵינוֹ בַּכּוֹס אֱלֵי שִׁבְעָה עֵינַיִם חַלָּשׁ דִּמְיוֹנוֹ כִּכְפִיר בְּבוֹאוֹ תּוֹךְ מֵעַיִם נִלְעָג
וּבְעֵינוֹ יִלְעַג לְחַרְטֻמֵּי מִצְרַיִם כֵּלָיו לֹא הוּמַר עַל כֵּן צִבְיֵ רֵיחוֹ לֹא נָמַר

כַּאֲשֶׁר לְבָבִי בְּעֵינָיו נִפְקַד גַּם עַל פְּשָׁעַי בְּיָדוֹ נִשְׁקַד דָּרַשׁ תְּנוּאוֹת וְאַפּוֹ פָּקַד צָעַק
בְּאַף רַב לְךָ עָזְבֵנִי אַל תֶּהְדָּפֵנִי וְאַל תַּתְעֵנִי
כְּבוּדָּה כְּבַת מֶלֶךְ עֲדִינָה מְעֻנָּגָה רֵיחָהּ כְּרֵיחַ מֹר מְקֻטָּר וְכִשְׂרֵפָה
כְּבָר שֶׁכְחוּנִי הָעֲרָבָה וְהַזְּמַן חֲצֵרִי בְּעִירִי אָן יְדִידֵי חֲצֵרִי
כָּהֲתָה עֵין אוֹהֲבָם כִּי אֵינֵימוֹ אַשְׁרֵי עַיִן אֲשֶׁר עוֹד תֶּחְזֵמוֹ
כְּזֹאת יַעֲשֶׂה הָאֵל לְאִישׁ גָּבַהּ בְּנַעֲרוּתוֹ בְּטוּב שַׂעֲרוֹ וּבִיפוּת תָּאֳרוֹ
כֹּחִי עֲזָבַנִי וְכַמֵּת חֲשָׁבַנִי וְחֶטְאִי סְבָבַנִי וְדִוְיִי וּמַכְאוֹבִי

כִּי מֵת וְגַם יָרַד לִשְׁאוֹל בְּרֹב חֵשֶׁק כָּלָה בְּאַהֲבָתוֹ אוֹתָךְ וְגַם נִסְפָּה
כִּי נִרְאֲתָה לִי מֵרָחוֹק חֲשַׁבְתִּיהָ יוֹנָה תְדַלֵּג עַל שָׂדֶה וְהִיא עָפָה
כָּל בַּעֲלֵי הַשִּׁיר חָרְדוּ לְעֻמָּתוֹ אַף יַעֲטוּ בֹשֶׁת כֻּלָּם וְגַם חֶרְפָּה
כָּל הַזְּמַנִּים מִיְּמֵי קֶדֶם נָתְנוּ יְדֵיהֶם אֶל זְמַנֶּךָ
כַּמָּה אֲיַחֵל וְכַמָּה יִבְעַר כְּמוֹ אֵשׁ חֲרוֹנִי
כַּמָּה לְבָבֵךְ יְאֻבַּל כַּמָּה דְמָעוֹת תִּשְׁאֲבִי
כְּסַהַר בְּמוֹלָדוֹ כִּתְרָהּ עֲלֵי רֹאשָׁהּ שֶׁהִיא מְשֹׁהֶמֶת כֻּלָּהּ מְיֻשָּׁפָה
כַּפֵּר עֲוֹנִי וְשָׂא חַטָּאתִי וּמְחֵה פְשָׁעַי בְּמֵי דִמְעָתִי
כְּשֶׁמֶשׁ מְרוֹמִים הֲכִי אַתְּ גְּבִירָה וְאִם אַתְּ בְּפִי כָל אֲנָשִׁים צְעִירָה
כָּתַב סְתָו בִּדְיוֹ מְטָרָיו וּבִרְבִיבָיו וּבְעֵט בְּרָקָיו הַמְּאִירִים וְכַף עָבָיו
לֹא אֲהַלֵּךְ בְּמַחֲשַׁכִּים וְאַתָּה אוֹר נְתִיבִי וּבָךְ מְנָתִי וְחֶבְלִי
לֹא יִדְאֲגוּ לָעַד לְבַד מִשֹּׁד פֵּרוּד וְזֶה לָזֶה מְאֹד יִתְאָב
לֹא כְמִשְׁפָּטֵי תְדִינוּן עָלֵימוֹ חַפְּשׂוּ הֵיטֵב וְדִינוּם כִּשְׁלֹמֹה
לֹא מִתְּמוֹל פִּיּוֹת שְׂחוֹק נִמְלָאוּ עַד כִּי בְךָ יוֹסֵף לְבָבוֹת גָּאוּ
לֹא נִמְנְעוּ מִבֹּא בְּרֶסֶן מִשְׁקְלֵי הַשִּׁיר אֲבָל שָׁמְעוּ שִׁמְךָ וָבָאוּ
לִבְבוּנִי עֵינֵי צְבִי לִי שֵׁרַת לֵב אֲדוֹנָיו יָצוּד בְּלֹא מִכְמֹרֶת
לִבִּי בְּשִׁבְיָהּ נֶשְׂאוּ לֹא אֵדְעָה אִם יִסְּרוּ אוֹתוֹ בְאַף אִם רִחֲמוּ
לִבִּי כְתַנּוּר לְפֵרוּד יוֹסֵף גַּם שֹׁד יְהוּדָה כְּבֵדִי שִׂסֵּף וּכְאֵב שְׁלִישָׁם בְּאֶבְלִי יֹסֵף כִּי
מַמְּרֹרָיו בְּנַפְשִׁי נִתְלוּ קִירוֹת לְבָבִי כְּמוֹהֶם חֻלּוּ
לְבַעֲבוּר כִּי יוֹם יְהִי מַעֲלֶה צֳרִי לְמַכָּתֶךָ וְיוֹם יַכֶּה
לְהַלֶּלְךָ בְּכָל שַׁחֲרִי וְנִשְׁפִּי לְשׁוֹנִי יִדְרְשָׁה תָּמִיד וְגַם פִּי
לוּ אֶחֱזֶה פָּנָיו בְּלִבִּי בְּיִתָה לֹא שָׁאֲלוּ עֵינַי לְהַבִּיט חוּצָה
לוּ חָכְמָה נֶפֶשׁ רוּחַ מְרַדֶּפֶת כִּי הִיא לְבַדָּהּ מִתֵּבֵל תְּרוּמָתִי
לֶחְיָהּ כְּשׁוֹשַׁנָּה בַּדָּם מְאָדֶּמֶת אֶרְאֶה כְשָׁפִים בָּהּ וְאֵינָהּ מְכַשֵּׁפָה
לֵיל מַחְשְׁבוֹת לֵב אָעִירָה וּנְדֹד אֲהוּבִים אַזְכִּירָה אֶרְעַד בְּחִילֵי מַבְכִּירָה אוּלַי פְּנֵיהֶם
אַכִּירָה עָשׁ עִם כְּסִיל וּבְרִיב כְּסִיל לִנְבִיא פְּסִיל יַעֲרֹךְ נֶגְדִּי עֲצָבִי יְבַל לִבִּי וּבַל נִרְפָּא
אֲבָל רְפָאִי כַדִּי

לְךָ אֵלִי [וְ]צוּר חֵילִי מְנֻסָתִי בְּצָרָתִי בְּךָ שִׂבְרִי וְתִקְוָתִי אֱיָלוּתִי בְּגָלוּתִי לְךָ כָּל מִשְׁאֲלוֹת

לִבִּי וְעֶרְךָּ כָּל תַּאֲוָתִי פְּדֵה עֶבֶד לְךָ צֹעֵק מִיַּד רֹדָיו וְקָמָיו נִפְּלָה־נָּא בְיַד־יי כִּי־רַבִּים

רַחֲמָיו

לֶךְ לְךָ לָאֹמְרִים כִּי הַזְּמָן יִכְלֶה וְיִתָּם

לְכִי אֶל שְׁמוּאֵל שֶׁעָלָה בְּאַרְצֵנוּ כַּעֲלוֹת שְׁמוּאֵל בָּרָמָה וּבַמִּצְפָּה

לָכֵן בְּעֵת חָמְדָה אֲדָמָה פְּנֵי שַׁחַק רָקְמָה עֲלֵי בַדֵּי עֲרוּגוֹת כְּכוֹכָבָיו

לִמְאֹד אֲהַבְתִּיךָ אֵין קֵץ לְאַהֲבָתָךְ הִנְנִי בְּחָנֵנִי וְלִבִּי בְּזֹאת צְרְפָה

לָמָּה יְחִידָתִי בְּדָם תִּתְגּוֹלְלִי אִם עַל פְּשָׁעַיִךְ מְאֹד תִּתְחַלְחֲלִי

לָמָּה יְנִיאוּן לְבָבִי לָמָּה אִם בַּעֲבוּר חֵטְא וּבִגְלַל אַשְׁמָה אֶשְׁגֶּה בְיָפְיֵךְ אֲדֹנָי שָׁמָּה אַל

יֵט לְבָבְךָ בְּנִיב מַעְנֵנִי אִישׁ מַעֲקַשִּׁים וּבוֹא נַסֵּנִי

לְמַעַן בְּנֵי אָדָם בְּמַחְשַׁכִּים בְּאֶרֶץ וְאַתֶּם כַּהֲרָסֶיהָ

לְמַעַן פְּעֻלָּתוֹ אֲשֶׁר נֶאְמָנָה

לְנוֹדְךָ בְּקִרְבִּי אוּר וְגוּפִי בְתוֹךְ יְאוֹר בְּשָׁטְפּוֹ וּמִי יוּכַל נְשֹׂא אוּר וָזֶרֶם

לְפִי כִּי אַתְּ לַלֵּב כְּמוֹ הַכַּף לַכַּף

לִקְרַאת מְקוֹר חַיֵּי אֱמֶת אָרוּצָה עַל כֵּן בְּחַיֵּי שָׁוְא וָרִיק אָקוּצָה

לִרְאוֹת פְּנֵי מַלְכִּי מְגַמָּתִי לְבַד לֹא אֶעֱרֹץ בִּלְתּוֹ וְלֹא אַעֲרִיצָה

לִרְאוֹת שְׁמוּאֵל הָרוֹאֶה אֲנִי עוֹלָה לִהְיוֹת לְבֵיתוֹ סוֹבֶבֶת וּמַקִּיפָה

לַשַּׂר רְבִּי נִסִּים כְּתָב רִיב וְתוֹכַחַת מֵאֵת יְדִידוֹ עִם יְדִידוֹ מְשֻׁלַּחַת

מֵאַהַב יָדַי תִּרְפֶּינָה וּלְפֵרוּד עֵינַי תִּבְכֶּינָה

מַאֲהֲבָתָהּ בָּהּ תִּגְמֹר שִׁיר אַהֲבָה וָשִׁיר מִזְמוֹר לָלִין בְּחֵיקָהּ כִּצְרוֹר מֹר צִיר נֶאֱמָן

נִשְׁבַּע לֵאמֹר בַּאללַה רַסוּל קֶל לַלְכְּלִיל כִּיף אַלְסַבִּיל וַיִבִית עִנְדִי כַּלְף אַלְחְגַ׳אל נַעְטִיה

דַלַאל עֲלֵי אלנַכַּאל וַנִזִיד נַהְדִי

מֵאָז אֲבוֹתָיו נִקְרְאוּ רֶבִּי תְעוּדוֹת נִפְלָאוּ שְׂאַל כְּתֵפוֹת נָשְׂאוּ הֵן עַל לְבָבוֹ נִמְצְאוּ עֹפֶר

בְּגִיל שֶׁמֶשׁ כְּגִיל דַּת בּוֹ אֲגִיל הֵן וְהֹד תַּעְדִּי מַטִּים גְּאַל חֶפְצְךָ שְׂאַל אֶתֵּן וְאַל יַרְפְּךָ

חַסְדִּי

מַאֲסוּ כָל זֶה וְתִמְהוּ עַל יְקוּתִיאֵל אֲשֶׁר תָּם

מְדַבֵּר מוּם בְּאִישׁ חָיִל הֲמִיּוֹם יַעֲשֶׂה לָיִל

מַה טּוֹב וּמַה נָּעִים אֲשֶׁר נִתַּן לְךָ אִלּוּ יְהִי קַיָּם לְעוֹלָם תָּאֳרוֹ

מַה־יִּתְאוֹנֵן וְיֹאמַר מַה יְדַבֵּר וְיִצְטַדָּק יְצִיר חֹמֶר אֲשֶׁר נֶחְשָׁב גְּוִיָּתוֹ כְּאָבָק דַּק מַה־יִּתֵּן
לְךָ אָדָם אִם יִרְשַׁע וְאִם יִצְדַּק הֲלֹא מִלָּיו וּמִפְעָלָיו כְּתוּבִים בְּמִסְפַּר יָמָיו נִפְּלָה־נָּא
בְיַד־יְיָ כִּי־רַבִּים רַחֲמָיו

מַה לְּךָ אֶל בּוֹעֲרִים לֵךְ לְךָ אֶל יוֹעֲצִים בַּתְּבוּנָה וָאֲאַלֵּף מַעֲשֵׂיהֶם וְחִכַּם

מַה לָּךְ תֵּלֵךְ מַר דּוֹדִי וְעִמִּי יַיִן חָמַר

מֶה עָרְבוּ לִי יְמֵי חֶבְרָה וּמָתְקוּ לוּלֵי אֲשֶׁר עָבְרוּ כַּצֵּל וְרָחְקוּ

מַה תְּשִׂימוּן עוֹד לְבַבְכֶם לַעֲלוֹתָם אוֹ לְרִדְתָּם

מַהֲרִי שׁוּבִי תְּנוּמַת עֵינֵימוֹ וַאֲנִי מֵאֵין תְּנוּמָה אֶבְכֵּמוֹ

מִי זֹאת כְּמוֹ שַׁחַר עוֹלָה וְנִשְׁקָפָה תָּאִיר כְּאוֹר חַמָּה בָּרָה מְאֹד יָפָה

מִי יִתְּנָה תַּחֲנֹן אוֹתִי בְּחֶבְרָה וְטֶרֶם מוֹת בְּיַד הַנְּדוֹד תָּשׁוּב תְּחַיֵּנִי

מִי יִתְּנֵנִי לַחֲזוֹתוֹ בַּחֲלוֹם אִישַׁן שְׁנַת עוֹלָם וְלֹא אָקִיצָה

מִיּוֹם נָדַד גָּלוּ גִּילַי וּבְעֵת רָחַק חָלוּ חִילַי וְאֵימוֹת מָוֶת נָפְלוּ עָלַי עַצְמוֹתַי כָּעָשׁ תִּכְלֶינָה
וּבְאֵשׁ אַהַב תִּכָּוֶינָה

מִכְתָּב עֲלֵי גַן מִתְכֵלֶת וְאַרְגָּמָן לֹא נִתְכְּנוּ כָהֵם לְחֹשֵׁב בְּמַחְשָׁבָיו

מַעֲשֵׂי אֲדֹנָי הַדְּרוּשִׁים בִּקְהַל קְדוֹשִׁים

מִצְבָיִים אוֹהֲבָה הַצְּבִי הַמְּצֻדָּד אָז יְדִידִי יְהִי

מְצַדֵּק לְלֹא נוֹדַע מְהוֹלָל וְכוֹסֶה עֲלֵי בָרִי בְּשֶׁמֶא

מֵרִיב חֲדַל נָא וְאִם מִשְׁפַּט אֱמֶת תִּדְרְשָׁה הַבֵּט וְיָפְיָהּ רְאֵה טֶרֶם תְּרִיבֵנִי

מִשֹּׁד חֵשֶׁק לִבִּי נִשְׁבָּר אַךְ צִיר פֵּרוּד עָלַי יִגְבָּר וּבִרְוֹאוֹתַי נַחַל עָבָר כִּי מִדַּם לֵבָב
תִּדְלֶינָה עַל כֵּן לְרֶגַע לֹא תִדְמֶינָה

מִשְׁמַן בְּשָׂרִי יִדַּל וּכְאֵב לְבָבִי יִגְדָּל

נָאוֹר מִמְּעוֹנְךָ אַל תַּעֲלֵם עֵינְךָ וּנְקֹם בִּימִינְךָ אֵל מִמִּתְקוֹמֲמִים

נֶגְדָּם כְּרוּבִים בְּרוּם מְרוֹמִים לִשְׁמוֹ מְבָרְכִים בְּחִיל וְאֵימִים דָּבָר מְדַבֵּר אֱמֶת וְתָמִים
כִּי לֹא לְלֶכְתָּם כַּאֲנוּשִׁים לִקְרַאת נְחָשִׁים

נוּמִי אֲהָהּ נִגְזַל בָּרַח אֲהָהּ גּוֹזָל מֵאָהֳלֵי דִמְעִי אֲהָהּ יִזַּל עָפְרִי אֲהָהּ אָזַל מִי גוֹאֲלִי

נוֹגֵן שְׁלַח אֶצְבַּע לָעוּת חֲלִילֶךָ טוּב מַעֲנֶה אִלֵּם אֲבָל יַבִּעַ צַחוֹת כְּקוֹלֶךָ כֵּן יַעֲנֶה שָׁלֹשׁ
וְגַם אַרְבַּע עַל פִּי נְבָלֶיךָ בִּשְׂמֹאל מְנֵה שִׁירִים נְצֹר עַל דַּל שָׂפָה וְאַל יֶחְדַּל מִפִּי כְלִי
שִׁיר קוֹל אֲשֶׁר יִגְדַּל עִתִּים וְעֵת יִדַּל לֹא מֵחֳלִי

נוֹעֲצוּ גַּם רָגְשׁוּ וְעַל גַּבִּי חָרְשׁוּ וְעָלַי יִתְלַחֲשׁוּ לֵילוֹת וְגַם יָמִים
נַחֲמוּנִי נַחֲמוּ כִּי קְרָבַי יֶהֱמוּ עַל כְּאֵבִים עִצְמוּ וּשְׁנָתִי רֻתְּקָה נָדְדָה גַּם עֻתְּקָה
נִחַר בְּקָרְאִי גְּרוֹנִי דָּבַק לְחִכִּי לְשׁוֹנִי
נַפְשִׁי פְּדוּתְךָ גְּבִירִי מֹשֶׁה כִּי גַם אֲנִי מִבְּכִי לֹא אֶחְשֶׁה עַד בֹּא תְלָאוֹת בְּחֶזְיוֹן קָשֶׁה
לֹא בִצְעוּ יוֹם כְּנֶשֶׁר קַלּוּ עַד כִּי בְנַפְשִׁי יְדִידְךָ כִּלּוּ
נִפְתָּה וְקַמְנוּ אֱלֵי בֵית אִמּוֹ וַיֵּט לְעֹל סֵבֶלִי אֶת שִׁכְמוֹ לַיְלָה וְיוֹמָם אֲנִי רַק עִמּוֹ אֶפְשַׁט בְּגָדָיו וַיַּפְשִׁיטֵנִי אִינַק שְׂפָתָיו וַיֵּינִיקֵנִי

סֹב שְׁתֵה כָהֶם וְאִם יָרִיב בְּךָ אִישׁ אֱמֹר לוֹ קַח לְךָ זָהוּב וְצֵא
סוּר וְאַל תֵּט אַחֲרֵי רֹדְפֵי רַע בְּרָדְפָם וֶאֱמֶת עוֹזְבִים

עֲזֹר נַפְשִׁי אִישִׁי וְנָשְׂאֵנִי עַל כַּף
עֵינַי מֵרֹב בֶּכִי כָּהוּ
עַל כֵּן בְּחַיֵּי שָׁוְא וְרִיק אָקוּצָה לִקְרַאת מְקוֹר חַיֵּי אֱמֶת אָרוּצָה
עֲלֵיכֶם בְּנֵי תוֹרָה וְתוּפְשֶׂיהָ עֲלֵיכֶם לְגַלּוֹת אֶת כְּמוּסֶיהָ
עֲנֵנִי יי עֲנֵנִי בְּקָרְאִי מִן הַמֵּצַר וְאַל תִּבְזֶה עֱנוּת עָנִי צֹעֵק מִתִּגְרַת צָר וְיִוָּדַע בְּעַמִּים כִּי יֶדְךָ לֹא תִקְצַר וְיִשַּׁר מַעֲוֶה מוֹדֶה וּמִתְוַדֶּה עַל עֲלֻמָיו נִפְּלָה־נָּא בְיַד־יי כִּי־רַבִּים רַחֲמָיו
עֹפֶר מַדֵּי יֹפִי לָבַשׁ וּפְאֵר הַחֵן לְבַדּוֹ חָבַשׁ חִכּוֹ מָתוֹק מִצּוּף וּדְבַשׁ עֵינַיִם אוֹתוֹ תִרְאֶינָה מֵרְאוֹת לָעַד לֹא תִכְהֶינָה

פְּאֵרְנוּ נִתְעַב וְלִבֵּנוּ נִכְאַב כִּי אֵין לָנוּ אָב הָיִינוּ יְתֹמִים
פִּי כוֹס בְּפִי עֹפֶר צַפֵּה יֵינִי וּמִגְדּוֹ פֶּה אֶל פֶּה אֵין לִי בְּמוּסָרְךָ מַרְפֵּא נָא קָט מְעַט מִנִּי הַרְפֵּה רוֹפֵא אֱלִיל אֶשְׁמַע חֲלִיל רֹן עַל צְלִיל יַיִן בְּפִי כַּדִּי מֵרִיב גְּדָל מַכְאוֹב חֲדָל אֶשְׁאַל כְּדָל מִצְּבִי נִרְדִּי

צִמְּתַתְנִי אַהֲבָה כִּי לְיָדִי אָרְבָה נָפְלָה כִּנְפֹל שְׁבָא בָּחֲרִי אַף דָּלְקָה אֶת לְבָבִי בִתְּקָה
צָעִיר אֲנִי וְנִכְאֶה חַסְדְּךָ אָז אֶרְאֶה כְּמוֹ־זָקֵן גֵּאֶה יְשַׁר־דֶּרֶךְ תָּמִים
צַר־לִי עָלַי חֹשְׁקִים בְּדִמְעָה יִבְטְחוּ וּבְיוֹם כְּאֵב עַל־הַדֳּמִי יִשָּׁעֲנוּ

קָדְשְׁךָ הֶחֱרִיבוּ וְאֹתִי הִסְחִיבוּ לְרַגְלִי הִצִּיבוּ מְצוֹדִים וַחֲרָמִים
קוּמָה בְּשַׁחַר וְשׁוּר יְרִיעַת שַׁחַק בְּכֶסֶף וּפַז נְקוּדָה
קַח מִצְּבִי כוֹס וֶאֱמֹר לוֹ קְחָה בַקְבּוּק וְרוּץ לַכַּד וּמַלֵּא וְהָבִיא

קַמְתִּי אֲנִי וְאָעִיד בִּרְשׁוּת רַב וְצָעִיר יָהּ פִּי בְחִין אַפְעִיר וְתַעַל לִי רַחֲמִים
קָרְבָה וְאַל תִּרְחַק וּבְצֵל נְוֵה עֹפֶר בּוֹא לַחֲסוֹת יָד נוֹפֵפָה וּדְחַק יֶתֶר בְּנִיב שֶׁפֶר הַפְּלֵא
עֲשׁוֹת וּכְאֶצְבְּעוֹת יִצְחָק הַשַּׂר בְּעֵט סוֹפֵר עֵת תּוֹפְשׂוֹת מַה דַּל וּמַה נִּדְגָּל עֵטוֹ כְּרוּץ
גַּלְגַּל רָץ עַל גְּלִילֵי פָז שְׁאַב מִגַּל הוֹדוֹ עֲדֵי יִגַּל כִּשְׁאֹב דְּלִי

רִבּוּ מְרִיבַי וְלֹא אֶשְׁמָעֵם בּוֹא הַצְּבִי וַאֲנִי אַכְנִיעֵם וּזְמָן יְכַלֵּם וּמָוֶת יִרְעֵם בּוֹא הַצְּבִי
קוּם וְהַבְרִיאֵנִי מִצּוּף שְׂפָתְךָ וְהַשְׂבִּיעֵנִי
רַדְנוּ לַחֲרָפוֹת וְנֶהִי לִשְׂרֵפוֹת בְּכַשִּׁיל וְכֵילַפּוֹת בֵּית קָדְשְׁךָ הֹלְמִים
רָעֲיַת צְבִי מִבּוֹר שְׁבִי הַתְפַּתְּחִי רֵיחַ בְּגָדַיִךְ לְבַשְּׂרוֹ שַׁלְּחִי
רַצְתִּי לְקִרְבָתָהּ עֵת שֶׁרְאִיתִיהָ עֵת רָאֲתָה אוֹתִי אָז כִּסְּתָה אַפָּהּ

שַׁאֲלוּ הֲיִזְרַח אוֹר בְּחָשְׁכֵּנוּ וְאִם יְבַקְּעוּ עוֹד שַׁחֲרֵי לֵילֵינוּ
שַׁאֲלוּ נָא אֶת שְׁלוֹמִי כִּי כָל דּוֹד אֶל יְדִידוֹ סָר וְשׁוֹאֵל בִּשְׁלוֹמוֹ
שָׁב הַזְּמָן עַל קָו וְכֹל אָח לֹא יַעְקֹב וְכֹל יֶלֶד יְכַבֵּד אָב
שִׁיר אֲהוּבִי מַעֲנֶה [... ..נֶה] שִׁיר יְדִידוֹת תַּעֲנֶה עַאשִׁקִין אעְתַנִקַא רַבִּ לַא תַּפְתַּרִקַא
שְׁמוּאֵל מֵת בְּנוֹ לַבְּרַט וְעָמַדְתָּ עֲלֵי כַנּוֹ
שִׁיר אָח מְפֹרָד בְּלִבִּי כִידוֹד יָשִׁיר כְּעַלְמָה לְדָבָהּ יְדוֹד כִּי מוֹעֲדָהּ בָּא וְלֹא בָא הַדּוֹר
בֵּנִיד לַפִּשְׁכָּה אַיּוֹן שְׁנְאֵלוּ כֹּם כַּנְדְ מֵו קֹרַזוֹן פִּרְאֵלוּ
שִׁיר נֶעֱלָם גִּלָּה סוֹדוֹ נֶפֶשׁ בְּשֵׁם שַׂר וּכְבוֹדוֹ זֶה פַּעֲמוֹן לִמְעִיל הוֹדוֹ חֵלֶף כְּתָב רִקְמַת
יָדוֹ רִקְמַת כְּלִיל זָהָב כְּלִיל שִׁיר מִגְּלִיל מַעֲרָב תַּעְדִּי זֶה הַכְּלָל מְמַהֲלָל שׁוֹלֵל שְׁלַל כָּל יְקַר חֶמְדִּי
שָׁלוֹם לְגֶבֶר שְׁשׁוֹנָיו הָגְלוּ חָדְלוּ מְנַחְמָיו אֲהָהּ חָדֵלוּ
שָׁלַל שְׁלָלֶיהָ וְכָמַס בְּאֹצְרוֹתָיו וּבָטַח בְּמַחְמַדֵּי זְהָבָהּ וְגַם כַּסְפָּהּ
שְׁמַע הַשַּׂר אֲשֶׁר כָּל שַׂר בְּךָ נִקְרָא וְנִתְכַּנָּה
שִׁפְרָה בְרוּחוֹ שְׁמֵי שְׁחָקִים כִּרְאִי יְצוּקִים וְצֹר חֲזָקִים מִבְטַח קְצָווֹת וְיָם רְחוֹקִים
רַחֲמָיו עֲלֵי כָל הַנְּפָשִׁים כָּל יוֹם חֲדָשִׁים
שְׁתֵה אָחִי וְהַשְׁקֵנִי עֲדֵי כִּי בְיַד הַכּוֹס יְגוֹן לִבִּי אֲמַגֵּן

שִׂבְרִי וְשִׂמְחָתִי וְחֶבְרַת אֹהֲבַי מִיּוֹם לְיוֹם יִסְעוּ וְאַךְ לֹא־יַחֲנוּ
שַׁבְתִּי וְתַלְתַּלֵּי זְמָן לֹא שָׁבוּ וִימֵי נְדוּדִים לַעֲלוּמִים שָׁבוּ

שָׁח בַּעֲבוּר אֵין לַעֲנָגָה וְרַכָּה דָּת עַד אֲשֶׁר תִּהְיֶה מְלָכִים מְדַכָּה
שִׂימָה יְמִינְךָ עַל צְלָעַי תָּשִׁיב אֱלֵי צַלְעִי לְבָבוֹ
שִׂמְחָה בּוֹאִי תוּגָה צֵאִי וּשְׁאוֹן לִבִּי מֶנִּי הָשַׁע
שִׁשְׁנְךָ לִי הָשֵׁב וְשַׁוְעָתִי הָקְשֵׁב אֵל מֶלֶךְ יֹשֵׁב עַל כִּסֵּא רַחֲמִים

תַּאֲוַת לְבָבִי וּמַחְמַד עֵינִי עֹפֶר לְצִדִּי וְכוֹס בִּימִינִי
תֵּדַע בְּנִי כִּי צוּר יְצָרְךָ נוֹרָא
תְּהִלַּת מַאֲמָרִים תְּהִלּוֹת וּזְמִירִים לְיוֹצֵר הַיְצוּרִים וּמֵבִין מַעֲשֵׂיהֶם
תּוֹךְ לְבָבִי אֵשׁ יְקוֹדִים מִשְּׁאוֹן פֵּרוּד יְדִידִים
תָּנִיד שְׂפָתֶיהָ אָז לַהֲשִׁיבֵנִי כְּאִלּוּ מְרִיקָה צוּף בָּהֶם וּמַטִּיפָה
תַּעְדֶּה עֲדִי זָהָב וּמִינֵי בְדֹלָחִים וּבְכָל יְקָר אֶבֶן סַפִּיר מְעֻלָּפָה
תִּשְׂחַק פְּנֵי הַיּוֹשְׁבִים לַרְנִין אוֹתָם וְאֵשׁ יֹאכַל שְׁאֵר גְּוִיָּהּ
תִּתְחַל וְאִם יָגֹז אֱנוֹשׁ רֹאשָׁהּ תָּעִיד הֲכִי מֵהֶחֳלִי חִיָּהּ

NAMES OF THE METRES IN THE HEBREW TRADITIONS

	Arabic	Israeli Hebrew	Ibn Danān
First Circle	*ṭawīl*	*arok̠*	*arok̠*
	madīd	*mitmoded*	*mašuk̠*
	basīṭ	*mitpaššeṭ*	*pašuṭ*
Second Circle	*wāfir*	*mĕrubbeh*	*ʿodef*
	kāmil	*šalem* and/or *šalem wĕ-soʿer*	*tamim*
Third Circle	*hazağ*	*marnin*	*megil*
	rağaz	*šalem* and/or *šalem wĕ-soʿer*	*ḥaruz*
	ramal	*qaluaʿ*	*ḥol*
Fourth Circle	*sarīʿ*	*mahir*	*mĕmaher*
	munsariḥ	*dohar*	*mĕyuttar*
	ḫafīf	*qal*	*qal*
	muḍāriʿ	*domeh*	*mĕdammeh*
	muğtaṯ	*qaṭuaʿ*	*pasuq*
	muqtaḍab	Ø	*mĕʾussaf*
Fifth Circle	*mutaqārib*	*mitqareb*	*mitqareb*
	mutadārak	*mašlim* and/or *mišqal ha-tĕnuʿot*	*tĕʿuni*

INDEX

ʿAbdarraḥmān II, 4, 8, 10
ʿAbdarraḥmān III, 8
Abūlḥasan, 12
ʿaḍb, 48, 155, 156, 163
addition, xvi, 27, 29, 30, 44, 52, 53, 54, 64, 75, 76, 78, 87, 88, 110, 121, 127, 139, 157, 165
ʿağz, 19, 155, 156, 164
Alandalus, xi, xii, xiii, xv, xvi, 1, 4, 5, 6, 7, 9, 10, 11, 12, 24, 120, 135, 150, 162
alef, 13, 14, 93, 95, 96, 99, 100, 101, 154, 160, 162, 163, 164
Alexandria, 118, 148
Alḫalīl, xiv, xvi, 1, 2, 3, 4, 81, 85, 155, 160, 161
alphabet, 5, 100, 157
aqraʿ, 9, 121, 155
ʿaqṣ, 48, 155
Arabic, xi, xii, xiii, xiv, xvi, 3, 5, 6, 7, 8, 9, 10, 12, 14, 16, 17, 39, 42, 46, 84, 86, 88, 105, 107, 114, 121, 147, 148, 151, 152, 153, 156, 157, 162, 180
aʿrağ, 10, 110, 155, 162
Arrabaʿī, xiii
Arramādī, 12
articulation point, 100, 157
ʿarūḍ, xiii, xiv, xv, xvi, 1, 2, 8, 10, 12, 19, 22, 23, 28, 32, 33, 34, 35, 39, 40, 41, 42, 43, 44, 45, 46, 47, 48, 49, 50, 51, 52, 53, 54, 55, 56, 57, 58, 59, 60, 63, 64, 65, 66, 67, 68, 69, 70, 71, 72, 73, 74, 75, 76, 77, 78, 79, 86, 87, 88, 89, 101, 104, 121, 149, 155, 157, 158, 160, 162, 165
Attabrizī, xiii
ʿayin, 96
basīṭ, 4, 21, 25, 26, 27, 29, 46, 81, 82, 83, 95, 99, 107, 112, 114, 118, 155, 160, 180
Ben Jacob, 41, 45, 151
Ben Labraṭ, 6, 7, 56, 102
Ben Saʿīd, 12
Ben Saruq, 8
circle, xvi, 81, 82, 83, 84, 85, 159, 160, 161, 162
composition, x, xii, xiii, xv, 6, 8, 9, 10, 11, 12, 19, 20, 21, 22, 23, 24, 28, 29, 37, 49,

51, 55, 59, 60, 61, 63, 92, 93, 96, 97, 99, 100, 101, 103, 104, 105, 107, 110, 112, 114, 115, 118, 120, 121, 124, 126, 127, 129, 130, 133, 135, 138, 139, 143, 155, 156, 157, 158, 159, 160, 161, 162, 163, 164, 165, 166
consonant, xi, 5, 8, 13, 14, 15, 16, 17, 18, 24, 25, 26, 27, 28, 29, 30, 35, 36, 40, 42, 43, 44, 50, 54, 58, 70, 79, 81, 82, 83, 84, 87, 92, 94, 95, 96, 97, 98, 99, 100, 101, 139, 155, 156, 157, 158, 160, 162, 163, 164, 165, 166
Cordoba, xiv, 4, 5, 6, 7, 11, 105, 110, 114, 133
dageš, 13
daḫīl, 99, 101, 156, 158, 164
ḍarb, 19, 22, 23, 28, 32, 33, 34, 35, 38, 39, 40, 41, 42, 43, 44, 45, 46, 47, 48, 49, 50, 51, 52, 53, 54, 55, 56, 57, 58, 59, 60, 63, 64, 65, 66, 67, 68, 69, 70, 71, 72, 73, 74, 75, 76, 77, 78, 79, 80, 86, 87, 88, 89, 101, 104, 105, 107, 110, 112, 114, 115, 118, 121, 135, 156, 157, 158, 160, 162, 165
dawr, 9, 107, 121, 156
defect, 11, 51, 68, 100, 101, 157, 158, 164, 165
defective, 13
dīwān, 92, 156
ḏū bayit, 91, 156
Estella, 112
fāṣila, xvi, 14, 15, 16, 156
grammarian, 1, 14, 16
Granada, xv, 105, 112, 146, 150
ġuṣn, 9, 10, 105, 107, 110, 112, 114, 118, 121, 156, 161, 162
guttural, xi, 112
ǧuzʾ, 9, 156
ḫafīf, 4, 15, 18, 25, 27, 28, 29, 30, 74, 84, 85, 155, 157, 161, 165, 180
ḫarǧa, 9, 10, 12, 105, 107, 110, 112, 114, 118, 120, 121, 135, 157, 159, 162
ḥašw, 19, 24, 35, 41, 46, 47, 52, 55, 57, 60, 65, 66, 69, 71, 72, 74, 75, 76, 80, 88, 89, 104, 105, 107, 110, 112, 115, 118, 121, 135, 138, 157, 166
ḥaṭef, 14, 17, 154

hazağ, 4, 26, 27, 28, 30, 49, 57, 83, 135, 155, 157, 159, 180
*he*ʾ, 16, 22, 92, 94, 96, 97, 98, 100, 157, 162
Hebrew, xi, xii, xiv, xvi, 6, 7, 8, 9, 12, 15, 16, 17, 19, 23, 38, 42, 43, 44, 46, 49, 51, 81, 85, 86, 89, 90, 94, 95, 96, 102, 110, 112, 120, 135, 146, 148, 150, 151, 153, 155, 156, 157, 161, 163, 164, 166, 180
hemistich, 3, 11, 19, 21, 22, 23, 28, 30, 35, 36, 37, 39, 53, 59, 68, 69, 81, 82, 83, 84, 85, 88, 93, 103, 129, 136, 155, 156, 157, 158, 159, 160, 161, 162, 163, 164, 165
ḥet, 17, 92
ḥireq, 154
ḥolem, 13, 98, 154
Iamblichus, 2, 148, 151
Ibn ʿAbdrabbihi, xiii, xiv, 6, 24, 25, 145, 148
Ibn Almuʿtazz, 1, 148
Ibn Altabban, 47, 62, 74, 130, 150
Ibn Bassām, 11, 148, 150
Ibn Bilʿam, 135
Ibn Danan, 39
Ibn Ezra, 36, 43, 44, 47, 50, 51, 57, 58, 63, 80, 93, 95, 97, 99, 102, 103, 112, 121, 127
Ibn Firnās, 4, 5, 11
Ibn Gabirol, 20, 21, 22, 23, 32, 37, 38, 43, 46, 48, 53, 55, 56, 58, 60, 61, 65, 66, 67, 71, 77, 78, 87, 88, 89, 95, 107, 149
Ibn Ğanāḥ, 14, 16, 17, 148
Ibn Ğinnī, xiii
Ibn Ğiqatila, 110
Ibn Kapron, 133
Ibn Khalfun, 21, 37, 104
Ibn Nagrela, 20, 21, 22, 33, 34, 35, 36, 37, 38, 41, 42, 43, 45, 46, 49, 52, 53, 54, 56, 59, 62, 64, 65, 67, 68, 69, 72, 74, 77, 80, 86, 88, 90, 95, 96, 105, 129, 130, 132, 148, 149, 151
Ibn Saddik, 114, 121
Ibn Šapruṭ, 8
Iraq, 7
Judah Halevi, xiii, 23, 33, 49, 51, 59, 61, 93, 94, 98, 105, 118, 121, 130, 138
kāmil, 4, 26, 27, 29, 30, 49, 52, 53, 55, 82, 83, 94, 97,

98, 99, 101, 110, 112, 155, 158, 159, 180
lamed, 17, 23, 92
madīd, 4, 25, 27, 28, 29, 39, 41, 81, 82, 83, 90, 105, 155, 158, 160, 180
makbūl, 59, 158
maṭlaʿ, 9, 105, 107, 110, 112, 114, 118, 155, 159, 165
metre, xi, xii, xvi, 1, 2, 3, 6, 8, 10, 11, 12, 14, 19, 20, 21, 22, 23, 24, 25, 28, 30, 31, 32, 33, 35, 36, 38, 39, 40, 41, 42, 46, 48, 49, 51, 55, 56, 57, 59, 63, 66, 68, 69, 70, 71, 74, 75, 76, 78, 80, 81, 82, 83, 84, 85, 86, 87, 88, 89, 92, 93, 94, 95, 96, 97, 98, 99, 101, 102, 103, 104, 105, 107, 110, 112, 114, 118, 120, 121, 127, 129, 130, 133, 135, 138, 155, 156, 157, 158, 159, 160, 161, 162, 163, 164, 165, 166
metric, xi, xii, xiv, xv, xvi, 3, 4, 5, 6, 7, 8, 11, 16
metrical extension, 10, 158, 159
metrical feet, xvi, 3, 15, 17, 18, 19, 21, 22, 23, 24, 25, 26, 28, 29, 30, 32, 35, 36, 39, 47, 48, 49, 51, 53, 55, 60, 65, 66, 68, 70, 74, 75, 77, 78, 81, 82, 83, 84, 85, 86, 87, 88, 89, 96, 102, 103, 104, 105, 107, 110, 114, 117, 118, 121, 127, 129, 134, 138, 155, 156, 157, 158, 159, 163, 164, 165, 166
modification, 1, 3, 8, 12, 21, 24, 25, 26, 27, 28, 29, 30, 32, 33, 34, 35, 36, 37, 38, 39, 40, 41, 42, 43, 44, 45, 46, 47, 48, 49, 50, 51, 52, 53, 54, 55, 56, 57, 58, 59, 60, 61, 63, 64, 65, 66, 67, 68, 69, 70, 71, 72, 73, 74, 75, 76, 77, 78, 79, 80, 86, 87, 88, 89, 104, 105, 107, 110, 112, 114, 118, 121, 127, 129, 130, 135, 138, 155, 156, 157, 158, 159, 160, 162, 163, 164, 165, 166
muʿāraḍa, 159
muḍāriʿ, 4, 26, 27, 30, 31, 75, 76, 84, 85, 155, 159, 161, 180
mudayyal, 10, 159
muğannaḥ, 10, 159

muğarrad, 10, 105, 107, 110, 112, 114, 118, 121, 159
muğtaṯ, 4, 27, 30, 31, 84, 85, 155, 160, 161, 180
muḫallaʿ, 45, 160
Muḥammad of Cabra, 11
muḫammas, 7, 10, 105, 112, 114, 118, 160
muhmal, xvi, 81, 84, 85, 90, 160
mumtadd, 82, 90, 160
munsarid, 84, 85, 88, 91, 156, 160, 161, 163
munsariḥ, 4, 25, 26, 27, 29, 71, 84, 85, 155, 160, 161, 180
muqayyada, 99, 100, 101, 160, 164
muqtaḍab, 4, 25, 26, 31, 76, 84, 85, 155, 160, 161, 180
musammaṭ, 6, 7, 9, 10, 23, 37, 89, 103, 107, 110, 121, 129, 133, 135, 136, 138, 139, 160, 161, 164
mustaʿmal, 81, 161
mustaṭīl, 6, 23, 30, 82, 86, 89, 102, 133, 159, 160, 161, 166
mutadārak, 3, 22, 29, 31, 85, 86, 88, 127, 138, 156, 159, 160, 161, 162, 163, 164, 180
mutaʾʾid, 84, 85, 89, 156, 161
mutaqārib, 4, 26, 28, 29, 30, 80, 85, 95, 102, 103, 104, 127, 129, 138, 155, 161, 162, 165, 180
mutawafir, 83, 91, 159, 161
muṭlaqa, 99, 100, 162
muṭṭarid, 84, 85, 91, 161, 162
muwaššaḥ, 7, 9, 10, 11, 12, 103, 105, 107, 110, 112, 114, 118, 120, 121, 155, 156, 157, 158, 159, 161, 162, 163, 164, 165
nun, 13, 19, 23, 92, 94
pataḥ, 14, 17, 99, 154
plene, 13
poetry, x, xi, xii, xv, xvii, 2, 7, 8, 11, 12, 15, 38, 90, 129, 135, 156
Porphyry, 2
Pythagoras, 2
qameṣ, 14, 98, 99, 154
qaṣm, 48, 155, 163
qibbuṣ, 154
qufl, 9, 10, 107, 110, 112, 114, 121, 135, 139, 155, 157, 162, 163, 164
rağaz, 4, 22, 23, 25, 26, 27, 29, 49, 55, 63, 83, 92, 98, 155, 158, 159, 162, 163, 180

ramal, 4, 25, 27, 28, 29, 30, 83, 96, 155, 159, 163, 180
reduction, 6, 28, 29, 30, 35, 36, 38, 57, 72, 77, 86, 89, 102, 103, 104, 129, 130, 135, 157, 165
reš, 6, 20, 22, 95
rhyme, xiv, 6, 7, 9, 11, 12, 14, 19, 20, 21, 22, 23, 42, 43, 44, 50, 51, 54, 58, 63, 66, 68, 70, 79, 87, 89, 92, 93, 94, 96, 97, 98, 99, 100, 101, 105, 107, 110, 112, 114, 118, 120, 121, 130, 136, 139, 155, 156, 158, 159, 160, 161, 162, 163, 164, 165
Romance, xiii, 9, 118, 157
sabab, xiii, xvi, 15, 17, 18, 24, 28, 29, 30, 75, 81, 82, 155, 156, 163, 165
ṣadr, 19, 155, 156, 164
salisa, 91, 164
sarīʿ, 4, 22, 25, 26, 27, 29, 51, 69, 84, 85, 121, 155, 161, 164, 180
šaṭr, 30, 164
segment, 7, 9, 10, 103, 105, 107, 110, 112, 114, 118, 121, 135, 155, 156, 160, 161, 162, 164
segol, 154
ṣere, 154
šĕwaʾ, 14, 16, 17, 96, 99, 154
simṭ, 7, 9, 10, 105, 107, 112, 114, 118, 121, 156, 161, 162, 164
sinād, 101, 164
stich, 9, 101, 105, 107, 110, 112, 114, 118, 121, 159, 161, 162, 165
stress, 16
suffix, 10, 159
šureq, 14, 98, 154
syllable, 8, 10, 13, 14, 15, 16, 17, 78, 81, 83, 139, 162
ṯalm, 30, 80, 104, 129, 138, 165
taw, 94
ṭawīl, 4, 20, 21, 26, 27, 28, 30, 32, 33, 35, 36, 81, 82, 83, 89, 94, 98, 102, 104, 129, 130, 155, 160, 165, 180
Tudela, 118
ʿUbāda, 12
ʿUmar, 2
Valencia, 107
verse, x, xi, xii, 6, 7, 8, 9, 10, 11, 12, 14, 19, 21, 22, 23, 30, 32, 35, 36, 37, 38, 39, 41, 42, 43, 44, 45, 47, 48, 49, 50, 52, 53, 54, 55, 56,

58, 59, 60, 61, 62, 63, 64, 65, 68, 69, 70, 71, 73, 74, 75, 76, 77, 78, 79, 80, 82, 83, 86, 87, 88, 89, 90, 92, 93, 94, 98, 99, 101, 103, 104, 105, 107, 110, 112, 114, 118, 121, 127, 129, 133, 135, 138, 155, 156, 157, 158, 159, 160, 161, 162, 163, 164, 165, 166
vowel, xi, 5, 13, 14, 17, 28, 66, 79, 92, 94, 97, 98, 99, 100, 101, 157, 158, 162, 163, 164, 165, 166
wāfir, 4, 19, 20, 26, 27, 28, 48, 82, 83, 91, 97, 155, 159, 165, 180
watid, xiii, xvi, 15, 16, 17, 18, 24, 25, 28, 29, 30, 66, 75, 81, 82, 83, 84, 155, 156, 163, 164, 165, 166
waw, 13, 94, 98
zajal, 7, 11
Zaragoza, 110, 114, 149
zayin, 13

Cambridge Semitic Languages and Cultures

General Editor Geoffrey Khan

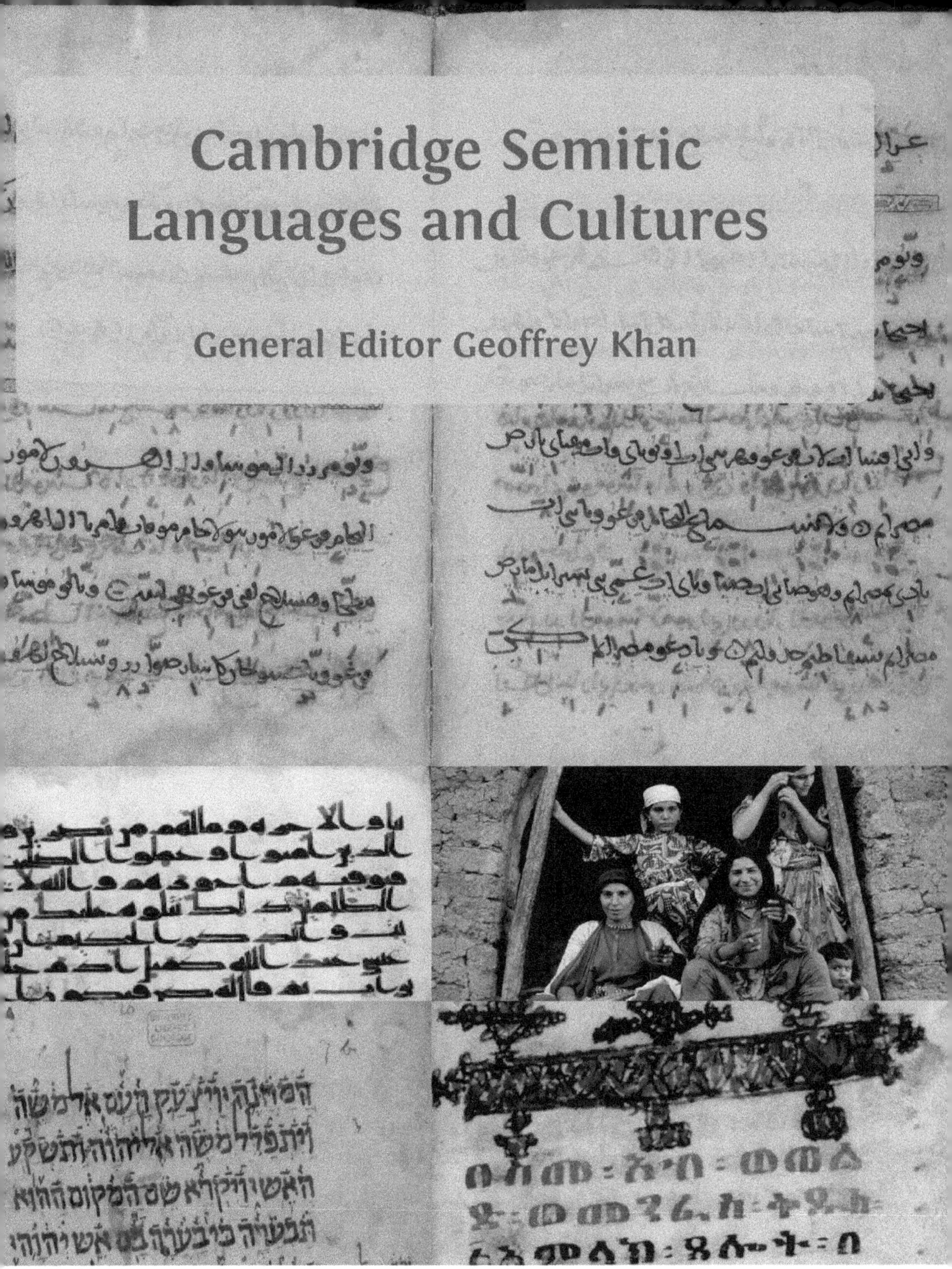

OPEN ACCESS

About the series

This series is published by Open Book Publishers in collaboration with the Faculty of Asian and Middle Eastern Studies of the University of Cambridge. The aim of the series is to publish in open-access form monographs in the field of Semitic languages and the cultures associated with speakers of Semitic languages. It is hoped that this will help disseminate research in this field to academic researchers around the world and also open up this research to the communities whose languages and cultures the volumes concern. This series includes philological and linguistic studies of Semitic languages, editions of Semitic texts, and studies of Semitic cultures. Titles in the series will cover all periods, traditions and methodological approaches to the field.

This is the first Open Access book series in the field; it combines the high peer-review and editorial standards with the fair Open Access model offered by OBP. Open Access (that is, making texts free to read and reuse) helps spread research results and other educational materials to everyone everywhere, not just to those who can afford it or have access to well-endowed university libraries.

Copyrights stay where they belong, with the authors. Authors are encouraged to secure funding to offset the publication costs and thereby sustain the publishing model, but if no institutional funding is available, authors are not charged for publication. Any grant secured covers the actual costs of publishing and is not taken as profit. In short: we support publishing that respects the authors and serves the public interest.

This book was copyedited by Anne Burberry.

UNIVERSITY OF CAMBRIDGE
Faculty of Asian and Middle Eastern Studies

You can find more information about this serie at:
http://www.openbookpublishers.com/section/107/1

Other titles in the series

The Historical Depth of the Tiberian Reading Tradition of the Hebrew Bible

Aaron D. Hornkohl

https://doi.org/10.11647/OBP.0310

The Bible in the Bowls: A Catalogue of Biblical Quotations in Published Jewish Babylonian Aramaic Magic Bowls

Daniel James Waller

https://doi.org/10.11647/OBP.0305

Studies in the Masoretic Tradition of the Hebrew Bible

Daniel J. Crowther, Aaron D. Hornkohl and Geoffrey Khan

https://doi.org/10.11647/OBP.0330

Diachronic Variation in the Omani Arabic Vernacular of the Al-ʿAwābī District

From Carl Reinhardt (1894) to the Present Day

Roberta Morano

https://doi.org/10.11647/OBP.0298

Sefer ha-Pardes by Jedaiah ha-Penini

A Critical Edition with English Translation

David Torollo

https://doi.org/10.11647/OBP.0299

Neo-Aramaic and Kurdish Folklore from Northern Iraq

A Comparative Anthology with a Sample of Glossed Texts, Volume 1

Geoffrey Khan, Masoud Mohammadirad, Dorota Molin & Paul M. Noorlander

https://doi.org/10.11647/OBP.0306

Neo-Aramaic and Kurdish Folklore from Northern Iraq

A Comparative Anthology with a Sample of Glossed Texts, Volume 2

Geoffrey Khan, Masoud Mohammadirad, Dorota Molin & Paul M. Noorlander

https://doi.org/10.11647/OBP.0307

The Neo-Aramaic Oral Heritage of the Jews of Zakho

Oz Aloni

https://doi.org/10.11647/OBP.0272

Points of Contact

The Shared Intellectual History of Vocalisation in Syriac, Arabic, and Hebrew

Nick Posegay

Winner of the British and Irish Association of Jewish Studies (BIAJS) Annual Book Prize

https://https://doi.org/10.11647/OBP.0271

A Handbook and Reader of Ottoman Arabic

Esther-Miriam Wagner (ed.)

https://doi.org/10.11647/OBP.0208

Diversity and Rabbinization

Jewish Texts and Societies between 400 and 1000 CE

Gavin McDowell, Ron Naiweld, Daniel Stökl Ben Ezra (eds)

https://doi.org/10.11647/OBP.0219

New Perspectives in Biblical and Rabbinic Hebrew

Aaron D. Hornkohl and Geoffrey Khan (eds)

https://doi.org/10.11647/OBP.0250

The Marvels Found in the Great Cities and in the Seas and on the Islands

A Representative of ʻAğā'ib Literature in Syriac

Sergey Minov

https://doi.org/10.11647/OBP.0237

Studies in the Grammar and Lexicon of Neo-Aramaic

Geoffrey Khan and Paul M. Noorlander (eds)

https://doi.org/10.11647/OBP.0209

Jewish-Muslim Intellectual History Entangled

Textual Materials from the Firkovitch Collection, Saint Petersburg

Camilla Adang, Bruno Chiesa, Omar Hamdan, Wilferd Madelung, Sabine Schmidtke and Jan Thiele (eds)

https://doi.org/10.11647/OBP.0214

Studies in Semitic Vocalisation and Reading Traditions

Aaron Hornkohl and Geoffrey Khan (eds)

https://doi.org/10.11647/OBP.0207

Studies in Rabbinic Hebrew

Shai Heijmans (ed.)

https://doi.org/10.11647/OBP.0164

The Tiberian Pronunciation Tradition of Biblical Hebrew

Volume 1

Geoffrey Khan

ɤ *Winner of the 2021 Frank Moore Cross Book Award for best book related to the history and/or religion of the ancient Near East and Eastern Mediterranean*

https://doi.org/10.11647/OBP.0163

The Tiberian Pronunciation Tradition of Biblical Hebrew

Volume 2

Geoffrey Khan

ɤ *Winner of the 2021 Frank Moore Cross Book Award for best book related to the history and/or religion of the ancient Near East and Eastern Mediterranean*

https://doi.org/10.11647/OBP.0194

www.ingramcontent.com/pod-product-compliance
Lightning Source LLC
Chambersburg PA
CBHW040624240426
43666CB00020BA/2913
9781805110675